2SAMUEL

Triunfos e adversidades do rei Davi

Hernandes Dias Lopes

2SAMUEL

Triunfos e adversidades do rei Davi

hagnos

1ª edição: fevereiro de 2024

REVISÃO
Luiz Werneck Maia
Ana Maria Mendes

DIAGRAMAÇÃO
Letras Reformadas

CAPA
Claudio Souto (layout)
Julio Carvalho (adaptação)

EDITOR
Aldo Menezes

COORDENADOR DE PRODUÇÃO
Mauro Terrengui

IMPRESSÃO E ACABAMENTO
Imprensa da Fé

EDITORA HAGNOS LTDA.
Rua Geraldo Flausino Gomes, 42, conj. 41
CEP 04575-060 — São Paulo, SP
Tel.: (11) 5990-3308

E-mail: hagnos@hagnos.com.br
Home page: www.hagnos.com.br

Editora associada à:

abdr
Associação Brasileira de Direitos Reprográficos

Dados Internacionais de Catalogação na Publicação (CIP)
Angélica Ilacqua CRB-8/7057

Lopes, Hernandes Dias
2Samuel: triunfos e adversidades do rei Davi / Hernandes Dias Lopes. — São Paulo: Hagnos, 2024.

ISBN 978-85-7742-476-4

1. Bíblia. A.T. Samuel
2. Crítica e interpretação
I. Título

23-3357 CDD 222.4306

Índices para catálogo sistemático:
1. Bíblia. A.T. Samuel, 2 - Crítica e interpretação

Dedicatória

DEDICO ESTE LIVRO AO pastor Rafael Abdala, homem de Deus, servo do Altíssimo, amigo precioso, instrumento que Deus levantou em nossa geração para pregar o bendito evangelho da graça.

Sumário

Prefácio

O SEGUNDO LIVRO DE Samuel fecha as cortinas do reinado desastrado do rei Saul e abre os portais da providência para a ascensão de Davi ao trono. Saul foi o rei pedido pelo povo; Davi, o rei escolhido por Deus. Saul foi subjugado pelos inimigos; Davi triunfou sobre os seus inimigos. Saul tombou no campo de batalha diante do inimigo; Davi prevaleceu sobre os inimigos. O reinado de Saul ficou apagado nas brumas do tempo; o reinado de Davi é relembrado ao longo dos séculos.

Davi foi ungido rei sobre Hebrom e depois sobre todas as tribos de Israel. Governou quarenta anos e foi o maior rei da monarquia israelita. Ampliou os limites territoriais e acumulou riquezas formidáveis. Conquistou terras e transformou a nação num poderoso reino. Não edificou o templo, mas fez a provisão para sua construção.

Ele é o rei pactual. Com ele Deus fez uma aliança perpétua. Sua dinastia não seria banida nem apeada do poder. Seu descendente, o Messias, assentaria-se no seu trono e seu reino seria universal e eterno.

Chegou ao apogeu da glória, mas infelizmente desceu ao abismo da queda. Adulterou com Bate-Seba e mandou matar seu marido. Casou-se com a viúva e fez o que era mau perante o Senhor. Deus o perdoou, o disciplinou e o restaurou. Davi não era um homem perfeito, mas foi um homem de coração quebrantado. Jamais se insurgiu contra o Senhor, com dura cerviz. Sempre que confrontado por Deus, humilhou-se sob a sua poderosa mão.

Davi ceifou o que plantou. A espada jamais se apartou de seu lar. Mesmo tendo vitórias colossais fora de casa, sofreu grandes derrotas no seio familiar. Na sua casa houve luto e dor, lágrimas e sangue, traições e conspiração, além de incesto e fratricídio. Sua filha Tamar foi abusada por Amnom; este foi assassinado por Absalão; o qual, por sua vez, foi morto pelo primo Joabe, comandante do exército; Adonias foi executado por Salomão.

Davi, a despeito de suas agruras, foi o mavioso salmista de Israel. Transformou suas alegrias em salmos de louvor; suas dores, em salmos de lamento; suas quedas, em salmos de contrição; suas expectativas, em salmos messiânicos. Davi viveu intensamente e morreu serenamente. Foi um pastor, um compositor, um músico, um guerreiro, um rei, um homem segundo o coração de Deus.

Minha ardente expectativa é que a mensagem deste livro confronte seu coração, balsamize sua alma e encha sua vida de doçura, a doçura do amor de Deus, derramado sobre nós, apesar de nós. Boa leitura!

Introdução

No comentário expositivo de 1Samuel oferecemos ao leitor uma introdução de 1 e 2Samuel. Portanto, não nos estenderemos aqui na introdução deste magnífico livro histórico. Todavia, destacaremos alguns pontos não abordados lá para a melhor compreensão de nossos leitores sobre esta tão importante obra que versa sobre o Deus pactual que trabalha as circunstâncias para colocar Davi no trono e sustentá-lo em seu governo.

Dale Ralph Davis afirma, com clareza diáfana, que 2Samuel não é sobre Davi. Quem pensa assim, ainda não entendeu este livro. Ele não trata de Davi, nem mesmo sobre reis pactuais; mas sobre o Deus pactual que fez promessas pactuais ao rei pactual, por meio de quem ele irá preservar seu povo pactual.[1] Henrietta Mears diz que Davi aparece na história como jovem pastor, músico, escudeiro, guerreiro, genro do rei Saul, escritor de salmos e fugitivo. Ungido três vezes, foi o fundador da linhagem real da qual viria o Rei dos reis. Davi, filho de Jessé e bisneto de Rute e Boaz, nasceu em Belém e era o mais novo de oito filhos.[2]

Em 2Samuel vemos a ascensão de Davi bem como sua queda. Ele chega ao ápice do poder para, em seguida, sofrer dolorosas derrotas familiares. Sendo um herói fora de casa, sofreu amargas derrotas dentro do lar. Subjugou nações, mas não conseguiu controlar sua própria família. Por causa de seu pecado de adultério com Bate-Seba e de seu ardiloso expediente para ocultar seu pecado, Davi planejou como matar o marido dela, atraindo sobre si a severa e incontornável disciplina de Deus. A espada jamais se apartou de sua casa. Aquela noite de volúpia transformou-se numa jornada de sofrimento e dor.

Deus perdoou Davi, disciplinou-o e restaurou-o. Apesar de ter colhido a safra inglória de sua semeadura insensata, foi um homem de coração quebrantado, adequadamente chamado de "o homem segundo o coração de Deus".

Notas

1 DAVIS, Dale Ralph. *2Samuel.* Christians Focus. Ross-shire, Great Britain: 2018, p. 9.

2 MEARS, Henrietta. *Estudo* panorâmico da Bíblia. São Paulo: Editora Vida. 2023, p. 128.

Capítulo 1

O lamento de Davi pela morte de Saul

(2Samuel 1:1-16)

No primeiro livro de Samuel, capítulo 29, vimos como o Senhor poupou Davi de participar da batalha em que Saul e Jônatas morreram. O segundo livro de Samuel continua com os desdobramentos da fragorosa derrota de Israel para os filisteus no monte Gilboa. Nessa batalha fatídica, o rei Saul e três de seus filhos morrem e o exército de Israel é esmagado.

Ao mesmo tempo que Davi estava impondo aos amalequitas esmagadora derrota e alcançando retumbante vitória, Saul e o exército de Israel estavam sofrendo a mais amarga derrota de sua história. O contraste entre a derrota de Saul e a vitória de Davi é notória.

Vamos examinar o texto em tela sob três perspectivas. Vejamos:

Um mensageiro dissimulado (1:1-10)

O narrador, cuidadosamente, deixa claro que Davi não está envolvido na morte de Saul e que não tem qualquer responsabilidade acerca da dolorosa derrota sofrida pelo seu povo no monte Gilboa. Destacamos aqui alguns pontos:

Em primeiro lugar, *a ocasião da mensagem* (1:1,2a). A ocasião em que o amalequita veio de Gilboa a Ziclague para comunicar a Davi a morte de Saul confere com a volta do filho de Jessé da derrota imposta aos amalequitas. Já era este o terceiro dia que Davi estava de volta a Ziclague. Certamente, aguardando notícias da peleja entre os filisteus e os israelitas. O propósito do narrador em oferecer essas informações é inocentar o belemita de qualquer suspeita de envolvimento com a morte de Saul, pois enquanto Davi exterminava os amalequitas, os filisteus subjugavam Saul e seu exército no monte Gilboa.

O narrador faz a abertura da unidade com as palavras: "Depois da morte de Saul..." (1:1). Esta é uma frase importante e não pode ser ignorada porque faz um paralelo com aquelas dos dois livros que a precedem:

Josué 1:1: "E sucedeu, depois da morte de Moisés...".
Juízes 1:1: "E sucedeu, depois da morte de Josué...".
2Samuel 1:1: "E, depois da morte de Saul...".

A frase "depois da morte de X" aparece na abertura dos três principais livros históricos e linguisticamente liga os três períodos principais da história de Israel — a libertação do Egito, a conquista de Canaã, e o período inicial da monarquia israelita.[1] Há três relatos da morte de Saul e de seus filhos nas Escrituras (1Sm 31:1-13; 2Sm 1:1-10 e 1Cr 10:1-14). No primeiro registro, Saul suicidou-se. No segundo, o amalequita o matou. No terceiro registro, Deus o fez. Nos registros dos narradores de 1Samuel 31 e de 1Crônicas 10 não há qualquer conflito. Deus matou Saul entregando-o a si mesmo. Porém, a discrepância do informante filisteu é uma evidência de que sua história não passava de uma criação fantasiosa de sua cabeça para auferir vantagens. Esse é o pensamento de Kevin Mellish: "O soldado amalequita estava inventando a história a fim de obter gratidão de Davi e ganhar uma recompensa no futuro".[2]

Em segundo lugar, *o aspecto do mensageiro* (1:2b). O mensageiro é descrito apenas como "um homem" com vestes rotas e terra sobre a cabeça. Esses eram sinais convencionais de luto, que demonstravam consternação e profundo abatimento diante de uma tragédia. Ele usa todos os sinais de uma genuína tristeza — vestes rasgadas e pó sobre a cabeça. Aquele era, de fato, um dia de densa escuridão para Israel: o rei Saul estava morto; Jônatas, o filho do rei e amigo de Davi, estava morto e o exército de Israel estava abatido.

Depois de percorrer uma longa distância do campo de batalha a Ziclague, o portador da notícia, chegando-se a Davi, inclinou-se, lançando-se em terra, num claro reconhecimento de que ele assumiria o trono no lugar de Saul. Kevin Mellish diz que o termo usado para "se inclinar" (*vayistahu)* é geralmente empregado quando alguém está demonstrando subordinação diante de um superior reconhecido.[3] Joyce Baldwin diz que ao lançar-se ao chão diante de Davi, ele deixa implícito que reconhece o novo rei e espera uma recompensa por ter ido correndo até Ziclague com as últimas notícias do acampamento de Israel.[4] Afinal, trazia a notícia da morte do rei antecessor ao rei sucessor.

Em terceiro lugar, *o interrogatório de Davi ao mensageiro* (1:3-9). Davi, de forma perspicaz, passa a interrogar o mensageiro, para tomar pé da situação. A princípio, ele fez-lhe três perguntas:

A primeira pergunta foi: "Donde vens?". O mensageiro respondeu: "Fugi do arraial de Israel". Apresenta-se como um combatente que, no aceso da batalha, foge para dar a notícia a Davi.

A segunda pergunta foi: "Como foi lá isso? Conta-me". O hebraico indica que Davi queria esta informação imediatamente porque ele acrescentou sua indagação com uma ordem direta: *conta-me*.[5] O mensageiro respondeu: "O povo fugiu da batalha, e muitos caíram e morreram, bem como Saul e Jônatas, seu filho". As informações são verídicas, porém, incompletas. O mensageiro não faz menção da morte dos outros dois filhos de Saul. A menção à morte de Saul tinha o propósito de informar a Davi que seu inimigo está morto e que seu principal amigo, com quem tinha aliança, também está morto. O caminho para o trono estava aberto.

Warren Wiersbe diz que uma das palavras-chave neste capítulo é o verbo *cair*, encontrado nos versículos 4, 10, 12, 19 e 27. Quando Saul começou a carreira de rei, foi descrito como um homem alto, que "sobressaía a todo o povo" (1Sm 9:2; 10:23; 16:7), mas acabou como um rei caído. Caiu estendido por terra na casa da médium (1Sm 28:20) e caiu no campo de batalha diante do inimigo (1Sm 31:4).[6]

A terceira pergunta foi: "Como sabes tu que Saul e Jônatas são mortos?". A resposta do mensageiro é mais longa e merece alguns reparos. Isso, porque nem Davi nem o narrador concordaram com a versão do amalequita.

O primeiro reparo é que sua versão diverge da descrição oficial do narrador, conforme 1Samuel 31:3-6. Na versão oficial, Saul cometeu suicídio. Na versão do mensageiro, Saul estava apoiado sobre a sua lança, quando os carros e a cavalaria apertavam-no. Concordo com Dale Ralph Davis quando escreve: "Nós temos a descrição do narrador (1Sm 31:3-6) e nós temos a narrativa do amalequita de como as coisas aconteceram (1:3-10). A solução é simples: o amalequita mentiu. Se tivermos que fazer uma escolha entre a versão do narrador e a versão do amalequita, devemos ficar com a versão do narrador".[7]

O segundo reparo é que na versão oficial, depois que Saul e seus filhos já estavam mortos, o escudeiro de Saul também suicidou-se com sua própria espada; mas na versão do mensageiro, Saul, já ferido, estava ainda vivo, vencido de câimbra, quando pediu a ele para matá-lo.

O terceiro reparo é que na versão oficial, Saul cometeu suicídio, mas na versão do mensageiro, ele matou Saul, tomando-lhe suas insígnias reais: a coroa e o bracelete para trazê-los a Davi.

O quarto reparo: o amalequita alega que ele chegou *por acaso* onde Saul estava encostado sobre a lança. Será que alguém chega por acaso ao campo de batalha, quanto mais numa montanha, onde a refrega ainda está furiosa dos dois lados? É provável que o amalequita tenha chegado ao corpo de Saul antes dos filisteus. É provável que ele estivesse coletando despojos no campo de batalha e só então removeu as insígnias do corpo de Saul. Longe de ser condecorado por Davi, o amalequita recebeu a merecida recompensa de um saqueador de campo de batalha. A maioria dos comentaristas bíblicos entende que esse mensageiro está dissimulando. Sua versão não se sustenta. Porém, a execução do amalequita não deve ser considerada uma dissimulação das intenções políticas de Davi. Para Davi, nem ele nem qualquer outro ser humano tinha o direito de pôr fim à vida do ungido do Senhor.

Em quarto lugar, *a intenção do mensageiro* (1:10). O versículo 10 deixa claro que a intenção do mensageiro era agradar a Davi e, com isso, tirar algum proveito, alcançando alguma vantagem com o futuro rei de Israel. Seu cálculo, porém, estava errado. Imaginou que Davi ficaria feliz com a notícia da morte de Saul e que seria prestigiado com seu gesto ousado de trazer-lhe as insígnias reais. Robert Chisholm corrobora com essa ideia, dizendo que é provável que o amalequita tenha inventado essa história na tentativa de agradar Davi e obter seu favor.[8] W. T. Purkiser segue essa mesma trilha ao escrever: "É melhor considerar a história do amalequita como uma completa mentira, contada a fim de garantir uma recompensa de Davi; ele erroneamente supunha que o genro do rei morto retribuiria o sentimento de ódio contra Saul".[9]

Um exército entristecido (1:11,12)

O mensageiro não conhecia o caráter de Davi nem seu compromisso com Deus. Ele pensava que seu ato o tornaria digno de uma robusta recompensa. Porém, ele deve ter ficado muito espantado e amedrontado quando o viu, juntamente com seus homens, rasgando suas roupas e chorando com a notícia da morte do rei. Certamente esperava alguma recompensa por ter sido portador dessa informação. O belemita, entretanto, nunca considerou Saul um inimigo. Nas vezes que teve a vida dele em suas mãos, jamais atentou contra ela (1Sm 24:1-7; 26:1-11). Tinha profundo respeito por Saul e grande devoção a ele, por ser o ungido do Senhor. Portanto, quando a notícia lhe foi entregue, Davi não celebrou a morte de Saul, pelo contrário, demonstrou profunda tristeza. Kevin Mellish tem razão em dizer que a tristeza de Davi pela perda do rei e dos soldados de Israel logo se transformou em indignação contra o amalequita.[10] A derrota de Israel em Gilboa não era motivo de comemoração. Concordo com Robert Chisholm: "A perda de Israel é muito maior que qualquer ganho pessoal que talvez obtenha em virtude da morte de Saul. Sua reação serve para lembrar que a morte dos servos rebeldes de Deus deve ser lamentada, e não celebrada".[11] São conhecidas as palavras de John Donne (1572-1631), mostrando quão profundamente as tragédias de outros nos atingem:

> Nenhum homem é uma ilha isolada; cada homem é uma parte do continente, uma parte da terra; se um torrão é arrastado para o mar, a Europa fica diminuída, como se fosse um promontório, como se fosse a casa dos teus amigos ou a tua própria; a morte de qualquer homem me diminui, porque sou parte do gênero humano. Não perguntes, portanto, por quem os sinos dobram; eles dobram por ti.[12]

Destacamos aqui três pontos importantes:

Em primeiro lugar, *os sinais de lamento* (1:11). O lamento de Davi e de seus homens foi demonstrado pelo gesto unânime de rasgarem suas próprias vestes. Esse era um sinal de profunda tristeza diante de uma calamidade.

Em segundo lugar, *a forma da tristeza* (1:12a). Três verbos são usados para descrever essa grande infelicidade: "Prantearam, choraram e jejuaram até à tarde...". Robert

Chisholm diz que este é o único lugar no Antigo Testamento em que esses três verbos são usados juntos.[13] Esses três verbos juntos colocam a tristeza de Davi e de seus homens em grau superlativo. Eles estavam profundamente abalados com as notícias que vinham do monte Gilboa. Não tinham razão para celebrar, apenas para lamentar, chorar e jejuar.

Em terceiro lugar, *o motivo da tristeza* (1:12b). O motivo era tríplice: as mortes de Saul, de Jônatas e do povo do Senhor, a casa de Israel, que tinha caído à espada. Davi estava no meio dos filisteus, mas ele não tinha mudado de lado. Seu amor à realeza e ao povo de Israel era incondicional.

Um julgamento sumário e justo (1:13-16)

Dale Ralph Davis diz que o amalequita presumiu que Davi era dirigido pela mesma paixão pelo poder que dominava seu próprio coração.[14] Mas ele não era do mesmo estofo moral do informante estrangeiro. Na verdade, seu diálogo com o mensageiro foi interrompido pelo lamento, choro e jejum, mas não esquecido. Davi voltou a interrogá-lo, com o propósito de esclarecer melhor os fatos e agir com base na justiça. Ao término do interrogatório, concluiu que o mensageiro merecia morrer. Vejamos:

Em primeiro lugar, *uma pergunta diagnóstica* (1:13). Davi pergunta ao portador das notícias: "Donde és tu?". Ele respondeu: "Sou filho de um homem estrangeiro, amalequita". Se ele era um estrangeiro residente em Israel devia saber que o rei era "ungido do SENHOR" e que deveria ser tratado com reverência e respeito. Mas a procedência do mensageiro deixa claro que os amalequitas eram um povo amaldiçoado por Deus, que deveria ter sido eliminado por Saul (1Sm 15:1-35). Os amalequitas tinham acabado de ser derrotados por Davi (1Sm 30:1-20). A resposta do arauto da morte de Saul arrastava sobre sua própria cabeça as nuvens escuras do juízo.

Em segundo lugar, *uma pergunta condenatória* (1:14). Davi prossegue no seu interrogatório: "Como não temeste estender a mão para matares o ungido do SENHOR?". Se, de fato, o amalequita matou Saul, era réu de morte, por ter estendido a mão contra o ungido do Senhor. Se ele estava blefando, mentindo e dissimulando, era de igual modo réu de morte, porque estava tentando ganhar vantagem com essa dolorosa tragédia.

Warren Wiersbe coloca essa situação assim: "Caso o relato dele fosse verdadeiro, o homem havia assassinado o rei ungido de Deus e deveria, portanto, ser morto. Caso seu relato não fosse verdadeiro, o fato de o amalequita inventar uma história sobre ter executado o rei revelava seu coração perverso".[15] William MacDonald destaca que o amalequita recebeu espada e não recompensa.[16] Dale Ralph Davis diz que a justiça que ele recebeu foi misturada com ironia, porque é punido por aquilo que disse que fizera, muito embora ele não o tivesse feito. O julgamento de Deus o encontrou em sua mentira e lhe deu o justo pagamento por aquilo que intentou fazer.[17] O mesmo juízo veio mil anos depois sobre Ananias e Safira, ao mentirem ao Espírito Santo (At 5:1-11).

Em terceiro lugar, *uma sentença peremptória* (1:15). Mesmo sendo perseguido por Saul por mais de uma década, Davi jamais atentou contra a vida do rei. Não poderia permitir que um réu confesso escapasse ileso. Deu ordem a um dos moços para lançar-se sobre o amalequita e o ferir de morte. Assim, Davi vindicou Saul e seus filhos e demonstrou publicamente que não havia considerado o monarca seu inimigo. Kevin Mellish está correto quando diz: "Em vez de receber recompensas pelos seus esforços, as ações do amalequita essencialmente assinalaram a sua própria sentença de morte. O amalequita foi ferido como alguém culpado de ter cometido regicídio".[18] Aos olhos de Davi esse não era apenas um crime político, mas, também, uma ofensa religiosa da maior magnitude. Assim, o amalequita era culpado de alta traição e sacrilégio.

Em quarto lugar, *uma sentença justa* (1.16). A sentença sumária e justa contra o amalequita não foi dada à revelia. Davi explicou ao réu a causa de sua morte: "O teu sangue seja sobre a tua cabeça, porque a tua própria boca testificou contra ti, dizendo: 'Matei o ungido do SENHOR'". Joyce Baldwin escreve: "Tendo inventado a história que havia matado Saul, o homem foi condenado por sua própria boca. Assim, Davi ficou isento de qualquer possível suspeita de ter se alegrado com a morte de Saul".[19] Russell Norman Champlin acrescenta: "O pobre mensageiro de más notícias, que pensou estar fazendo um favor a Davi, não sobreviveu ao incidente".[20] Concordo com Warren Wiersbe quando diz: "Ao ser relatada ao povo de Israel a conduta de Davi e de seu acampamento, ajudaria a convencer os israelitas de que Davi era, de fato, o homem escolhido por Deus para ser rei".[21]

NOTAS

[1] MELLISH, Kevin J. *Novo comentário bíblico Beacon – 1 e 2Samuel.* 2015, p. 218.

[2] MELLISH, Kevin J. *Novo comentário bíblico Beacon – 1 e 2Samuel. 2015,* p. 217.

[3] Idem, p. 219.
[4] BALDWIN, Joyce G. *I e IISamuel: introdução e comentário.* 2006, p. 199.
[5] MELLISH, Kevin J. *Novo comentário bíblico Beacon - 1 e 2Samuel.* 2015, p. 219.
[6] WIERSBE, Warren W. *Comentário bíblico expositivo.* Vol. 2. 2006, p. 295,296.
[7] DAVIS, Dale Ralph. *2Samuel.* 2018, p. 14.
[8] CHISHOLM JR, Robert B. *1 e 2Samuel.* 2017, p. 197.
[9] PURKISER, W. T. *Os livros de 1 e 2Samuel. In* Comentário bíblico Beacon. Vol. 2. 2015, p. 231.
[10] MELLISH, Kevin J. *Novo comentário bíblico Beacon – 1 e 2Samuel.* 2015, p. 221.
[11] CHISHOLM JR, Robert B. *1 e 2Samuel.* 2017, p. 198.
[12] CHISHOLM JR, Robert B. *1 e 2Samuel.* 2017, p. 199.
[13] Idem, p. 197.
[14] DAVIS, Dale Ralph. *2Samuel.* 2018, p. 18.
[15] WIERSBE, Warren W. *Comentário bíblico expositivo.* Vol. 2. 2006, p. 296.
[16] MACDONALD, William. *Believer's Bible Commentary.* Nashville, TN: Thomas Nelson Publishers. 1995, p. 324.
[17] DAVIS, Dele Ralph. *2Samuel.* 2018, p. 15.
[18] MELLISH, Kevin J. *Novo comentário bíblico Beacon – 1 e 2Samuel.* 2015, p. 221.
[19] BALDWIN, Joyce G. *I e IISamuel: introdução e comentário.* 2006, p. 200.
[20] CHAMPLIN, R. N. *O Antigo Testamento interpretado versículo por versículo.* Vol. 2. 2018, p. 589.
[21] WIERSBE, Warren W. *Comentário bíblico expositivo.* Vol. 2. 2006, p. 296.

Capítulo 2

O memorial do pranto de Davi

(2Samuel 1:17-27)

A NOTÍCIA DA DERROTA do exército de Israel e da morte de Saul e seus três filhos deixaram Davi profundamente triste. Ele e seus valentes demonstraram real tristeza. O fracasso do monarca não era para ser celebrado, mas lamentado. O lamento do filho de Jessé foi transformado num Hino, chamado de "Hino ao arco". Ele ordena que o hino deve ser ensinado aos filhos de Judá, para que não se apagasse a memória de Saul, de Jônatas e dos demais soldados de Israel. Dale Ralph Davis diz que lamento é uma expressão formal de tristeza que pode ser escrita, lida, aprendida, praticada e repetida. É um veículo tanto para a razão como para a emoção.[1] Joyce Baldwin diz que com esta manifestação poética de sua angústia, termina o período filisteu de Davi, estando preparado o caminho para uma nova partida (2:1) e uma nova fase na vida de Davi.[2] Robert Chisholm destaca que este é o terceiro poema que aparece em 1 e 2Samuel. O primeiro, o cântico de gratidão de Ana (1Sm 2:1-10), antevê a vitória do rei ungido do Senhor. O segundo, o cântico de vitória das mulheres (1Sm 18:7), celebra o êxito militar de Saul e de Davi. O terceiro poema, contudo, marca uma inversão trágica: Davi lamenta a morte do ungido do Senhor.[3] Destacaremos alguns pontos importantes.

Davi compõe o Hino ao arco (1:17,18)

O lamento de Davi pela morte de Saul e Jônatas transformou-se num hino que deveria ser ensinado aos filhos de Judá para que não se esquecessem do primeiro rei de Israel nem deixassem cair na vala do esquecimento o heroísmo de Jônatas, seu amado amigo. Concordo com Joyce Baldwin quando diz que o belemita já tem em vista sua autoridade sobre Judá e prepara um texto que garanta que todo seu povo aprenda e lembre o significado da história ocorrida no monte Gilboa.[4] Esse hino ao arco encontrava-se registrado no Livro dos Justos (Js 10:12,13), uma coletânea de poemas e de cânticos que comemorava acontecimentos importantes da história de Israel. Assim como em Hebreus 11, o cântico não traz qualquer registro dos pecados ou dos erros na vida de Saul e Jônatas.[5] O poema expressa a genuína dor de Davi, e tem como seu refrão: "Como caíram os valentes!" (1:19,25,27).[6] Mary Evans diz que, provavelmente, a insistência de Davi em ensinar ao povo de Judá esse hino tenha sido motivada politicamente. Ele ainda não era o rei de Israel, mas se o povo de Judá demonstrasse estar prestando devido respeito à memória de Saul, isto aumentaria a probabilidade de que as tribos do norte transferissem sua lealdade a Davi, que era de Judá.[7]

Davi se dirige ao povo de Israel (1:19,20)

O rei Saul, seus filhos e seu exército são chamados aqui de "a glória de Israel" e "valentes". Saul e seus soldados já tinham arriscado a vida em outras batalhas (1Sm 14:47,48). As mulheres de Israel cantavam que "Saul feriu os seus milhares" (1Sm 18:7). Esses valentes tombaram no campo de batalha nos montes de Gilboa. Essa humilhante e dolorosa notícia não deveria ser proclamada nas cidades filisteias. Essa derrota do povo de Deus não deveria ser ocasião de festejos no arraial do inimigo. Warren Wiersbe diz que o povo não deveria espalhar a terrível notícia da derrota de Israel, pois os filisteus cuidariam disso. Gate era a capital da Filístia, onde os líderes se alegrariam com sua vitória, e Asquelom era o principal centro religioso, onde o povo daria graças a seus ídolos por ajudar seu exército a derrotar Israel.[8] Concordo com Dale Ralph Davis quando diz que implicitamente no versículo 20 há um reconhecimento de que a vergonha de Israel é religiosa, e não meramente militar.[9]

Davi se dirige aos montes de Gilboa (1:21)

Davi clama por uma dupla catástrofe sobre Gilboa, de forma que essas terras pranteiem em solidariedade, tornando-se secas e estéreis.[10] Ele lança uma palavra de maldição sobre os montes de Gilboa, pois foi ali que os filisteus prevaleceram sobre Israel. Foi nesses montes que o rei Saul e seus três filhos foram mortos. Foi nesse território que o sangue dos valentes de Israel foi derramado. Nas palavras de Warren Wiersbe: "Davi orou para que Deus abandonasse tal lugar e não enviasse chuva nem orvalho aos campos, nem desse colheitas fartas aos lavradores da região, mesmo que isso significasse não haver ofertas de cereais ao Senhor".[11] Kevin Mellish diz que o luto da nação era tanto que até a natureza deveria participar. As colinas de Gilboa não deveriam receber nem orvalho nem chuva, nem deveriam produzir safras como sinal de sua tristeza e desespero por aqueles que tombaram em seus altos.[12] Os guerreiros usavam óleo sobre seus escudos de couro para conservá-los, mas o rei também era o líder de Deus, ungido com óleo. Saul e seus três filhos haviam perdido seus escudos e a vida, e seus escudos haviam sido profanados com sangue.[13]

Davi exalta Saul e Jônatas (1:22,23)

Davi, apesar de ter sido perseguido por Saul por mais de dez anos, é assaz magnânimo ao falar dele. Quatro fatos são colocados em relevo aqui:

Em primeiro lugar, *Davi destaca a valentia de Saul e Jônatas nos campos de batalha* (1:22). Ele exalta ambos, valentes que sempre estiveram presentes com seus soldados no campo de batalha. As flechas de Jônatas nunca erraram o alvo e a espada de Saul nunca voltou vazia. Eles sempre traziam consigo ricos despojos das guerras. Estavam acostumados à vitória.

Em segundo lugar, *Davi destaca seu amor por Saul e Jônatas* (1:23a). Ele, de igual modo, enfatiza seu amor por ambos, , chamando-os de "queridos e amáveis". No passado, Saul havia chamado Davi de "filho" e este e o chamara de "pai". O belemita nunca desonrou o rei. Mesmo quando teve oportunidade de vingar-se, sempre o respeitou como ungido do Senhor. A aliança de Davi com Jônatas é um dos pontos culminantes da amizade entre esses dois guerreiros.

Em terceiro lugar, *Davi destaca a fidelidade de Jônatas a seu pai, na vida e na morte* (1:23b). Mesmo Saul sabendo que morreria nessa batalha, ele entrou na peleja. Mesmo Jônatas sabendo que seu pai havia desobedecido a Deus e cometido pecado contra Davi, ainda assim ficou fielmente do lado dele nessa luta. Concordo com Warren Wiersbe, quando diz: "Apesar do exército de Israel ter sido derrotado, Davi queria que o povo se lembrasse da grandeza do rei e de seus filhos".[14]

Em quarto lugar, *Davi destaca a agilidade e a força desses dois guerreiros* (1:23c). Saul e Jônatas eram mais ligeiros do que as águias e mais fortes do que os leões. A águia é a rainha do espaço e o leão, o rei da selva. A águia, com possantes asas e poderosas garras, é valente; o leão, com bravura ímpar, impõe sua força a todos os outros animais.

Davi se dirige às filhas de Jerusalém (1:24)

Davi ordena que as filhas de Jerusalém, possivelmente as esposas dos oficiais, chorem por Saul, pois ele, sendo rei, apesar de suas fraquezas, trouxe unidade entre as tribos e prosperidade à nação, possibilitando às mulheres desfrutarem de uma vida de conforto e luxo. Na mesma esteira de pensamento, Kevin Mellish escreve: "Saul havia trazido certa medida de segurança e estabilidade econômica para a nação; portanto, as filhas de Jerusalém desfrutavam de luxos como rubros ornamentos e adornos de ouro".[15]

Davi fala de seu amor a Jônatas, seu amigo (1:25,26)

Enquanto Davi havia convocado outros a chorar por Saul, ele se consumia de tristeza por Jônatas, o herdeiro do trono, que por amor a ele, a quem havia protegido e encorajado ao longo dos anos não havia se apegado a seus direitos, mas voluntariamente os renunciara em seu favor de Davi.[16] Destacamos dois fatos importantes:

Em primeiro lugar, *Davi destaca a morte de Jônatas* (1:25). O filho de Jessé destaca que seu amigo estava entre os valentes que caíram nos montes Gilboa. Ele foi morto sobre os montes. Jônatas, ao longo de sua vida, foi um soldado corajoso, um líder destacado, um homem de fé, que conquistou grandes vitórias para Israel. Agora, esse herói nacional, tomba vencido nos montes Gilboa.

Em segundo lugar, *Davi destaca seu acendrado amor por Jônatas* (1.26). Sua morte deixou Davi mui angustiado. Quanto maior é o amor, maior é a dor do luto. O sofrimento será mais pesado quanto mais profundo for o amor. Jônatas, filho do rei Saul, era cunhado e amigo de Davi. Eles tinham uma aliança de mútua cooperação. O herdeiro natural do trono havia compreendido que Davi seria o rei e que ele ocuparia o lugar de príncipe regente no reino. Jônatas foi leal a Davi e sempre buscou protegê-lo da fúria de seu pai. O belemita ressalta que Jônatas era amabilíssimo com ele, destacando que o amor de Jônatas era excepcional, ultrapassando o amor de mulheres. Concordo com Kevin Mellish quando escreve:

> Davi não quer que pensemos sobre seu amor por Jônatas em termos de um relacionamento homoafetivo, mas, ao contrário, ele enfatizava a grande aliança, a fidelidade incondicional, o concerto de lealdade que Jônatas lhe demonstrou no decorrer da amizade. O tipo de fidelidade que Jônatas exibia para com Davi no decurso dos destinos inconstantes de seu relacionamento ultrapassava a dedicação de uma mulher pelo marido.[17]

Dale Ralph Davis interpreta corretamente, quando escreve: "A comparação entre o amor de Jônatas e o amor das mulheres não tem a ver com sexualidade, mas com fidelidade".[18]

Davi faz um tributo aos que morreram na batalha (1:27)

Davi encerra esse "hino ao arco" com um tributo de louvor aos que morreram na batalha, para proteger sua pátria. Esses valentes caíram e as armas de guerra pereceram, porém a memória deles jamais será apagada. Kevin Mellish diz que a canção de Davi não diz nada a respeito do futuro, mas simplesmente se concentra nas desagradáveis realidades do presente. Davi não clamou a Deus aqui porque seus pensamentos estavam focados nos relacionamentos humanos e na sincera amargura que ele estava sofrendo.[19] Joyce Baldwin destaca que o lamento encerra o relato do reinado de Saul, mas ao mesmo tempo marca o início do reinado de Davi.[20] Purkiser, mencionando as palavras de Matthew Henry, destaca a nobreza de Davi nesse Hino ao arco: "Davi foi 1) generoso para com o seu inimigo, Saul, ao omitir os seus defeitos e louvar o que era digno (1:17,18,21,24); 2) grato a Jônatas, seu maior amigo (1:22,26); 3) profundamente preocupado com o bem-estar do povo (1:19,25,27); 4) Profundamente preocupado com a honra de Deus (1:20)".[21]

NOTAS

1 DAVIS, Dale Ralph. *2Samuel.* 2018, p. 24.

2 BALDWIN, Joyce G. *I e IISamuel: introdução e comentário.* 2006, p. 201.

3 CHISHOLM JR, Robert B. *1 e 2Samuel.* 2017, p. 197.

[4] BALDWIN, Joyce G. *I e IISamuel: introdução e comentário.* 2006, p. 202.
[5] WIERSBE, Warren W. *Comentário bíblico expositivo.* Vol. 2. 2006, p. 297.
[6] PURKISER, W. T. *Os livros de 1 e 2Samuel. In* Comentário bíblico Beacon. Vol. 2. 2015, p. 231.
[7] EVANS, Mary J. *1 and 2Samuel.* New International Commentary. Peabody, MA: Hendrikson. 2003, p. 142.
[8] WIERSBE, Warren W. *Comentário bíblico expositivo.* Vol. 2. 2006, p. 297.
[9] DAVIS, Dale Ralph. *2Samuel.* 2018, p. 25.
[10] BALDWIN, Joyce G. *I e IISamuel: introdução e comentário.* 2006, p. 203.
[11] WIERSBE, Warren W. *Comentário bíblico expositivo.* Vol. 2. 2006, p. 297.
[12] MELLISH, Kevin J. *Novo comentário bíblico Beacon – 1 e 2Samuel.* 2015, p. 222.
[13] WIERSBE, Warren W. *Comentário Bíblico Expositivo.* Vol. 2. 2006: p. 297.
[14] Idem.
[15] MELLISH, Kevin J. *Novo comentário bíblico Beacon – 1 e 2Samuel.* 2015, p. 222.
[16] BALDWIN, Joyce G. *I e IISamuel: introdução e comentário.* 2006, p. 205.
[17] MELLISH, Kevin J. *Novo comentário bíblico Beacon – 1 e 2Samuel.* 2015, p. 223.
[18] DAVIS, Dale Ralph. *2Samuel.* 2018, p. 29.
[19] MELLISH, Kevin J. *Novo comentário bíblico Beacon – 1 e 2Samuel.* 2015, p. 223.
[20] BALDWIN, Joyce G. *I e IISamuel: introdução e comentário.* 2006, p. 207.
[21] PURKISER, W. T. *Os livros de 1 e 2Samuel. In* Comentário bíblico Beacon. Vol. 2. 2015, p. 232.

Capítulo 3

O sangrento caminho para o trono

(2Samuel 2:1-32)

O TEXTO EM APREÇO retrata, com cores vivas, o caminho de Davi rumo ao trono. Esse caminho está marcado de sangue, e o escolhido do Senhor ainda enfrentará oposição e resistência.

Davi, ungido rei em Hebrom (2:1-7)

O tempo de vassalagem de Davi entre os filisteus tinha terminado com a morte de Saul. Ele não celebra a morte do rei, mesmo sabendo que, agora, o caminho para o trono está aberto. Apesar de saber que o tempo de perseguição havia cessado, Davi espera o momento oportuno de Deus para subir ao trono. Destacamos, aqui, quatro fatos relevantes:

Em primeiro lugar, *Davi inaugura o reino consultando ao Senhor* (2:1). Passados os lamentos pela morte de Saul, de seus filhos e dos soldados de Israel, o filho de Jessé consulta ao Senhor acerca de sua volta para alguma das cidades de Judá. O Senhor não apenas lhe responde favoravelmente, como também lhe aponta para onde deve voltar — Hebrom, a mais importante cidade de Judá, onde havia morado o patriarca Abraão e onde Abraão, Sara, Isaque, Rebeca, Lia e Jacó foram sepultados.

Em segundo lugar, *Davi sobe para Hebrom* (2:2,3). Ele volta com suas duas mulheres, e com todos os seus valentes e respectivas famílias, para Hebrom e cidades satélites a ela.

Em terceiro lugar, *Davi é ungido rei de Judá em Hebrom* (2:4a). Ao chegar à cidade, os homens de Judá vieram e ungiram-no rei sobre a casa de Judá. Essa é a segunda vez que está sendo ungido e a primeira vez que recebe a alcunha de rei.

Em quarto lugar, *Davi busca estender o reino com amável apelo aos valentes de Jabes-Gileade* (2:4b-7). Ao ser ungido rei da casa de Judá, ele é informado sobre o ato heroico dos homens de Jabes-Gileade, que, corajosamente, tiraram os corpos profanados de Saul e de seus filhos pregados no muro de Bete-Seã, dando-lhes um sepultamento digno. Três atitudes de Davi devem ser destacadas aqui:

Primeira, *sua gratidão* (2:5b). Davi, num preito de agradecimento, bendiz os homens valentes de Jabes-Gileade pela maneira honrosa como trataram os corpos de Saul e seus filhos. Esse gesto revela sua grandeza.

Segunda, *sua proposta* (2:6). Davi roga a misericórdia de Deus sobre os homens de Jabes-Gileade e promete recompensá-los pelo bem que fizeram à casa de Saul.

Terceira, *seu convite* (2:7). Davi convida os valentes que haviam sido fiéis a Saul para se unirem a ele, uma vez que o antigo monarca estava morto e ele tinha acabado de ser ungido rei sobre Judá. O narrador não deixa claro qual foi a resposta dos moradores de Jabes-Gileade, mas, como eles jamais se esqueceram do bem que Saul lhes fizera no passado, é provável que tenham permanecido fiéis a Isbosete, filho de Saul e rei rival.

Abner constitui Isbosete rei sobre Israel (2:8-32)

Abner, primo de Saul e comandante de seu exército, por interesse pessoal e contra o projeto de Deus, que havia constituído Davi rei, se opõe ao belemita e constitui Isbosete como rei das tribos do norte. Destacamos, aqui, cinco fatos:

Em primeiro lugar, *Abner se opõe ao reino de Davi, estabelecendo um rei rival* (2:8-11). Como Jônatas, o herdeiro do trono, morreu no campo de batalha, Abner, capitão do exército de Saul, toma Isbosete, filho de Saul, e o fez passar a Maanaim e o constituiu um rei rival de Davi. Isbosete tinha quarenta anos e reinou dois anos. Somente a casa de Judá seguia a Davi, que reinou sete anos e seis meses em Hebrom.

Em segundo lugar, *Abner desafia o exército de Davi* (2:12-17). Abner tinha a maioria, mas não a promessa. Tinha o aval da maioria da população de Israel, mas não a bênção de Deus. Sua oposição não foi apenas a Davi, mas ao Senhor, que o constituiu rei sobre seu povo.

Abner saiu com os homens de Isbosete de Maanaim até Gibeom; e Joabe, filho de Zeruia, filha de Jessé, comandante das tropas de Davi, também saiu com os homens do futuro rei da nação, parando perto do açude de Gibeom.

Estavam apostos os dois exércitos, um defronte do outro. Abner, então, desafia Joabe, propondo um enfrentamento de dois grupos de elite, como outrora Golias desafiou o exército de Israel. Doze homens de cada lado travaram uma sangrenta peleja e o resultado foi um empate, com a morte de todos os vinte e quatro soldados. Por isso, o nome do local foi batizado de "campo das espadas". Esse embate sangrento não fez cessar a guerra; pelo contrário, seguiu-se crua peleja naquele dia, sendo Abner e os homens de Israel derrotados diante dos homens de Davi.

Em terceiro lugar, *Abner mata Asael, sobrinho de Davi* (2:18-23). Os três filhos de Zeruia: Joabe, Abisai e Asael estavam no campo de batalha. O mais jovem, Asael, era ligeiro de pés, como uma corça selvagem. Este, por ordem de Joabe ou por conta própria, perseguiu Abner com determinação inabalável. Asael tinha velocidade, mas Abner tinha experiência. Este tinha a agilidade dos pés, mas aquele tinha a agilidade da espada. Abner, por duas vezes, tentou demover Asael de acossá-lo, no que não logrou êxito. Ele sabia que matá-lo significava ter que encarar a face de Joabe, comandante das tropas de Davi. Abner sabia que isso abriria uma ferida incurável e alimentaria uma guerra. Quando viu que não conseguia convencer Asael, parou repentinamente com sua espada apontada para ele, que, sem conseguir parar, foi atravessado e caiu morto.

Em quarto lugar, *Abner pede uma trégua na batalha* (2:24-30). Sem que a morte de Asael intimidasse Joabe e Abisai, continuaram a perseguição. Os filhos de Benjamim, porém, se ajuntaram atrás de Abner e, cerrados numa tropa, puseram-se no cume de um monte. Abner, do topo do outeiro, gritou a Joabe, propondo uma trégua na guerra sangrenta. Joabe atendeu ao pedido, tocou a trombeta e a peleja cessou. Abner voltou com seus homens para Maanaim e Joabe retornou a Hebrom, passando antes por Belém, onde sepultou seu irmão Asael.

Em quinto lugar, *Abner é derrotado pelo exército de Davi* (2:31—3:1). A guerra proposta por Abner custou-lhe um alto preço. Mais tarde, Joabe o matou, vingando seu irmão. Enquanto apenas vinte homens de Davi, incluindo Asael, morreram no combate (2:30), trezentos e sessenta homens de Abner foram mortos no campo de batalha. A guerra entre a casa de Saul e a casa de Davi durou muito tempo, porém o belemita ia se fortalecendo e os da casa de Saul iam se enfraquecendo (3:1). Dale Ralph Davis tem razão em dizer que Abner não está longe de cada um de nós. Nós temos a mesma natureza dele. A estupidez de seu pecado habita também em nós. É possível conhecer a verdade e não a abraçar. É possível saber a verdade e atacá-la.[1]

Notas

[1] DAVIS, Dale Ralph. *2Samuel.* 2018, p. 42.

Capítulo 4

O fortalecimento do reino de Davi

(2Samuel 3:2-39)

O NARRADOR INTERROMPE SUA descrição sobre a guerra entre a casa de Saul e a casa de Davi, mostrando que a última se fortalecia a olhos vistos enquanto a primeira se desidratava (3:1). Então, ele passa a falar sobre a família de Davi em Hebrom (3:2-5), retomando o assunto para informar que enquanto durava essa guerra, Abner se tornava cada vez mais poderoso na casa de Saul (3:6). Dale Ralph Davis, examinando o texto em tela, destaca três lições centrais: Abner procura o reino por necessidade (3:1-11); Joabe subverte o reino por vingança (3:12-39); e nós devemos buscar o reino em confiança.[1] Vamos destacar neste capítulo alguns fatos assaz importantes.

A crescente família de Davi em Hebrom (3:2-5)

Ao longo dos sete anos e meio que governou em Hebrom não apenas a casa de Davi tornou-se mais forte e a casa de Saul, mais fraca, mas também a família de Davi tornou-se mais ampla.

Por questões políticas, Davi deixou de seguir a orientação divina, para imitar os reis de seu tempo, contraindo vários casamentos e constituindo uma família disfuncional, que muito lhe fez sofrer. Diz a Escritura acerca dos reis: "Tampouco para si multiplicará mulheres, para que o seu coração não se desvie [...]" (Dt 17:17). Warren Wiersbe destaca que o harém de Davi ia ficando cada vez maior, como era o costume dos reis do Oriente. Sem dúvida, Salomão ultrapassaria em muito o pai ou qualquer rei de Israel ou de Judá depois dele (1Rs 11:3).[2] Destacamos dois pontos aqui:

Em primeiro lugar, *as esposas de Davi* (3:2-5). A primeira mulher de Davi, Mical, filha de Saul, tinha sido dada em casamento a um homem chamado Paltiel (1Sm 25:44). Nos mais de dez anos de peregrinação, fugindo da fúria insana de Saul, Davi tomou como mulher Ainoã de Jezreel e Abigail, a viúva de Nabal, o carmelita. Nos sete anos e meio que reinou em Hebrom, Davi multiplicou suas mulheres, na contramão dos preceitos divinos, e tomou mais quatro para si: Maaca, filha de Talmai, rei de Gesur; Hagite; Abital e Eglá. Ele teve outras mulheres e concubinas, quando se transferiu para Jerusalém, onde reinou trinta e três anos (5:13). Joyce Baldwin diz que sua família de seis esposas em Hebrom era sinal de prestígio.[3] Kevin Mellish diz que a lista basicamente inclui mulheres do território israelita: Jezreel, Carmelo e Hebrom. Entretanto, Maaca era de Gesur, um país arameu (3:3). Davi utiliza este relacionamento para ganho político contra a casa de Saul. É digno de nota que

Absalão, o filho de Maaca, uma mulher cananeia, estaria no centro de um assassinato e rebelião que trouxe a seu pai muita dor pessoal e instabilidade política.[4]

Em segundo lugar, *os filhos de Davi* (3:2-5). Davi teve um filho de cada uma dessas respectivas mulheres: Amnom, Quileabe, Absalão, Adonias, Sefatias e Itreão. Três dos filhos, Amnon, Absalão e Adonias, estiveram envolvidos na tempestuosa disputa pelo trono. Amnom, que estuprou sua meia-irmã Tamar, foi assassinado por Absalão. Absalão não só se vingou do estupro de sua irmã, como também usurpou o trono paterno, tendo sido morto em batalha. Adonias autoproclamou-se rei no final da vida de Davi, somente para ser substituído por Salomão e morto por ordem real.[5] Portanto, esses três filhos — Amnon, Absalão e Adonias — causaram-lhe muito sofrimento. Em Jerusalém, Davi teve mais onze filhos: Samua, Sobabe, Natã, Salomão, Ibar, Elisua, Nefegue, Jafia, Elisama, Eliada e Elifelete (5:14,15). Na lista de 1Crônicas 3:1-9 temos ainda os nomes de Nogá e Tamar, bem como a menção aos filhos não nominados das concubinas.

Isbosete se indispõe com Abner (3:6-11)

Enquanto oficialmente servia a Isbosete, Abner fortalecia sua própria posição política, uma vez que via a balança pendendo para o lado da família do belemita. A desavença entre Isbosete e Abner trouxe vantagem e dividendos políticos a Davi. Destacamos, aqui, dois fatos:

Em primeiro lugar, *a acusação* (3:6,7). Abner, o comandante da casa de Isbosete, é mais forte do que o rei. Na verdade, como bem destaca Purkiser: "O domínio por trás do trono de Isbosete era o seu comandante militar Abner".[6] Tentando se fortalecer, o jovem rei, de forma insensata, acusa Abner de ter se deitado com Rispa, concubina de Saul, seu pai. Esse não era apenas um ato de infidelidade conjugal, mas, sobretudo, um ato político. Deitar-se com a mulher ou concubina de um rei sinalizava o maior gesto de conspiração para tomar-lhe a coroa e assumir o reino. Joyce Baldwin escreve: "Tomar para si a mulher ou concubina do monarca falecido significava apropriar-se de seus bens e postular o trono, a julgar pela conduta de Absalão (16:22) e de Adonias (1Rs 2:22)".[7] Nessa mesma esteira Purkiser ainda diz que se a acusação fosse verdadeira, isto bem poderia ter significado que Abner tramava tomar o trono, visto que o harém de um rei oriental sempre passava para o seu sucessor.[8] A acusação de Isbosete era equivalente a dizer que Abner havia cometido um crime de traição à pátria.

O narrador não esclarece se Abner era culpado dessa acusação. Pela sua reação, parece que era inocente. Por essa causa, esse fato ensejou que Abner abandonasse as fileiras de Isbosete, procurando fazer aliança com Davi. Nas palavras de Kevin Mellish, "a ingratidão de Isbosete, juntamente com sua pergunta acusadora, provou ser a última gota para Abner".[9]

Em segundo lugar, *a indignação* (3:8-11). Abner muito se indignou com a acusação de Isbosete e insinua que o rei das tribos do norte devia tudo à sua lealdade à casa de seu pai. Ele sentiu-se desvalorizado pelo fraco rei e aproveitou o momento para desertar, prometendo usar o mesmo empenho empregado na defesa da casa de Saul para, a partir daquele momento, transferir dela o reino , estabelecendo o trono de Davi sobre Israel e Judá, desde Dã, ao norte, até Berseba, ao sul.

Nas palavras de Joyce Baldwin, "Abner, como represália, transferirá sua lealdade da casa de Saul para a de Davi, cumprindo assim o que jurou o Senhor a Davi".[10] O mesmo Abner que se opusera ao propósito revelado de Deus, agora vê-se engajado nesse propósito. E Isbosete não pôde dizer nada a ele, porque o temia. Na verdade, sem seu apoio , Isbosete torna-se um mero fantoche, incapaz de se opor ao seu general.[11]

Robert Chisholm diz que Abner é mais um dentre outros personagens da narrativa que reconheceram o destino de Davi como rei (3:18), ao lado de Jônatas (1Sm 23:17), Saul (1Sm 24:20) e Abigail (1Co 25:28-30).[12] Concordo, entretanto, com Dale Ralph Davis quando diz que Abner não toma essa decisão governado por convicções teológicas, mas sim por interesses políticos. Ele não procura expandir o reino de Davi porque sente a autoridade das promessas do Senhor; na verdade, ele procura vantagem pessoal.[13] Usando sua influência para negociar a união das tribos do norte com Davi, Abner sairia dessa aliança fortalecido. Não era o amor ao Senhor que o motivava, mas sua própria posição dentro do crescente governo.

Abner faz aliança com Davi (3:12-21)

Abner, estrategicamente, ficou do lado do vencedor. Deixou as fileiras do rei Isbosete e engrossou as fileiras do rei Davi. Vejamos:

Em primeiro lugar, *Abner propõe fazer aliança com Davi* (3:12). Ele enviou mensageiros ao rei, propondo uma aliança com ele e prometendo ajudá-lo no ajuntamento de todo o Israel sob o seu reinado desde o norte até o sul.

Em segundo lugar, *a condição estabelecida por Davi* (3:13-16). Ele aceita a proposta da aliança de Abner e estabelece uma condição. Quer de volta Mical, sua mulher, filha de Saul, pela qual havia lutado (1Sm 18:27). O propósito de Davi não é romântico, mas político. Davi quer, com sua mulher de volta, fortalecer seu vínculo com a antiga dinastia e reivindicar legitimamente o reino de Saul.[14] Joyce Baldwin corrobora, dizendo: "Foi uma manobra política sagaz de Davi, pois a presença da filha de Saul como sua esposa colocaria Davi numa posição bastante forte para postular o trono de Saul junto às tribos do norte".[15] Purkiser destaca, no entanto, que o ato de Davi não lhe trouxe qualquer satisfação futura, uma vez que Mical aparentemente não sentia mais o amor que no início demostrava por ele (6:20-23).[16] Davi fez mais. Ele enviou mensageiros a Isbosete, pedindo de volta Mical, sua mulher, relembrando que pagara o dote de cem prepúcios filisteus para desposá-la. Isbosete atendeu a reivindicação de Davi e mandou tirá-la de seu marido Paltiel, filho de Laís.[17] Joyce Baldwin destaca que não se concede a Mical nem a seu marido nenhum gesto de apoio moral; negócios de Estado tinham precedência sobre sentimentos pessoais.[18]

Em terceiro lugar, *o acordo unânime conseguido por Abner* (3:17-19). Abner cumpriu o trato com Davi e reuniu os anciãos de Israel, trazendo à memória deles três razões pelas quais deveriam apoiar o governo davídico: a primeira é que já havia um desejo dos anciãos de Israel que Davi reinasse sobre eles (3:17b); a segunda razão é que o motivo pelo qual Saul foi constituído rei, ou seja, libertar Israel do poder dos filisteus e de seus demais inimigos, havia fracassado rotundamente. Mas, sob o governo davídico, os filisteus e os demais inimigos de Israel seriam completamente derrotados (3:18). A terceira razão é que Abner, estrategicamente, falou particularmente à tribo de

Benjamim, à qual Saul pertencia, demonstrando habilidade diplomática (3:19).

Em quarto lugar, *a recepção calorosa de Davi à comitiva de Abner* (3:20,21). Tendo obtido um acordo unânime, Abner estava pronto a ir ao encontro de Davi em Hebrom com uma delegação de mais vinte de seus homens, no que foram recebidos com fidalguia. Davi preparou-lhes um banquete e Abner, como um líder catalisador, declarou: "Eu me levantarei e irei ajuntar todo o Israel ao rei, meu senhor, para fazerem aliança com o rei. E, meu senhor, reinará sobre tudo o que quiser" (3:21a). É digno de nota que neste capítulo Davi será chamado "o rei" em outras oito ocasiões; sete delas pelo narrador (3:24,31-33,36-38); no versículo 23, "o rei" aparece em uma citação indireta. O rei Davi, convencido então da lealdade de Abner, deixou que ele partisse em paz e segurança (3:21b).

Abner é assassinado por Joabe (3:22-39)

Membros da corte ficaram insatisfeitos com a aliança de Davi com Abner. Surgiu, então, um grupo de oposição. Se Abner não está longe de nós, tampouco está Joabe. À semelhança dos discípulos de Jesus, que na última Páscoa discutiam entre si quem dentre eles seria o maior no reino, Joabe não apenas busca vingança contra Abner, eliminando seu possível concorrente, mas, também, defende sua liderança e sua posição como o homem mais forte do reino de Davi. Dale Ralph Davis resume bem este assunto: "Há pessoas que resistem às promessas do reino pela força (2:12-32). Há outras que procuram o reino por motivações erradas (3:1-11). E ainda há aquelas que estão preocupadas apenas com o seu próprio reino (3:23-39)".[19]

Destacamos, aqui, seis pontos importantes:

Em primeiro lugar, *a oposição de Joabe* (3:22-25). Essa calorosa e amigável recepção de Abner e de sua comitiva em Hebrom aconteceu quando Joabe e os servos de Davi vieram de uma investida trazendo com eles grande despojo. Quando Joabe chegou com toda a tropa e sabendo como Abner fora recebido e tratado regiamente e enviado de volta em paz, foi falar com o rei, reprovando sua atitude e advertindo-o de que Abner fora para enganá-lo, para bisbilhotar seus movimentos e sondar seus planos. Joabe tacitamente acusa Davi, que mais tarde se arrependeu de não ter aplicado a Joabe um castigo mais severo (1Rs 2:5,32), de ser ingênuo e simplório.

Em segundo lugar, *a traição de Joabe* (3:26-27). Sem que Davi soubesse, traiçoeiramente Joabe enviou mensageiros atrás de Abner e eles o trouxeram de volta a Hebrom. Então, Joabe o levou para um lado, no interior do portão da cidade, para lhe falar em segredo, e ali traiçoeiramente o feriu no abdômen e o matou a sangue frio. Duas motivações podem ter governado Joabe nesse assassinato. A primeira delas foi a vingança, pois Abner matou seu irmão Asael, ainda que involuntariamente, e em legítima defesa (2:22,23). A segunda motivação foi o medo de perder espaço para Abner, uma vez que este liderava a adesão das tribos do norte ao reino de Davi, o que lhe abriria o caminho para ser um forte líder no novel reino. Joabe vê Abner como um rival para o alto cargo que ocupava na corte de Davi.

É importante destacar que a vingança de Joabe não se enquadra dentro de obrigações familiares de vingança (Nm 35:16-21). O "vingador de sangue" tinha de cuidar para que o assassino fosse morto, e Abner estava consciente de possíveis implicações de seu ato (2:22). Contudo, Asael tinha sido morto como consequência de uma guerra, e é questionável se num caso desses o vingador de sangue tinha alguma obrigação assim. De fato, Davi afirma que Joabe e seu irmão Abisai, mais tarde envolvido (3:30), eram culpados de derramar, sem motivo, o sangue de Abner.[20] Kevin Mellish chama a atenção para o fato de que Hebrom era designada como uma cidade de refúgio (Js 20:7), onde a pessoa podia reivindicar asilo durante uma disputa de sangue e não ficar culpada pelo assassinato de vingança. Todavia, o ato de Joabe não poderia ser desculpado como um ato de vingança (Nm 35:12; Dt 19:11-13), já que Asael ignorou as advertências de Abner no campo de batalha (2:21,22). Como resultado, a morte de Abner por Joabe foi um ato de homicídio (3:30), portanto ele perdeu o santuário moral e legal que a cidade oferecia.[21]

Em terceiro lugar, *a maldição de Davi* (3:28,29). Ao ser informado acerca da morte de Abner, de forma covarde e traiçoeira, pelas mãos de Joabe e Abisai, Davi proclama a sua inocência bem como a inocência de seu reino diante do Senhor, para sempre, do sangue de Abner, filho de Ner (3:28). Após essa declaração pública de inocência, Davi amaldiçoa Joabe e sua família, com as seguintes palavras: "Que este sangue caia sobre a cabeça de Joabe e sobre toda a casa de seu pai! Que nunca falte na casa de Joabe quem tenha corrimento, quem seja leproso, quem se apoie em muleta, quem caia à espada, quem necessite de pão" (3:29). Joyce Baldwin esclarece:

> A maldição que Davi invoca sobre a casa de Joabe, bem como sobre o próprio Joabe, é assustadora: *quem tenha fluxo* estaria perpetuamente impuro e, portanto, proibido de adorar (Lv 15.2), como também aconteceria com *o leproso.* "Homens que trabalhem na roca" (BJ) implica uma deficiência física que exigia uma ocupação sedentária (veja BLH; cf. *quem se apoie em*

muleta, ARA). Essas cinco aflições seriam sinais do justo juízo do Senhor sobre o ato de Joabe, e as gerações futuras observariam como a maldição se cumpriu.[22]

Em quarto lugar, *a motivação de Joabe e Abisai* (3:30). O narrador registra: "Assim, Joabe e seu irmão Abisai mataram Abner, porque este tinha matado Asael, o irmão deles, na batalha de Gibeão" (3:30). Fica claro, aqui, que a motivação desses sobrinhos de Davi para matarem Abner era a vingança. O ato de Joabe e Abisai, diferentemente da atitude de Abner, foi uma traição. Mataram Abner de forma covarde. Nas palavras de Dale Ralph Davis, "o plano de reconciliação e reunião das tribos ao redor de Davi foi dissolvido no sangue de Abner".[23]

Em quinto lugar, *a lamentação de Davi* (3:31-35). Davi assume o posto de chefe da nação e com autoridade ordena Joabe, o próprio assassino, e a todo o povo, a rasgar suas roupas, a vestirem-se de pano de saco e a lamentarem a morte de Abner. Nas palavras de Joyce Baldwin, "Davi colocou Joabe no seu devido lugar ao lhe dar ordens para que participasse do luto oficial por Abner".[24] O próprio Davi ia seguindo o caixão, no cortejo fúnebre. Abner foi sepultado em Hebrom. No funeral desse grande comandante, Davi e todo o povo choraram. Davi lamentou pelo fato de Abner ter morrido de forma tão vil, diante dos filhos da impiedade, como se estivesse de pés e mãos atadas, sem poder reagir. Para Davi, Abner merecia uma morte mais honrosa, entretanto ele morreu como vítima de uma traição, numa impiedosa trama. O rei jejuou todo aquele dia e recusou-se a comer até o pôr do sol.

Em sexto lugar, *a inocência de Davi* (3:36-39). A inocência de Davi em relação à morte de Abner tornou-se notória a todo o povo e este concordou com todas as atitudes assumidas pelo rei. Davi, dirigindo-se a seus servos, reafirmou seu grande apreço por Abner com palavras lapidares: "Saibam que hoje caiu em Israel um príncipe e um grande homem" (3:38). E acrescentou: "Hoje sou fraco, embora ungido rei. Esses homens, os filhos de Zeruia, são mais fortes do que eu. Que o Senhor retribua ao que fez esse mal como ele merece" (3:39).

Concordo com William MacDonald quando diz que neste capítulo 3 nós vemos Deus usando o pecado e a intriga de homens para dar o reino unido a Davi. Deus faz com que a ira dos homens o louve (Sl 76:10).[25]

Notas

1 DAVIS, Dale Ralph. *2Samuel.* 2018, p. 42-48.
2 WIERSBE, Warren W. *Comentário bíblico expositivo.* Vol. 2. 2006, p. 303.
3 BALDWIN, Joyce G. *I e IISamuel: introdução e comentário.* 2006, p. 212.
4 MELLISH, Kevin J. *Novo comentário bíblico Beacon – 1 e 2Samuel.* 2015, p. 230,231.
5 Idem, p. 230.
6 PURKISER, W. T. *Os livros de 1 e 2Samuel. In* Comentário bíblico Beacon. Vol. 2. 2015, p. 234.
7 BALDWIN, Joyce G. *I e IISamuel: introdução e comentário.* 2006, p. 212.
8 PURKISER, W. T. *Os livros de 1 e 2Samuel. In* Comentário bíblico Beacon. Vol. 2. 2015, p. 234.
9 MELLISH, Kevin J. *Novo comentário bíblico Beacon – 1 e 2Samuel.* 2015, p. 231.
10 BALDWIN, Joyce G. *I e IISamuel: introdução e comentário.* 2006, p. 213.
11 Idem.
12 CHISHOLM JR, Robert B. 1 e 2Samuel. 2017, p. 201,202.
13 DAVIS, Dale Ralph. *2Samuel.* 2018, p. 43.
14 MACDONALD, William. *Believer's Bible Commentary.* 1989, p. 326.
15 BALDWIN, Joyce G. *I e IISamuel: introdução e comentário.* 2006, p. 213.

16 PURKISER, W. T. *Os livros de 1 e 2Samuel. In* Comentário bíblico Beacon. Vol. 2. 2015, p. 234.
17 BALDWIN, Joyce G. *I e IISamuel: introdução e comentário.* 2006, p. 214.
18 Idem.
19 DAVIS, Dale Ralph. *2Samuel.* 2018, p. 47.
20 BALDWIN, Joyce G. *I e IISamuel: introdução e comentário.* 2006, p. 215.
21 MELLISH, Kevin J. *Novo comentário bíblico Beacon – 1 e 2Samuel.* 2015, p. 233.
22 BALDWIN, Joyce G. *I e IISamuel: introdução e comentário.* 2006, p. 216.
23 DAVIS, Dale Ralph. *2Samuel.* 2018, p. 49.
24 BALDWIN, Joyce G. *I e IISamuel: introdução e comentário.* 2006, p. 216.
25 MACDONALD, William. *Believer's Bible Commentary.* 1989, p. 327.

Capítulo 5

A decadência da dinastia de Saul

(2Samuel 4:1-12)

A MORTE DE ABNER abalou Isbosete e todo o seu reino. Se com Abner vivo, a casa de Saul ia se enfraquecendo e a casa de Davi se fortalecendo, com Abner morto, não havia qualquer esperança de se virar esse placar. Nas palavras de Joyce Baldwin, "assim que Abner morreu, acabou rapidamente o fim da resistência ao domínio de Davi".[1] Ronald Youngblood corrobora: "A morte de Abner deixou um vácuo de poder nas tribos do norte".[2]

Situação desesperadora (4:1-4)

A notícia da morte de Abner, em Hebrom, deixou Isbosete de mãos frouxas e todo o Israel abalado. Destacamos, aqui, três fatos:

Em primeiro lugar, *Isbosete e seu povo alarmados* (4:1). Isbosete era apenas um fantoche. Por trás da pompa real, quem governava era Abner. Ele era o homem forte das tribos do norte. Sem ele, Isbosete não tinha liderança, nem força, nem estratégia para enfrentar Davi e seu exército. As mãos de Isbosete se afrouxaram, o ânimo do povo de Israel se abateu e entrou em colapso.

Em segundo lugar, *traidores infiltrados* (4:2,3). Isbosete tinha a seu serviço dois homens, capitães de tropas, Baaná e Recabe, da tribo de Benjamim, a mesma tribo de Saul. Ambos são referidos como filhos de Rimom, o beerotita, dos filhos de Benjamim. Os beerotitas eram originalmente, um grupo não israelita que eventualmente se tornaram "cidadãos naturalizados" do território de Benjamim (Js 9:16-21).[3] Robert Chisholm diz que é importante, para a defesa que o narrador faz de Davi, identificar os assassinos como benjamitas. Isbosete é morto por dois membros de sua própria tribo, e não por partidários de Davi.[4] Esses homens eram capitães de tropas, acostumados com batalhas e experimentados na guerra. Eles gozavam de ampla confiança do rei Isbosete e tinham acesso irrestrito ao seu palácio. Diante, porém, da perda irreparável do comandante Abner, entenderam que o triunfo de Davi seria inevitável. Então, se adiantam para agir de seu próprio modo, para matar Isbosete e facilitar o caminho para o rei. Usaram de sua posição como capitães e de sua procedência, da tribo de Benjamim, para entrarem no palácio e, covardemente, matarem Isbosete.

Em terceiro lugar, *um herdeiro incapaz de reinar* (4:4). O narrador abre um parêntesis para mostrar que, com a morte de Isbosete, o último descendente da dinastia de Saul, Mefibosete, filho de Jônatas, era jovem demais e aleijado de ambos os pés, e, portanto, um candidato improvável ao trono. Sua idade e suas incapacidades físicas o impediam de ir à guerra e de ser um candidato apto ao trono. Mais tarde, Davi trouxe Mefibosete para Jerusalém, para ficar com ele e comer à sua mesa (9:7-13).

Uma traição dolorosa (4:5-7)

O narrador informa que Recabe e Baaná, os assassinos de Isbosete, eram irmãos, filhos de Rimom, beerotita, da tribo de Benjamim. Quatro fatos devem ser aqui destacados:

Em primeiro lugar, *os assassinos do rei* (4:5a). Recabe e Baaná eram de uma mesma família. Ocupavam a mesma função no exército israelita: eram capitães de tropas, homens experimentados em matar e afeitos à violência das guerras. Fica implícito que Isbosete não tinha a mínima suspeita de que poderia ter traidores amoitados em suas tropas.

Em segundo lugar, *a ocasião do assassinato do rei* (4:5b). Eles chegaram juntos à casa de Isbosete, no maior calor do dia, ao meio-dia, estando o rei a dormir. Não traziam consigo qualquer sinal de violência. Não despertaram nenhuma suspeita.

Em terceiro lugar, *o disfarce dos assassinos do rei* (4:6). Esses dois capitães entraram na casa de Isbosete em plena luz do sol, como se estivessem atendendo a uma demanda do exército, ou seja, buscarem trigo para alimentar as tropas. Ali, no interior da casa, feriram Isbosete no abdômen, e fugiram.

Em quarto lugar, *a crueldade dos assassinos do rei* (5:7). O narrador diz que os assassinos, ao entrarem na casa, encontraram Isbosete no seu leito, no quarto de dormir. Ali, no sagrado recinto familiar, feriram e mataram o filho de Saul.

Depois, deceparam sua cabeça e a levaram, andando toda a noite pelo caminho da planície até Hebrom, à sede do reino de Davi.

Uma interpretação equivocada (4:8-11)

Esses dois capitães fizeram uma leitura errada de Davi e de seu reino. Por isso, cometeram um desatino, em nome de Deus, e sofreram severo juízo por isso. Vejamos:

Em primeiro lugar, *uma viagem despropositada* (4:8a). Baaná e Recabe fizeram uma longa jornada até Hebrom, trazendo a cabeça de Isbosete a Davi, como um troféu de guerra, imaginando que receberiam, por isso, uma robusta recompensa. No mínimo pensaram que haviam prestado um grande serviço ao rei. Joyce Baldwin diz que os dois homens se apressaram a levar para Davi, em Hebrom, a cabeça de Isbosete, como troféu, viajando pela planície de Arabá, o vale árido na fenda do Jordão e do mar Morto, para evitar o encontro com outros viajantes.[5]

Em segundo lugar, *uma teologia errada* (4:8b). Esses dois capitães acreditavam que Davi olhava para Isbosete como um inimigo a ser eliminado e, governados por uma falsa teologia, justificaram sua perversidade, matando um homem inocente no seu leito, em nome do Senhor, como se fossem os agentes de Deus na vingança contra Saul e sua descendência. Esses dois homens atribuíram a morte de Isbosete a Yahweh, como se Deus tivesse aprovado o seu feito perverso, como se tivessem agido por ordem expressa do Senhor. Robert Chisholm destaca que os assassinos benjamitas apresentam Saul no papel de "inimigo" de Davi. Outros fizeram o mesmo, inclusive o narrador (1Sm 18:29), os homens de Davi (1Sm 24:4), Saul (1Sm 24:19) e Abisai (1Sm 26:8), mas Davi não usou essa designação para Saul, e sua reação aqui mostra que ele não o considerava dessa forma.[6]

Em terceiro lugar, *um reconhecimento adequado* (4:9). Davi, porém, governado pela gratidão ao Senhor, por ter livrado sua alma de toda a angústia, repudia veemente a atitude dos capitães de Israel, deixando claro que os fins não justificam os meios. Embora Saul tenha se tornado inimigo de Davi, este jamais o considerou assim. Ainda que Saul tenha usado de artimanhas para matá-lo, Davi jamais usou de artifícios maliciosos para atingi-lo. Como diz Dale Ralph Davis, "o hálito da gratidão está impregnado em todas [estas] palavras: '... o Senhor, que remiu a minha alma de toda a angústia'" (4:9).[7] Foi esse senso de gratidão que governou Davi ao longo de sua vida. Oh, quantos benefícios temos recebido também de Deus (Sl 103:1-5)! Foi a gratidão ao Senhor Jesus que sustentou Policarpo na hora de seu martírio. Seus algozes o ameaçavam de todas as formas para que ele negasse a Jesus. Ele, porém, retrucou: "Há oitenta e seis anos eu tenho servido a Jesus. Ele jamais me fez nenhum mal; como então, poderia eu blasfemar contra meu Rei que me salvou?".[8]

Em quarto lugar, *uma penalidade justa* (4:10,11). Davi recorda a Baaná e a Recabe que ele não havia poupado o amalequita que afirmara ter matado Saul, trazendo-lhe a coroa e o bracelete do rei como se isso fosse boas-novas. Da mesma forma e com mais vigor, eles sofreriam a justa retribuição de seu crime hediondo. William MacDonald coloca esse fato assim:

> Davi sabia que Deus não conduziria homens a quebrar sua lei para entronizá-lo como rei. Deus é poderoso para cumprir sua promessa sem a ajuda de assassinos. Davi disse aos dois

assassinos de Isbosete que eles eram mais culpados do que o amalequita que se apresentou como o assassino de Saul e ordenou que eles fossem decapitados imediatamente. Seus corpos foram vergonhosamente expostos publicamente, enquanto a cabeça de Isbosete foi honrosamente sepultada na tumba de Abner.[9]

Uma retribuição necessária (4:12)

Destacamos, aqui, dois pontos importantes:

Em primeiro lugar, *o juízo sobre os assassinos* (4:12a). Davi se opôs veementemente à noção de que ele iria se "sobressair" e subir ao trono trapaceando ou por quaisquer outros meios desonestos.[10] Por isso ele ordena que os dois capitães sejam mortos, decapitados, tenham seus pés e mãos amputados e os corpos dependurados junto ao açude de Hebrom. Nas palavras de Joyce Baldwin, "esses dois homens são punidos com morte, mutilação e exposição pública dos cadáveres, como advertência a outros".[11] Essa atitude severa de Davi tem o propósito de mostrar que ele não estava, nos bastidores, orquestrando o assassinato de Isbosete. Davi era inocente.

Em segundo lugar, *a honra póstuma ao rei assassinado* (4:12b). Davi honra o filho de Saul, sepultando a cabeça dele na sepultura de Abner, em Hebrom, uma vez que eram parentes. Kevin Mellish diz que ao final do capítulo 4 de 2Samuel quatro homens importantes associados à casa de Saul haviam sido mortos: Saul, Jônatas, Abner e Isbosete. Com cada um desses homens eliminados, o caminho do reinado se abria cada vez mais amplo para Davi.[12] Sigo os passos de Warren Wiersbe, na aplicação da passagem em tela, quando trata sobre os quatro "reis" acerca dos quais Paulo escreveu em Romanos 5. Certamente esses quatro reis estavam em ação nessas cenas da vida de Davi. O pecado reinou (Rm 5:21) por meio das mentiras de homens que se odiavam e que procuraram destruir uns aos outros. A morte reinou (Rm 5:14,17) com o extermínio de Asael, Abner e Isbosete, juntamente com quase quatrocentos soldados abatidos no conflito, no açude de Gibeão. Porém, a graça de Deus também reinou (Rm 5:21), pois o Senhor protegeu Davi e prevaleceu sobre os pecados do ser humano, a fim de cumprir seus propósitos divinos. "Onde abundou o pecado, superabundou a graça (Rm 5:20). Mas Davi "[reinou] em vida" (Rm 5:17), pois Deus o conduziu no enfrentamento das situações subsequentes. Em meio aos problemas e tribulações de hoje, o povo de Deus também pode reinar por meio de Jesus Cristo.[13]

Notas

1 BALDWIN, Joyce G. *I e IISamuel: introdução e comentário.* 2006, p. 217.
2 YOUNGBLOOD, Ronald F. *2Samuel. In* Zondervan NIV Bible Commentary. Grand Rapids, MI: Zondervan Publishing House. 1994, p. 441.
3 MELLISH, Kevin J. *Novo comentário bíblico Beacon – 1 e 2Samuel.* 2015, p. 235.
4 CHISHOLM JR, Robert B. *1 e 2Samuel.* 2017, p. 202.
5 BALDWIN, Joyce G. *I e IISamuel: introdução e comentário.* 2006, p. 218,219.
6 CHISHOLM JR, Robert B. *1 e 2 Samuel.* 2017, p. 202,203.
7 DAVIS, Dale Ralph. *2Samuel.* 2018, p. 54.
8 HOUGHTON, S. M. *Sketches from Church History.* Banner of Truth. Edinburgh. 1980, p. 18.
9 MACDONALD, William. *Believer's Bible Commentary.* 1995, p. 327.
10 MELLISH, Kevin J. *Novo comentário bíblico Beacon – 1 e 2Samuel.* 2015, p. 238.
11 BALDWIN, Joyce G. *I e IISamuel: introdução e comentário.* 2006, p. 219.
12 MELLISH, Kevin J. *Novo comentário bíblico Beacon – 1 e 2Samuel.* 2015, p. 238.
13 WIERSBE, Warren W. *Comentário bíblico expositivo.* Vol. 2. 2006, p. 307.

Capítulo 6

A ascensão de Davi como rei de Israel

(2Samuel 5:1-25)

O CAMINHO PARA O trono está aberto e não foi Davi quem o fez. A morte de Saul, Abner e Isbosete aconteceram à margem do seu conhecimento e da sua participação. Aliás, ele penalizou todos que estiveram envolvidos nesses crimes hediondos.

Veremos, a seguir, a ascensão de Davi ao trono de Israel. Porém, é importante ressaltar que 2Samuel 5, conforme diz Dale Ralph Davis, é uma colagem. O texto não está ordenado cronologicamente. Essa coleção de episódios narrados não está na mesma ordem que os fatos ocorreram. Essa coleção de fragmentos tem o propósito de oferecer uma visão adequada do reino davídico.

Por exemplo, Hirão, rei de Tiro, não enviou construtores e material para a construção do palácio de Davi imediatamente após sua coroação como rei de Israel. Isso ocorreu na última década de seu reinado.[1]

A adesão das tribos do norte (5:1-3a)

Depois de sete anos e meio de reinado em Hebrom, sobre Judá, agora Davi ascende ao trono de Israel, como rei sobre todas as tribos. Não foi Davi quem foi às tribos do norte, mas todas elas vieram a ele em Hebrom.

As tribos do norte, provavelmente por intermédio dos anciãos, seus legítimos representantes, vieram a Hebrom e aceitaram as condições da aliança de Davi e ungiram-no como rei sobre Israel. Eles usaram três argumentos para se submeterem a ele como rei:

Primeiro, *os laços de parentesco são fortes*. Este é o argumento do relacionamento (Dt 17:15). Eles disseram: "Somos do mesmo povo que és tu" (5:1). Assim, eles estão declarando os laços comuns de nacionalidade e parentesco.[2]

Segundo, *Davi já havia se revelado um líder militar sob as ordens de Saul*. Aqui o argumento é liderança. Disseram: "Outrora, sendo Saul ainda rei sobre nós, eras tu que fazias entradas e saídas militares em Israel" (5:2).

Terceiro, *Davi contava com a aprovação de Deus*. Aqui, o argumento é a promessa divina. Citaram para Davi o que o Senhor havia lhe dito: "Tu apascentarás o meu povo Israel e serás chefe sobre Israel" (5:2b). Kevin Mellish diz que no Antigo Testamento a figura do pastor era uma metáfora que geralmente se aplicava aos maiores líderes de Deus, como Moisés e Davi.[3] Joyce Baldwin destaca, também, que a figura do pastor foi amplamente utilizada no antigo Oriente Próximo para representar os deveres do governante.

A consciência de que o Senhor era o pastor de Israel (Sl 23:1-6; 74:1; 77:20; 78:52; 80:1; 95:7) significava que os pastores humanos existentes na nação tinham diante de si o mais sublime modelo possível de fidelidade, justiça e bondade amorosa.[4] Assim, todos os anciãos de Israel vieram a ter com o rei Davi em Hebrom e o rei fez aliança com eles. A aliança foi estabelecida com base no modelo do "pastor", e esta aliança os resguardava da opressão comumente associada com a monarquia (1Sm 8:10-18), mas da parte do povo assegurava seu apoio leal.[5] É digno de nota que Davi era da tribo de Judá (Gn 49:10), nascido e criado em Belém. Graças a isso, pôde fundar a dinastia que trouxe ao mundo Jesus Cristo, o Messias, que também nasceu em Belém.[6]

A unção de Davi como rei de Israel (5:3b)

Firmada a aliança entre Davi e os anciãos de Israel, ele passaria a ser o rei sobre todas as tribos. Como ato simbólico, ungiram-no sobre Israel. Esta é, na verdade, a terceira vez que ele é ungido rei de Israel (5:3b).

A primeira unção deu-se em Belém, quando o profeta Samuel ungiu Davi em lugar de Saul (1Sm 16:1,13).

A segunda unção ocorreu em Hebrom, pelos homens de Judá (2:4). A primeira unção não o levou ao trono, mas matriculou-o na escola do quebrantamento; a segunda unção ocorreu no início de uma guerra civil, quando Davi reinou apenas sobre a tribo de Judá; mas a terceira unção ocorreu quando ele assumiu o trono sobre todo Israel.

A terceira unção de Davi marcou o fim de uma longa e paciente espera do tempo do Senhor, bem como o início do trabalho que absorveria a vida de Davi e para o qual fora ungido muitos anos antes (1Sm 16:6-13).[7]

O tempo do reinado de Davi (5:4,5)

Davi, como símbolo de Cristo, começa a reinar com trinta anos (a mesma idade com que Jesus deu início ao seu ministério). Reinou sete anos e meio em Hebrom e trinta e três anos em Jerusalém, perfazendo um período de quarenta anos. É digno de nota que os três primeiros reis de Israel, Saul, Davi e Salomão, reinaram, cada um, quarenta anos. Quarenta é um número emblemático. Quarenta anos Israel caminhou pelo deserto. Quarenta dias Moisés esteve no Sinai recebendo de Deus as tábuas da lei. Quarenta dias o profeta Elias caminhou até Horebe. Quarenta dias Jesus foi tentado no deserto.

A conquista de Jerusalém (5:6-9)

Na conquista inicial da terra, os homens de Judá derrotaram e queimaram Jerusalém (Jz 1:8), mas nem os judaítas, nem os benjamitas conseguiram assumir o controle total da cidade (Js 15:63; Jz 1:21). Os jebuseus, povo cananeu que os israelitas deveriam ter destruído (Dt 7:1,2; 20:17), permaneceram entrincheirados na cidade, certos de que ninguém conseguiria tomar deles sua posição altamente fortificada.[8] A conquista de Jerusalém e a derrota dos jebuseus é um marco importante no cumprimento da promessa divina feita a Abraão (Gn 15:18-21). Mais de oitocentos anos se passaram desde os dias de Abraão até Davi, mas a promessa de Deus não falhou. O tempo não pode caducar as promessas divinas. De fato, pertencemos a um reino inabalável (Hb 12:28). Ninguém pode anular o que Deus prometeu nem qualquer inimigo pode sabotar essas promessas. Nas palavras de Dale Ralph Davis, "as promessas de Deus podem ser antigas ou atacadas, mas jamais falham".[9] Aclamado como rei sobre todas as tribos de Israel, o primeiro ato de Davi foi um golpe de engenhosidade política — tomar a cidade de Jerusalém e fazê-la capital de Israel. A cidade dos jebuseus nunca tinha sido completamente conquistada. Era uma cidade estratégica tanto geográfica quanto simbolicamente. Robert Chisholm diz que a escolha de Jerusalém para ser sua capital faz sentido em termos políticos, pois a cidade fica perto da fronteira entre Benjamim (a tribo de Saul) e Judá (a tribo de Davi), ou seja, entre o norte e o sul da Judá.[10] Joyce Baldwin ainda acrescenta, dizendo que, na qualidade de "cidade de Davi", Jerusalém transcendia as rivalidades tribais e, portanto, tornou possível um novo conceito de unidade quando se tornou a capital, servindo de centro para onde convergiam as atenções. Até hoje este fato persiste, dominando os pensamentos dos descendentes de Abraão.[11] Embora situada no coração da Palestina, a cidade — então chamada de Jebus —, como já afirmamos, jamais fora conquistada pelos israelitas, e era ocupada por uma tribo canaanita conhecida como "os jebuseus". Purkiser diz, com razão, que o terreno é fortificado pela própria natureza, de tal maneira que, em tempos antigos, foi capaz de resistir a longos cercos.[12] Warren Wiersbe corrobora:

> Em termos de segurança e de topografia, Jerusalém era a cidade ideal para uma capital. Construída sobre um monte rochoso e cercada de três lados por vales e montes, a única parte vulnerável da cidade era sua face Norte. Ao Sul ficava o vale de Hinom, a leste, o vale do Cedrom e a oeste, o vale Tiropeom. "Seu santo Monte, belo e sobranceiro, é a alegria de toda a terra; o monte Sião, para os lados do Norte, a cidade do grande Rei" (Sl 48:2).[13]

Kevin Mellish elenca quatro razões pelas quais Davi fez de Jerusalém a nova capital da monarquia unida. Primeira:

com uma elevação de 750 metros, Jerusalém era uma fortaleza, por isso tinha um grande valor estratégico. Segunda: Jerusalém estava estrategicamente situada ao longo da costa terrestre natural norte-sul que a conectava a cidades importantes como Siquém e Hebrom. Terceira: Jerusalém era uma cidade "neutra" politicamente falando. Ela não era uma cidade israelita, então, o povo de Israel e Judá não tinha afiliação prévia com ela. Quarta: porque Jerusalém era uma importante cidade-estado no final do período da Idade do Bronze, já havia uma burocracia composta de oficiais políticos talentosos e de sábios estabelecida. Davi poderia usar as habilidades desses indivíduos para instituir e organizar seu novo reino.[14] William MacDonald enfatiza que os filisteus consideravam a cidade de Jerusalém como uma fortaleza inexpugnável e incapaz de ser conquistada. Chegaram a dizer que ela poderia ser defendida até pelos aleijados e cegos. Davi, porém, detectou um ponto vulnerável no sistema de abastecimento de água da cidade. Ele ordenou que seus homens subissem pelos canais de água subterrâneos que os jebuseus usavam para trazer água das fontes à cidade. A estratégia foi um secesso e Jebus foi conquistada e tornou-se Jerusalém, a capital da nação de Israel.[15] Conquistada a fortaleza, Davi renomeou a cidade de Jerusalém, que passou a ser chamada de "cidade de Davi". Essa cidade foi coroada de importância, pois "Deus está no meio dela: jamais será abalada [...]" (Sl 46:5).

O fortalecimento do reino de Davi (5:10-12)

O poder de Davi ia se consolidando rapidamente. E a razão mais eloquente para esse progresso não era tanto a sua destreza militar, mas a presença do Senhor, o Deus dos Exércitos, em sua vida (5:10). O título "Senhor dos

Exércitos" destaca a soberania e o poder militar do Senhor e denota aquele que está entronizado acima de seu conselho celestial.[16] Hirão, rei de Tiro, capital da Fenícia, reconhecendo o reinado de Davi, deu-lhe todo suporte para a construção do palácio real em Jerusalém, enviando madeira nobre, pedreiros e carpinteiros. O relacionamento político de Hirão com a casa de Davi se estendeu até o reinado de Salomão, pois este recebeu daquele recursos materiais e funcionários qualificados para o projeto de construção do templo. É digno de nota que Tiro, importante porto que, à época, já vinha negociando no Mediterrâneo oriental havia séculos, abriu-se amistosamente para Davi, que começava a conquistar respeito além das fronteiras de Israel. O interior do território chamado Tiro era renomado por seus cedros, e o porto ostentava operários hábeis em trabalhos com madeira e pedra, alguns dos quais foram emprestados a ao rei.[17] Há aqui três reconhecimentos da confirmação do reinado davídico: dos anciãos de Israel, do rei Hirão de Tiro, e do próprio Davi.

Os filhos de Davi que nasceram em Jerusalém (5:13-16)

Além das várias mulheres de Hebrom (3:2-5), Davi tomou mais concubinas e mulheres em Jerusalém. Ele usou esses casamentos para apoiar e solidificar sua própria posição na capital, seguindo não a orientação divina (Dt 17:17), mas imitando o estilo dos monarcas orientais. Dale Ralph Davis diz que o número de filhos (5:14-16) indica sua força e poder, mas o número de suas concubinas e esposas revela sua tolice e estupidez. Com essa prática, ele estava em direta violação às prescrições divinas para o rei pactual (Dt 17:17). Sua prática foi controlada pela cultura humana e não pela lei de Deus.[18] Desses casamentos, nasceram-lhe filhos e filhas. Seus nomes estão elencados aqui: Samua, Sobabe, Natã, Salomão, Ibar, Elisua, Nefegue, Jafia, Elisama, Eliada e Elifelete. A maioria dos filhos que compõe esta lista tem pouca consequência na história de Davi e na sucessão de seu reino. Somente Salomão ficaria envolvido na luta pelo trono. Concordo com Kevin Mellish, que diz que a mãe de Salomão, Bate-Seba, não é mencionada por nome aqui, mas sua presença está implícita pela referência a ele.[19] Warren Wiersbe lista as esposas e filhos de Davi:

> As Escrituras apresentam quatro listas dos filhos de Davi, que nasceram enquanto ele reinou em Hebrom (3:2-5) e depois que se mudou para Jerusalém (5:13-16; 1Cr 3:1-9; 14:4-7). Sua primeira esposa foi Mical, filha de Saul (1Sm 18:27), que não teve filhos (6:3). Em Hebrom, Ainoã, de Jezreel, deu à luz Amnon, o primogênito de Davi (3:2); Abigail, a viúva de Nabal, deu à luz Quiliabe ou Daniel (3:3); da princesa Maaca, nasceu Absalão (3:3) e sua irmã, Tamar (13:1); Hagite deu à luz Adonias (3:4); de Abigail nasceu Sefatias (3:4); e Eglá deu à luz Itreão (3:5). Em Jerusalém, Bate-Seba teve quatro filhos com Davi (1Cr 3:5): Simeia (ou Samá), Sobabe, Natã e Salomão. Suas outras esposas, cujos nomes não são mencionados (1Cr 3:6-9), deram à luz Ibar, Elisama, Elifelete (ou Elpelete), Nogá, Nefeque, Jafia, Elisama, Eliada (ou Beeliada) (1Cr 14:7).[20]

A vitória de Davi sobre os filisteus (5:17-25)

Depois de mencionar a aprovação do reinado davídico e o reconhecimento internacional de seu governo, o narrador descreve as duas vitórias retumbantes e definitivas sobre os filisteus. Davi, que fora vassalo de Aquis, rei filisteu, agora está no poder das tribos de Israel. Joyce Baldwin diz que, assim que ele foi proclamado rei sobre todo Israel, os filisteus deixaram de tolerar suas façanhas e passaram a vê-lo como uma séria ameaça a seu poder.[21] Na primeira investida contra Davi, sentindo-se ameaçados, os filisteus subiram para prendê-lo, mas ele desceu à fortaleza. Os filisteus se estenderam pelo vale dos Refains. Então Davi consultou ao Senhor: "Subirei contra os filisteus? Entregar-mos-ás nas mãos?" (5:19a). O Senhor lhe respondeu: "Sobe, porque, certamente, entregarei os filisteus nas tuas mãos" (5:19b). Davi veio a Baal-Perazim e ali os derrotou. O nome do local, Baal-Perazim, cujo significado é "Senhor da invasão", celebra o fato de que Davi conseguiu invadir as linhas inimigas de forma tão decisiva que, para ele, era como se o Senhor tivesse irrompido por elas à sua frente, "como quem rompe as águas".[22] A vitória foi do próprio Deus. O Senhor revelou não apenas sua direção na batalha, mas demonstrou, também, seu poder. Ao fugirem, os filisteus deixaram lá os seus ídolos; e Davi e seus homens os levaram. Concordo com Kevin Mellish quando diz que o fato de que os filisteus abandonaram seus ídolos também indica que eles eram impotentes para auxiliá-los na batalha contra o Deus de Davi.[23] Robert Chisholm diz, com razão, que Davi inverte a situação de Israel e causa humilhação a seus inimigos ao levar embora seus supostos deuses. Há semelhança com uma derrota humilhante anterior, quando os filisteus levaram embora a arca como troféu de guerra (1Sm 4:11).[24] A segunda investida dos filisteus ocorreu quando eles subiram e se estenderam pelo vale dos Refains. Davi não confiou que a estratégia que Deus lhe dera na vez anterior daria certo numa segunda oportunidade e nem confiou em sua própria capacidade, mas voltou a consultar ao Senhor e o Ele não o autorizou a subir contra os filisteus, mas lhe deu uma nova estratégia. Desta vez, Davi não deveria lutar com o inimigo de frente. Ao invés disso, deveria fazer um ataque surpresa pela retaguarda, o que teria a vantagem de bloquear o caminho de retirada dos filisteus.[25] Mais uma vez, a vitória foi sobrenatural, pois Davi ouviria um estrondo de marcha pelas copas das amoreiras. Então, ele haveria de se apressar porque o Senhor é quem sairia diante dele, a ferir o arraial dos filisteus. Assim fez Davi como o Senhor lhe ordenara. O resultado foi uma vitória retumbante. Deus feriu os filisteus desde Geba até chegar a Gezer. Este estrondo da marcha divina é um eco de Juízes 5:4, em que Débora e Baraque, na comemoração da vitória do Senhor sobre os cananeus, o descrevem marchando a partir de Edom para guerrear.[26] Os filisteus não fizeram nenhuma outra tentativa de atrapalhar a ascensão de Davi. Essa batalha foi tão decisiva que, a partir de então, os filisteus deixaram de constituir uma séria ameaça a Israel.[27] A eliminação da ameaça filisteia foi uma das grandes realizações de Davi, algo que Saul nunca conseguiu concretizar (1Sm 9:16). É digno de nota que os filisteus foram expulsos de Geba, outra forma da palavra Gibéa, a cidade natal de Saul. O fato de que Davi fora capaz de expulsar os filisteus da cidade de Saul aumenta a divergência entre o destino desses dois homens.[28] E mais, o narrador retrata Davi como um servo obediente, que executa a ordem do Senhor. Sem dúvida, o contraste com o desobediente Saul é intencional (1Sm 13:13,14).

Notas

[1] DAVIS, Dale Ralph. *2 Samuel.* 2018, p. 59,60.

[2] PURKISER, W. T. *Os livros de 1 e 2Samuel. In* Comentário bíblico Beacon. Vol. 2. 2015, p. 236.

[3] MELLISH, Kevin J. *Novo comentário bíblico Beacon – 1 e 2Samuel.* 2015, p. 240.
[4] BALDWIN, Joyce G. *I e IISamuel: introdução e comentário.* 2006, p. 220.
[5] Idem.
[6] WIERSBE, Warren W. *Comentário bíblico expositivo.* Vol. 2. 2006, p. 308.
[7] BALDWIN, Joyce G. *I e IISamuel: introdução e comentário.* 2006, p. 220,221.
[8] CHISHOLM JR, Robert B. *1 e 2Samuel.* 2017, p. 207.
[9] DAVIS, Dale Ralph. *2Samuel.* 2018, p. 64.
[10] CHISHOLM JR, Robert B. *1 e 2Samuel.* 2017, p. 208.
[11] BALDWIN, Joyce G. *I e IISamuel: introdução e comentário.* 2006, p. 224.
[12] PURKISER, W. T. *Os livros de 1 e 2Samuel. In* Comentário bíblico Beacon. Vol. 2. 2015, p. 236.
[13] WIERSBE, Warren W. *Comentário bíblico expositivo.* Vol. 2. 2006, p. 309.
[14] MELLISH, Kevin J. *Novo comentário bíblico Beacon – 1 e 2Samuel.* 2015, p. 241.
[15] MACDONALD, William. *Believer's Bible Commentary.* 1995, p. 328.
[16] CHISHOLM JR, Robert B. *1 e 2 Samuel.* 2017, p. 208.
[17] BALDWIN, Joyce G. *I e IISamuel: introdução e comentário.* 2006, p. 225.
[18] DAVIS, Dale Ralph. *2Samuel.* 2018, p. 66,67.
[19] MELLISH, Kevin J. *Novo comentário bíblico Beacon – 1 e 2Samuel.* 2015, p. 244.
[20] WIERSBE, Warren W. *Comentário bíblico expositivo.* Vol. 2. 2006, p. 310.
[21] BALDWIN, Joyce G. *I e IISamuel: introdução e comentário.* 2006, p. 221.
[22] Idem p. 231.
[23] MELLISH, Kevin J. *Novo comentário bíblico Beacon – 1 e 2Samuel.* 2015, p. 246.
[24] CHISHOLM JR, Robert B. *1 e 2Samuel.* 2017, p. 208,209.
[25] BALDWIN, Joyce G. *I e IISamuel: introdução e comentário.* 2006, p. 231.
[26] CHISHOLM JR, Robert B. *1 e 2Samuel.* 2017, p. 209.
[27] BALDWIN, Joyce G. *I e IISamuel: introdução e comentário.* 2006, p. 232.
[28] MELLISH, Kevin J. *Novo comentário bíblico Beacon – 1 e 2Samuel.* 2015, p. 246,247.

Capítulo 7

O anelo pela presença de Deus

(2Samuel 6:1-23)

O CAPÍTULO 6 RETOMA a história da arca, que se encontra em 1Samuel 4:1-7. Há aqui uma grande lacuna de tempo, porém Davi constrói uma ponte sobre essa lacuna, desejando que Jerusalém fosse não só a sua capital militar e política, mas, também, o centro religioso da nação.[1] Davi consolida seu reino. Ele vence seus inimigos e recebe ajuda de seus aliados. As tribos de Israel fazem aliança com ele e a nação prospera a olhos vistos. Então, toma a decisão de trazer a arca da aliança para Jerusalém. A arca era mais do que uma caixa de madeira revestida de ouro, abrigando em seu seio hospitaleiro as tábuas da lei, o vaso com maná e a vara seca de Arão que floresceu. Era um símbolo da presença de Deus, onde a sua glória se manifestava. A arca era um objeto sagrado que apontava para Cristo, o Deus Emanuel.

O anseio pela presença de Deus em Jerusalém levou Davi a fazer uma grande expedição para buscar a arca. Riquezas, reconhecimento, poder e prosperidade não eram substitutos da presença divina. Mais do que coisas, Davi ansiava pela presença de Deus. Mais do que bênçãos, ele desejava o abençoador.

Joyce Baldwin destaca que Davi transformou a velha fortaleza dos jebuseus no local onde o Deus único se agradou em se dar a conhecer, o centro da terra, o lugar de seu trono, o elo entre a terra e o céu.[2] Vale ressaltar que o rei ergueu uma tenda para a arca na cidade de Davi, mas a mobília do tabernáculo só foi transferida para Jerusalém depois que Salomão terminou a construção do templo (1Rs 8:1-4; 2Cr 5:1-5).

Antes de entrarmos na exposição do texto em apreço, voltemos nossa atenção para a arca da aliança. O Senhor havia dado instruções claras acerca de sua construção no livro de Êxodo (Êx 25:10-22). Moisés entendeu o significado da arca da aliança em sua oração no deserto: "Partindo a arca, Moisés dizia: 'Levanta-te, SENHOR, e dissipados sejam os teus inimigos, e fujam diante de ti os que te odeiam'. E, quando pousava, dizia: 'Volta, ó SENHOR, para os milhares de milhares de Israel'" (Nm 10:35,36).

Dale Ralph Davis fala dos destaques da arca como símbolo da presença de Deus.[3]

O primeiro destaque é que a arca apontava para o reinado divino. Davi proclama isso: "Pôs-se o rei Davi em pé e disse: 'Ouvi-me, irmãos meus e povo meu: Era meu propósito de coração edificar uma casa de repouso para a arca de Aliança do Senhor e para o estrado dos pés do nosso

Deus, eu tinha feito o preparo para a edificar'" (1Cr 28:2). Se a arca era o estrado dos pés daquele que está assentado no trono, então o Senhor é o Rei.

O segundo destaque é que a arca da aliança aponta para a reconciliação do Senhor, pois no dia anual da expiação o sumo sacerdote aspergia o sangue da oferta pelo pecado diante do propiciatório e no propiciatório. Está escrito:

> Tomará do sangue do novilho e, com o dedo, o aspergirá sobre a frente do propiciatório; e, diante do propiciatório, aspergirá sete vezes do sangue, com o dedo. Depois, imolará o bode da oferta pelo pecado, que será para o povo, e trará o seu sangue para dentro do véu; e fará com o seu sangue como fez com o sangue do novilho; aspergi-lo-á no propiciatório e, também, diante dele. (Lv 16:14,15)

O terceiro destaque é que a arca da aliança enfatiza a revelação do Senhor, uma vez que as tábuas da lei estavam dentro dela (Êx 25:16,21; Dt 10:1-5). Finalmente, a arca da aliança era o lugar onde Deus comunicava a Moisés adicionais instruções para Israel: "Ali, virei a ti e, de cima do propiciatório, do meio dos dois querubins que estão sobre a arca do Testemunho, falarei contigo acerca de tudo o que eu te ordenar para os filhos de Israel" (Êx 25:22). Assim, a arca era o lugar onde o Senhor direciona o seu povo pela sua palavra.

Resta claro afirmar que a arca é um símbolo de Cristo. Este preenche todos os significados dela. Ele é o Profeta que veio revelar-nos Deus. Ele é resplendor da glória e a expressão exata do ser de Deus. Nele habita corporalmente toda a plenitude da divindade. Ele é a presença de Deus entre nós, o Deus Emanuel. Ele é o Sumo Sacerdote que ofereceu a si mesmo como oferta perfeita pelo nosso pecado. Ele veio para nos reconciliar com Deus. Ele é Rei dos reis e o Senhor dos senhores que governa a vida do seu povo.

A presença de Deus deve ser a nossa maior aspiração (6:1,2)

Davi escala trinta mil homens para essa expedição, depois de uma ampla consulta aos seus líderes. O primeiro livro das Crônicas descreve esse fato assim:

> Consultou Davi os capitães de mil, e os de cem, e todos os príncipes; e disse a toda a congregação de Israel: "Se bem vos parece, e se vem isso do Senhor, nosso Deus, enviemos depressa mensageiros a todos os nossos irmãos em todas as terras de Israel, e aos sacerdotes e aos levitas com eles nas cidades e nos seus arredores, para que se reúnam conosco; tornemos a trazer para nós a arca do nosso Deus; porque nos dias de Saul não nos valemos dela". Então, toda a congregação concordou em que assim se fizesse; porque isso pareceu justo aos olhos de todo o povo (1Cr 13:1-4).

Concordo com Warren Wiersbe quando diz que Davi tinha esperanças de que as divisões passadas e as diferenças entre as tribos fossem esquecidas, enquanto o povo se concentrava no Senhor. A presença da arca significava a presença de Deus, que significava segurança e vitória.[4] A arca é trazida sob o som de música e de cânticos de júbilo. Davi, pessoalmente, lidera essa multidão, que vem trazendo a arca para a cidade de Jerusalém, a capital da nação. O rei não se esquece de Deus no tempo da prosperidade. Ele não se contenta com suas conquistas e vitórias. Anseia por Deus. Busca em primeiro lugar o seu reino. Sua devoção é demonstrada no entusiasmo como celebra junto com o povo o transporte da arca rumo à cidade da paz. O gesto de Davi deve nos levar a esse mesmo sentimento. Temos as bênçãos de Deus, mas devemos desejar a sua presença. Temos os sinais da bondade de Deus, mas devemos anelar pelos lampejos da sua glória. As dádivas de Deus não podem ser um substituto da sua presença.

A presença de Deus é santa e requer santo temor e reverência (6:3-9)

Lamentavelmente o transporte da arca para Jerusalém seguiu o mesmo método usado pelos filisteus para devolvê-la a Israel. Davi, com sua numerosa comitiva, transportou a arca num carro novo puxado por bois em vez de seguir as prescrições divinas. Destacamos aqui alguns pontos:

Em primeiro lugar, *o transporte da arca estava errado quanto à forma* (6:3). A lei exigia que a arca fosse transportada pelos coatitas e não por animais; devia ser transportada pelos seus varais e não num carro novo. Essa inovação dos filisteus não deveria ter sido copiada por Davi. A forma do transporte estava em desacordo com os preceitos das Escrituras. Concordo com Joyce Baldwin quando diz que a arca foi transportada com as melhores intenções, mas sem a devida consideração pela santidade de Deus. A arca dispunha de anéis e varas para indicar que devia ser transportada pelas varas (Êx 25:12-14).[5] Warren Wiersbe tem razão em afirmar: "O fato de todos os líderes de Israel concordarem que fosse usado um carro de boi para transportar a arca não legitimava essa prática".[6] Unanimidade e entusiasmo não substituem a obediência. A exultação da multidão que acompanhava o transporte da arca não anulou as prescrições divinas. O que Davi fez aqui foi uma quebra de princípios. Leis e costumes podem ser mudados, mas princípios são eternos. Deus não apenas prescreveu como a arca deveria ser feita, mas, também, como deveria ser transportada. A quebra desse princípio era a violação de um princípio inegociável.

Em segundo lugar, *o transporte da arca estava errado quanto às pessoas* (6:4). Se a forma de transporte estava errada, de igual forma estavam erradas, também, as pessoas que a conduziam. A arca devia ser transportada pelos coatitas (Nm 4:4-6; 7:9). Eles transportavam a arca, mas não podiam tocar nas coisas santas nem podiam vê-las para que não morressem (Nm 4:15,17-20). Vale destacar que a arca, depois que foi devolvida pelos filisteus, ficou vinte anos em Quiriate-Jearim, cerca de quatorze quilômetros de Jerusalém, na casa de Abinadabe (1Sm 7:1-3). Seu filho Eleazar foi consagrado para cuidar da arca. Agora, porém, os responsáveis pelos bois e pelo carro novo, com sua carga especial, a arca da aliança, são Uzá e Aiô, e não os coatitas.

Em terceiro lugar, *a alegria do povo não evita a tragédia* (6:5-7). Mesmo não observando esses preceitos de como lidar com a arca, Davi e toda a casa de Israel alegravam-se perante o Senhor, com toda sorte de instrumentos musicais. Porém, a celebração festiva do rei e de seu povo não puderam evitar a tragédia da irreverência de Uzá e sua morte sumária. Deus não aceita inovações na forma de ser adorado. O culto a Deus tem prescrições que precisam ser observadas.

O ato, mesmo que instintivo de Uzá, foi uma espécie de sacrilégio e ele foi morto pelo contato com a santidade de Deus. Joyce Baldwin diz que Davi e o povo ultrapassaram os limites e abusaram do relacionamento com Deus quando deixaram de observar as regras estabelecidas para salvaguardar o respeito pela santidade divina.[7] Dale Ralph Davis enfatiza que o erro aqui foi que as instruções específicas para Moisés e os sacerdotes acerca de como a arca devia ser transportada não foram observadas. As regras eram — não toque, não veja. Os objetos da arca deviam ser cobertos pelos sacerdotes, a fim de que os coatitas a transportassem. A sentença sumária para a transgressão dessas prescrições era a morte (Nm 4:15,20). Portanto, o propósito do Senhor ao dar essas instruções era evitar a morte dos coatitas.[8] Como Uzá, Jesus morreu a morte de um pecador, e foi alvejado pela ira de Deus na cruz do calvário. Mas sua morte não foi uma punição por algum pecado pessoal, mas pelos nossos pecados. Assim como na Páscoa um cordeiro tinha seu sangue derramado no lugar do povo israelita para que este pudesse viver na presença de Deus, da mesma forma Jesus, o verdadeiro Cordeiro Pascal, derramou seu sangue em nosso lugar, para que a presença de Deus não fosse fatal para nós, mas deleitável.[9]

Em quarto lugar, *a ira de Deus se manifesta contra a irreverência de Uzá* (6:7). Enquanto a arca estava sendo transportada, um acidente aconteceu. Os bois tropeçaram e Uzá segurou a arca para que ela não caísse. Seu gesto foi interpretado como um ato irreverente e Deus ceifou ali mesmo a sua vida. Deus o feriu por esta irreverência e ele morreu junto à arca. A transgressão das ordenanças de Deus não é coisa de somenos. O salário do pecado é a morte. Os preceitos de Deus nos são dados para que os cumpramos à risca. A dança cessou, a música parou e todos os olhos voltaram-se para Uzá, estirado no chão, sem vida. Entusiasmo sem reverência não agrada a Deus. Fervor sem obediência aos preceitos divinos não é aceito por Ele. O culto a Deus sem a observância aos preceitos divinos é por Ele repudiado.

Em quinto lugar, *o desgosto de Davi* (6:8). Em 2Samuel 5:20 o Senhor rompeu as fileiras inimigas, fazendo com que Davi derrotasse os inimigos. Então, o rei batizou aquele lugar de Baal-Perazim. Agora, porém, Deus irrompe contra seu próprio povo. Davi se desgostou porque o Senhor irrompeu contra Uzá, mudando o nome daquele local, a eira de Nacom, para Perez-Uzá, "assolação do Senhor sobre Uzá". Dale Ralph Davis diz que o Senhor pode irromper contra os inimigos de Davi e, também, contra seus amigos. O Senhor derrota os filisteus e os israelitas. A santidade de Deus é letal contra ambos, pagãos e cristãos.[10] A lição que Davi e todos nós precisamos aprender é que se tal reverência ao símbolo era devida, então, com muito maior reverência devem ser consideradas as realidades da aliança cristã.[11]

Em sexto lugar, *o temor de Davi* (6:9). Ali, Davi teve um senso profundo acerca da santidade de Deus. Na eira de Nacom ele temeu ao Senhor e perguntou-se como a arca poderia ir a Jerusalém. Esse episódio deixou uma lição para as futuras gerações. As coisas divinas precisam ser tratadas com reverência e santo temor. Não podemos banalizar a presença do Deus três vezes santo. Ninguém deve se aproximar dele de forma irrefletida e irreverente. Ele é fogo consumidor. Diante dele até os serafins cobrem o rosto.

A presença de Deus é digna da nossa mais efusiva celebração (6:10-23)

A arca da aliança não era intrinsecamente mortal. Vejamos alguns pontos importantes:

Em primeiro lugar, *a bênção de Deus sobre a casa de Obede-Edom* (6:10,11,12a). A marcha triunfal do transporte da arca foi interrompida. O temor de Davi levou-o a abortar a missão. Ele não quis levar a arca para junto de si, para a cidade de Davi; fê-la, porém, ser levada para a casa de um levita chamado Obede-Edom, o geteu (1Cr 15:18,21,24; 16:5; 26:4-8,15). Em Gate, a arca ficou três meses; e o Senhor abençoou Obede-Edom e toda a sua casa, por amor à sua arca. Warren Wiersbe é oportuno, quando alerta:

> No início de novos períodos da história bíblica, por vezes, Deus manifestava seu julgamento de modo a lembrar seu povo de que uma coisa não muda: o povo de Deus deve obedecer à Palavra de Deus. Depois que o tabernáculo foi erguido e que o ministério sacerdotal foi ordenado, Nadabe e Abiú, filhos de Arão, morreram por terem tentado aproximar-se indevidamente do santuário levando consigo "fogo estranho" (Lv 10). Quando Israel entrou na terra de Canaã e começou a conquistá-la, Deus ordenou que Acã fosse executado por desobedecer e tomar para si despojo de Jericó (Js 6—7). Nos começos da Igreja do Novo Testamento, Ananias e Safira foram mortos por mentir a Deus e a seu povo (At 5). Aqui, no começo do reinado de Davi em Jerusalém, Deus lembrou os israelitas de que, ao servi-lo, não deveriam imitar outras nações, pois necessitavam somente da sua Palavra.[12]

Em segundo lugar, *a resolução de levar a arca para Jerusalém* (6:12b). Depois de três meses, Davi, então, com alegria, fez subir a arca de Deus da casa de Obede-Edom para Jerusalém, agora batizada de cidade de Davi. A alegria e o temor não são mutuamente excludentes, mas coexistem em sacrossanta harmonia. Diz a Escritura: "Servi ao SENHOR com temor e alegrai-vos nele com tremor" (Sl 2:11). Alegrar-se na presença de Deus e tremer diante da sua santidade são duas verdades solenes. Temor e alegria caminham juntos.

Em terceiro lugar, *a abundância dos sacrifícios* (6:13). O processual do transporte da arca de Gate a Jerusalém foi acompanhado por abundantes sacrifícios, pois a cada seis passos que davam aqueles que levavam a arca, bois e carneiros cevados eram sacrificados. A frase "os que levaram a arca" (6:13) deixa implícito que dessa vez os homens carregaram a arca da maneira prescrita, pelas varas (1Cr 15:15).

Em quarto lugar, *a exultação diante da arca* (6:14,15). Davi dançava com todas as suas forças diante do Senhor, vestido com um éfode, uma estola sacerdotal de linho. Com essa exultação exuberante, com júbilo e ao som de trombetas, Davi e todo o seu povo conduziu a arca até Jerusalém. Joyce Baldwin lança luz sobre o tema ao escrever:

> Davi manifestou um entusiasmo tão grande quanto na vez anterior (6:5), mas agora ele tinha aprendido que sinceridade e animação não bastavam. Ele também prestara atenção às exigências rituais que a lei de Deus havia estabelecido. Ele substituíra seus mantos reais por uma estola de linho, a vestimenta dos sacerdotes, que ele, como rei de um reino de sacerdotes, estava habilitado a vestir, sendo particularmente apropriada para a cerimonia comemorativa.[13]

Em quinto lugar, *o desprezo de Mical* (6:16-20). Quando Mical, filha de Saul, olhando pela janela, viu a arca entrando triunfalmente na cidade de Davi e o rei saltando e dançando diante do Senhor, desprezou-o em seu coração. O orgulho de Mical não a permitia ver o rei misturado com o povo na celebração festiva. Ela despreza Davi justamente naquilo que o tornava grande, ou seja, sua devoção ao Senhor e sua espontaneidade na adoração. O narrador refere-se a Mical três vezes como filha de Saul e não como esposa de Davi (6:16,20,23). Com isso, ele quer que compreendamos que Mical era a voz da antiga era, do regime anterior. Mical está preocupada com dignidade real, decoro pessoal e aparência externa. Mical e Davi representam dois reinos. O antigo regime está preocupado com a forma, o novo reino celebra com alegria. Mical é como alguém que tem vinho novo em odres velhos, isso simplesmente não funciona (Mc 2:18-22).[14] Muitas pessoas hoje, como Mical, estão preocupadas mais com a forma do que com a essência da adoração. Elas não entendem da alegria do Senhor. Há outras, de igual modo, que celebram com vívido entusiasmo, mas com a observância das prescrições acerca do culto que agrada a Deus.

A arca foi colocada num lugar preparado e holocaustos e ofertas pacíficas foram oferecidos ao Senhor. Então, Davi abençoou o povo em nome do Senhor dos Exércitos. Jerusalém seria agora a cidade do Grande Rei, a cidade do Senhor dos Exércitos, santificada pela sua presença e protegida pelo seu poder. Davi ofereceu pão, carne e passas a toda a multidão. Assim, alimentados, retirou-se todo o povo, cada um para sua casa. Quando o rei voltou para abençoar sua casa, Mical, filha de Saul, foi a seu encontro, com amargo sarcasmo, fazendo-lhe dura reprimenda: "Que bela figura fez o rei de Israel, descobrindo-se, hoje, aos olhos das servas de seus servos, como, sem pejo, se descobre um vadio qualquer" (6:20). Mical rejeitou no coração o rei humilde e adorador, despido de todas as suas insígnias reais. Concordo com W. T. Purkiser: "A maioria das críticas vem daqueles que meramente nos observam durante as atividades religiosas sem tomar parte delas".[15]

Em sexto lugar, *a humildade de Davi* (6:21,22). Longe de ficar abatido com as palavras tóxicas de Mical, Davi faz um forte contraste entre Saul e ele. O rei reafirma que fora escolhido por Deus, ao mesmo tempo que reafirma sua devoção irrestrita ao Senhor e sua alegria com o emblema da presença divina na capital de Israel. Davi reafirmou sua disposição de se alegrar na presença do Senhor e de se tornar desprezível e se humilhar perante Ele, sabendo que as servas que foram execradas por Mical haveriam de honrá-lo. Concordo com Joyce Baldwin quando diz que à semelhança de seu pai em dias passados, Mical se viu trabalhando contra Deus. Por outro lado, Davi está mais interessado em honrar o Senhor do que em favorecer sua própria reputação, pois nem precisa estimular seu ego nem lhe falta o apoio popular.[16] Kevin Mellish corrobora, dizendo: "As afirmações de Mical contra Davi não ficaram sem respostas, todavia, Davi defendeu suas ações diante de Mical, alegando que embora parecesse vulgar para ela, aquilo era uma demonstração de uma piedosa autohumilhação diante do Senhor".[17] A atitude de Davi é uma lição para a nossa geração. Deus tem nos abençoado de uma forma tão esplêndida. Com frequência, contentamo-nos com essas bênçãos e esquecemo-nos do abençoador. O doador, porém, é melhor que suas dádivas. O Deus das bênçãos é melhor que as bênçãos de Deus. Nossa maior necessidade não é de coisas, mas de Deus. O maior deleite de nossa alma não deve estar nas coisas recebidas, mas em Deus, a fonte de onde procede todas as boas dádivas. Que à semelhança de Davi possamos desejar Deus mais do que as suas benesses. Nossa devoção, dependência e gratidão a Deus devem ser demonstradas a Ele não apenas nos dias sombrios de prova, mas, sobretudo, nos dias ensolarados de vitórias.

Kevin Mellish tem razão em dizer: "A arca representa uma expressão tangível da presença de Deus, e o ato de abrigá-la em Jerusalém permanecia como um símbolo de que Deus iria habitar continuamente no coração da nação e iria ser honrado por seu rei e pelo povo".[18]

Em sétimo lugar, *o juízo divino sobre Mical* (6:23). O texto termina com um duplo juízo sobre ela, que perdeu o amor de Davi e o privilégio de ser mãe. Seu ventre tornou-se estéril, a maior reprovação que poderia sobrevir a uma mulher oriental. Muito provavelmente, a ausência de filhos deixa implícito que as relações maritais entre ela e Davi cessaram. O relacionamento conjugal deles foi irrevogavelmente rompido. Robert Chisholm diz que a esterilidade de Mical significa que a linhagem de Saul não participará da dinastia real davídica. Um filho nascido de Davi e de Mical possivelmente seria o primeiro na linha de sucessão ao trono, pois Mical é a primeira esposa de Davi. O fato de Mical não ter filhos, porém, elimina essa possibilidade.[19]

NOTAS

1 PURKISER, W. T. *Os livros de 1 e 2Samuel. In* Comentário bíblico Beacon. Vol. 2. 2015, p. 238.

2 BALDWIN, Joyce G. *I e IISamuel: introdução e comentário.* 2006, p. 233.

3 DAVIS, Dale Ralph. *2Samuel.* 2018, p. 73.

4 WIERSBE, Warren W. *Comentário bíblico expositivo.* Vol. 2. 2006, p. 312.

5 BALDWIN, Joyce G. *I e IISamuel: introdução e comentário.* 2006, p. 234.

6 WIERSBE, Warren W. *Comentário bíblico expositivo.* Vol. 2. 2006, p. 312.

7 BALDWIN, Joyce G. *I e IISamuel: introdução e comentário.* 2006, p. 236.

8 DAVIS, Dale Ralph. *2Samuel.* 2018, p. 75.

9 THOMAS, Heath; J. D. Greear. *1 & 2Samuel.* Nashville, TN: Holman.. 2009, p. 187.

10 DAVIS, Dale Ralph. *2Samuel.* 2018, p. 76.

11 BALDWIN, Joyce G. *I e IISamuel: introdução e comentário.* 2006, p. 236.

12 WIERSBE, Warren W. *Comentário bíbico expositivo.* Vol. 2. 2006, p. 312.

13 BALDWIN, Joyce G. *I e IISamuel: introdução e comentário.* 2006, p. 237.

14 DAVIS, Dale Ralph. *2Samuel.* 2018, p. 78,79.

15 PURKISER, W. T. *Os livros de 1 e 2Samuel. In* Comentário bíblico Beacon. Vol. 2. 2015, p. 239.

16 BALDWIN, Joyce G. *I e IISamuel: introdução e comentário.* 2006, p. 239.

[17] MELLISH, Kevin J. *Novo comentário bíblico Beacon – 1 e 2Samuel.* 2015, p. 254.
[18] Idem, p. 255.
[19] CHISHOLM JR, Robert B. *1 e 2Samuel.* 2017, p. 215.

Capítulo 8

A aliança eterna do Senhor com Davi

(2Samuel 7:1-29)

A PASSAGEM EM TELA reveste-se de grande importância na história da redenção. Aqui está a promessa de que o Messias virá da dinastia de Davi e que sua casa, seu reino e seu trono serão firmados para sempre (7:16). A aliança de Deus com Davi era incondicional e centrada na garantia da dinastia davídica.

Kevin Mellish diz que esta aliança é uma entre as quatro (noética, abraâmica, mosaica, davídica) maiores alianças que estão representadas no Antigo Testamento. Na aliança de Deus com Davi Ele pode cumprir as promessas feitas ao patriarca Abraão ao garantir ao rei um grande nome (7:9; Gn 12:2), terra (7:10; Gn 13:14,15; 15:18-20; 17:18), e descendentes (7:12; Gn 15:5; 17:5,6). [1]Os fatos aqui registrados não estão em ordem cronológica. Há um espaço de tempo entre a chegada da arca da aliança em Jerusalém e o descanso que o Senhor deu a Davi de todos os seus inimigos (7:1). Joyce Baldwin corrobora, dizendo: "Fica implícito um espaço de tempo entre os capítulos 6 e 7 de 2Samuel, em especial devido ao comentário de que suas batalhas contra os vizinhos agressores já tinham sido travadas (conforme 2Samuel 8:1-14)".[2]

Um desejo sincero (7:1-3)

O palácio de Davi, com toda a pompa, está pronto. Ele habita numa casa real, feita de cedros. Porém a arca da aliança ainda está habitando em tendas. Em sua mente isso não está certo. Como o servo de Deus tem um palácio enquanto o sinal da presença divina, a arca da aliança, está numa tenda? Davi, então, compartilha com o profeta Natã seu propósito de erigir um templo ao Senhor. O templo seria um símbolo da sua presença com seu povo e a garantia do favor divino para com o rei e sua família.

Natã disse ao rei: "Vai, faze tudo quanto está no teu coração, porque o SENHOR é contigo" (7:3). Warren Wiersbe destaca que esta é a primeira vez que Natã aparece nas Escrituras. Gade havia sido o profeta de Davi durante o exílio (1Sm 22:5) e não saiu de cena mesmo depois que ele foi coroado (24:1-18). Na verdade, Gade e Natã trabalharam juntos mantendo em dia os registros oficiais (1Cr 29:25,29) e organizando o culto (2Cr 29:25). Mas, ao que parece, Natã foi a voz profética de Deus a Davi durante o seu reinado. Foi Natã quem confrontou Davi com seu pecado (12:1-15) e, também, quem providenciou para que Salomão fosse coroado rei (1Rs 1:11-31).[3]

Uma proibição clara (7:4-7)

Naquela mesma noite, a Palavra do Senhor veio a Natã com uma mensagem expressa para Davi, proibindo-o de edificar o templo, pois desde o êxodo até àquele momento Deus nunca havia requerido do povo um templo, antes sempre habitou em tendas, em tabernáculo. Isso era demonstração da proximidade de Deus com seu povo (Êx 25:8). Isso prova que divindade e humildade não são categorias mutuamente excludentes. 2Samuel 7:6,7 aponta para Filipenses 2:5-8.[4] O Senhor deixa claro que Ele não pode ser confinado a um templo, como disse mais tarde o apóstolo Paulo: "[...] sendo ele Senhor do céu e da terra, não habita em santuários feitos por mãos humanas" (At 17:24). A proibição a Davi de construir um templo ao Senhor está posta em 1Crônicas 17:4: "Vai e dize a meu servo Davi: 'Assim diz o SENHOR: Tu não edificarás casa para minha habitação'".

Concordo com Dale Ralph Davis quando diz que a resposta do Senhor não foi um mero *não,* mas *um não ainda.*[5] Davi não seria o edificador do templo. O tempo para a construção ainda não havia chegado. No presente caso, o plano humano (7:1-3) deveria ser corrigido pela revelação divina (7:4-17).

Uma graça abundante (7:8-11)

Deus ordena Natã a entregar a mensagem a Davi, seu servo. Somente Abraão, Moisés e Calebe tinham sido chamados, até então, de servos de Deus. Em vez de Deus requerer de Davi um templo, demonstra a ele sua graça abundante. Algumas verdades são aqui destacadas:

Em primeiro lugar, *um passado humilde* (7:8a). Deus tomou Davi da malhada, de detrás das ovelhas. Ele era um candidato improvável ao trono. Não era um guerreiro, mas um pastor de ovelhas. Não procedia de família aristocrática, mas era o filho caçula de Jessé, o belemita.

Em segundo lugar, *um propósito glorioso* (7:8b). Deus tirou Davi de um passado humilde para um propósito elevado — ser príncipe sobre Israel, o povo de Deus. Davi não ascendeu ao trono por estratégicas políticas e militares. Ele foi escolhido por Deus para ser rei.

Em terceiro lugar, *um companheiro poderoso* (7:9). Deus foi com Davi em todo o tempo e por todos os lugares. Deus eliminou seus inimigos diante dele e fez grande o seu nome, dando-lhe um nome proeminente, como só os grandes da terra têm.

Em quarto lugar, *uma nação estável* (7:10,11a). Deus preparou um lugar para Israel, deu-lhe uma terra, deu-lhe livramento dos inimigos e líderes para governá-lo.

Em quinto lugar, *uma dinastia perpétua* (7:11b). Embora Davi quisesse construir uma casa para Deus, Ele lhe disse: "O Senhor te faz saber que ele, o SENHOR, te fará casa" (7:11b). Isso significa que a dinastia de Davi permaneceria no trono até a chegada do Messias, cujo reino é eterno e cujo trono é inabalável. Kevin Mellish corrobora, dizendo: "Ao usar o termo *casa,* Deus não tinha a intenção de construir uma estrutura física para Davi, como um palácio, mas uma dinastia duradoura, uma família".[6]

Uma promessa segura (7:12-17)

Chegamos aqui ao âmago do pacto davídico, com as promessas do Senhor feitas a Davi. Dale Ralph Davis, analisando o texto em tela, aponta três razões pelas quais a promessa de Deus é segura:[7]

Em primeiro lugar, *a promessa do Senhor é segura porque a morte não pode anulá-la* (7:12,13). Davi morrerá, mas o Senhor levantará sua semente. Salomão, e não Davi, edificou o templo. Davi preparou tudo para a construção, mas coube a seu filho realizar o seu plano. A dinastia davídica, entretanto, chegaria àquele que é maior que Salomão e maior que o templo — Jesus de Nazaré!

Em segundo lugar, *a promessa do Senhor é segura porque o pecado não pode destruí-la* (7:14,15). A dinastia davídica seria disciplinada em caso de transgressão, mas a aliança de Deus não seria revogada. Robert Chisholm diz que o Senhor anteviu a possibilidade de rebelião, mas afirma que falhas humanas não invalidarão sua promessa a Davi.[8] O rei de Israel é um representante do próprio Deus e é tratado como filho. Porém, se vier a transgredir, Deus o castigará com varas de homens e com açoites de filhos de homens. Todavia, sua misericórdia não se apartará dele, como foi retirada de Saul. De fato, os descentes de Davi rebelaram-se contra Deus e foram punidos. As dez tribos do norte foram subjugadas pela Assíria em 722 a.C. e o reino de Judá caiu nas mãos da Babilônia em 586 a.C. O Senhor, entretanto, cumpriu sua promessa. A misericórdia do Senhor jamais se apartou do seu povo. Israel voltou à sua terra e foi restaurado por Deus. Kevin Mellish diz que, embora a comunidade pós-exílica não tivesse um rei davídico para liderá-la, as promessas continuavam a prover a esperança de que o rei davídico, o Messias, surgiria novamente. Na comunidade cristã primitiva, os crentes encontraram em Jesus o cumprimento das promessas de Deus na aliança davídica. Jesus descendia de Davi (Mt 1:1-17), era chamado "filho de Davi", e apresentou um reino eterno conhecido como "o reino de Deus". Assim, os cristãos perseveram na esperança da herança de uma terra; não um espaço físico aqui na terra, mas um lar eterno no céu.[9] Joyce Baldwin é oportuna ao escrever:

> A geração que sofreu a destruição de Jerusalém viu esse acontecimento como disciplina divina, "pela vara do furor de Deus" (Lm 3:1). Mas essa promessa possibilitou que até mesmo a mais terrível calamidade fosse aceita, porquanto indicava um propósito amoroso, *a minha misericórdia não se apartará dele* ou, conforme o poema de Lamentações, refletindo a aliança davídica, "as misericórdias do Senhor [...] não têm fim" (Lm 3:22).[10]

Por intermédio do Messias, Davi teria uma casa para sempre (7:25,29), um reino para sempre (7:16), um trono para sempre (7:13,16) e glorificaria o nome de Deus para sempre (7:26). Concordo com Warren Wiersbe quando diz: "Tudo isso se cumpriu em Jesus Cristo, o Filho de Davi. A linhagem de Davi continuou e trouxe ao mundo Jesus Cristo, o Filho de Deus (Sl 89:34-37; Lc 1:32,33,69; Mt 1:12-25; Lc 1:26-38; At 2:29-36; 13:22,23; 2Tm 2:8), e se manifestará quando Ele voltar, estabelecer seu reino prometido e se assentar no trono de Davi.[11]

Em terceiro lugar, *a promessa do Senhor é segura porque o tempo não pode anulá-la* (7:16,17). A casa e o reino de Deus serão firmados para sempre. A aliança davídica é incondicional. O Senhor garante que, da dinastia de Davi, surgirá aquele cujo trono será estabelecido para sempre. Essa promessa cumpriu-se em Jesus, o Cristo. O Messias, o filho de Davi, estabeleceu seu reino que não passará. Nessa aliança, Deus anunciou a Davi que o Messias viria por sua família, e a profecia de Miqueias 5:2 afirma que Ele nasceria em Belém, a cidade de Davi (Mt 2:6). O Messias seria conhecido como "o Filho de Davi" (Mt 1:1).[12] W. T. Purkiser tem razão em dizer que estas profecias do reino são cumpridas não inteiramente em Salomão, mas no "maior Filho de Davi", o Senhor Jesus Cristo (Hb 1:5; Lc 1:31-33; At 2:29-31; 13:22,23). Nenhum reino meramente terreno poderia permanecer para sempre (7:13,16).[13] Warren Wiersbe escreve: "Davi desejava edificar uma casa para Deus (o templo), mas Deus prometeu edificar uma casa para Davi (uma dinastia eterna)". A palavra "casa" é usada quinze vezes neste capítulo e se refere ao palácio de Davi (7:1,2), ao templo (7:5-7,13) e à dinastia de Davi, culminando com Jesus Cristo, o Messias (7:11,13,16,18-29).[14]

Uma gratidão pelo plano maravilho do Senhor (7:18-21)

A reação de Davi mostra humildade, gratidão e resignação à vontade de Deus. Dale Ralph Davis aponta para três verdades sublimes sobre a graça de Deus aqui:

Em primeiro lugar, *Davi se maravilha com a prévia graça de Deus.* (7:18). Ele olha para o passado com gratidão. Diante da revelação acerca da promessa de Deus a ele e à sua descendência, Davi volta os olhos para o passado para relembrar quem ele era e quem era sua família para Deus fazer coisas tão extraordinárias, trazendo-o até o presente e colocando-o no mais alto posto, como rei de Israel. Deus o tirou do aprisco para o trono.

Em segundo lugar, *Davi se maravilha com a prometida graça de Deus* (7:19). Ele olha para o futuro com exultação e vê como o plano de Deus se desenrolará, não apenas na construção de um templo em Jerusalém, mas na promessa do Messias, que virá de sua descendência, trazendo, assim, instrução para todos os homens. Davi exulta no Senhor, porque o próprio Deus é o agente desse plano em relação ao futuro.

Em terceiro lugar, *Davi se maravilha com a soberana graça de Deus* (7:20,21). Não há mérito em Davi. A escolha divina é soberana. O reino de Deus está estabelecido por sua exclusiva escolha. É o seu propósito soberano que prevalece.

Uma adoração fervorosa (7:22)

Davi desabotoa a sua alma em adoração fervorosa, destacando duas verdades sublimes sobre Deus:

Em primeiro lugar, *o Senhor é incomparável em grandeza* (7:22a). "Portanto, grandíssimo és, ó SENHOR Deus, porque não há semelhante a ti [...]". Os deuses dos povos são ídolos impotentes, porém o Senhor é grandíssimo em seus atributos e em suas obras. Os reis da terra sobem ao poder e são apeados dele, mas só o Senhor é grandíssimo. Os grandes deste mundo também morrem, mas só o Senhor é grandíssimo e só Ele permanecerá para sempre no trono.

Em segundo lugar, *o Senhor é o único Deus e não há outro* (7:22b). "[...] e não há outro Deus além de ti, segundo tudo o que nós mesmos temos ouvido". O Senhor é o único Deus e não há outro. Não há concorrente para Deus. Ele é Deus autoexistente, autossuficiente, imenso, infinito, eterno, imutável, onisciente, onipresente, onipotente, transcendente, soberano.

Um povo singular (7:23,24)

Depois de falar da grandeza e da singularidade de Deus, Davi passa a falar sobre Israel, o seu povo singular. Quatro verdades são aqui destacadas:

Em primeiro lugar, *Israel, o povo escolhido pelo Senhor* (7:23a). Dentre todas as nações, Deus escolheu Israel, gente única na terra. Ele a escolheu não por ser a maior ou mais poderosa nação, mas por pura graça.

Em segundo lugar, *Israel é um povo redimido* (7:23b). Deus não só resgatou Israel do Egito, mas desterrou as nações cananeias com seus deuses. Deus deu a Israel a terra e o protegeu de seus inimigos.

Em terceiro lugar, *Israel é um povo preservado* (7:24a). Deus estabeleceu Israel como o seu povo para sempre (Gn 17:7; Êx 6:7; Lv 26:12).

Em quarto lugar, *Israel é um povo privilegiado* (7:24b). O Senhor é o seu Deus para sempre. Israel é o povo da aliança.

Uma oração baseada nas promessas (7:25-29)

Davi, depois de falar da singularidade de Deus e do seu povo, põe-se a orar com base nas promessas divinas. Ele se move do louvor à petição. Destacamos aqui três pontos:

Em primeiro lugar, *ele pede confirmação das promessas* (7:25). Confiado na fidelidade de Deus, Davi pede ao Senhor a confirmação perpétua das promessas que lhe foram feitas.

Em segundo lugar, *ele pede o engrandecimento no nome de Deus* (7:26-28). Davi exalta ao Senhor dos exércitos e ora para que o seu nome seja para sempre engrandecido e conhecido como o nome do Deus de Israel, que fará a dinastia de Davi ser estabelecida para sempre. Nas palavras de Warren Wiersbe, "o versículo 27 pede: 'Venha o teu reino'; e o versículo 28: 'Seja feita a tua vontade'".[15]

Em terceiro lugar, *ele pede a bênção de Deus sobre sua casa* (7:29). Davi conclui essa passagem singular pedindo a bênção de Deus sobre sua dinastia, a fim de que sua casa permaneça para sempre sendo bendita diante do Senhor. Ele ouviu as promessas, creu nelas e orou para que elas se cumprissem.

Concluo com as palavras de Joyce Baldwin:

> Foi assim que Davi desistiu de sua intenção de construir o templo. Embora fosse rei de Israel, ele aceitou que tinha de anuir diante de uma autoridade superior, a do Deus de Israel, a quem devia o seu chamado pelo profeta Samuel, a sua preservação em perigo mortal nas mãos de Saul e a sua ascensão ao trono por meio do consentimento geral do povo [...]. Davi, mais interessado em honrar o Senhor do que em proteger sua própria reputação, obteve a firmeza de seu reino para sempre.[16]

Notas

1 MELLLISH, Kevin J. *Novo comentário bíblico Beacon – 1 e 2Samuel.* 2015, p. 261.
2 BALDWIN, Joyce G. *I e IISamuel: introdução e comentário.* Vol. 2. 2006, p. 240.
3 WIERSBE, Warren W. *Comentário bíblico expositivo.* Vol. 2. 2006, p. 315.
4 DAVIS, Dale Ralph. *2Samuel.* 2018, p. 86.
5 Idem, p. 84.
6 MELLISH, Kevin J. *Novo comentário bíblico Beacon – 1 e 2Samuel.* 2015, p. 259.
7 DAVIS, Dale Ralph. *2Samuel.* 2018, p. 92,93.
8 CHISHOLM JR, Robert B. *1 e 2Samuel.* 2017, p. 219.
9 MELLISH, Kevin J. *Novo comentário bíblico Beacon – 1 e 2Samuel.* 2015, p. 262.
10 BALDWIN, Joyce G. *I e IISamuel: introdução e comentário.* 2006, p. 345.
11 WIERSBE, Warren W. *Comentário bíblico expositivo.* Vol. 2. 2006, p. 317.
12 Idem.
13 PURKISER, W. T. *Os livros de 1 e 2Samuel. In* Comentário bíblico Beacon. Vol. 2. 2015, p. 241.
14 WIERSBE, Warren W. *Comentário bíblico expositivo.* Vol. 2. 2006, p. 316.
15 WIERSBE, Warren W. *Comentário bíblico expositivo.* Vol. 2. 2006, p. 318.

[16] BALDWIN, Joyce G. *I e IISamuel: introdução e comentário.* 2006, p. 247,248.

Capítulo 9

Davi luta as batalhas do Senhor

(2Samuel 8:1-18)

Davi, depois que se tornou rei sobre todo o Israel, conquistou Jerusalém, a fortaleza dos jebuseus, e virou o jogo contra os filisteus. Ele trouxe a arca para Jerusalém e teve a intenção de construir uma casa (templo) para ela. No entanto, o Senhor o surpreendeu ao anunciar que pretendia construir uma casa (dinastia) para seu servo. Deus prometeu estabelecer o trono de Davi e lhe garantiu que a promessa não seria anulada, ainda que seus descendentes fossem desobedientes. Ele, munido da promessa animadora do Senhor de dar segurança à nação (7:10-12), embarca em novas campanhas militares, e o Senhor mostra seu compromisso com o rei ao lhe dar ainda mais vitórias. Davi, por sua vez, mostra sua lealdade ao Senhor ao aderir a algumas das prescrições deuteronômicas para o reinado e ao governar sobre Israel de forma justa.[1] Dale Ralph Davis chama a atenção para o fato de que as vitórias de Davi, aqui registradas, apontam para o reino de Cristo, uma vez que o primeiro tipifica o último, e Jesus é chamado Filho de Davi. As vitórias de Davi são uma previsão e uma profecia acerca do reino de Cristo.[2] Assim como o ungido do senhor conquistou os povos, o reino de Cristo conquistará as nações. Assim como o mavioso salmista ajuntou as riquezas das nações, futuramente essas riquezas pertencerão ao Senhor (Is 60; Ag 2:6-9; Ap 21:24,26).

As vitórias de Davi na expansão do seu reino (8:1-14)

Quando Davi subiu ao poder, seu reino estava ameaçado pelos povos vizinhos, que haviam se acostumado a tirar vantagem de qualquer fraqueza e invadir seu território quando bem quisessem. Embora Saul tivesse derrotado os filisteus e os amonitas no início de seu reinado, sua caça desvairada atrás de Davi desviou o exército da tarefa de defender o reino, e sua morte pelas mãos dos filisteus no monte Gilboa indica a supremacia que tinham na época.[3] Inobstante esse cenário, o Senhor deu vitória a Davi contra seus inimigos por todos os lados — ele venceu os inimigos no oeste (8:1), no leste (8:2), no norte (8:3-12) e no sul (8:13,14). Essas vitórias dão cumprimento às promessas de Deus a Abraão (Gn 12—15), a Moisés (Dt 27—30) e ao próprio Davi (2Sm 7). O Senhor havia prometido a Israel a terra que se estendia do rio do Egito até o rio Eufrates (Gn 15:17-21; Dt 1:6-8; 11:24; 1Rs 4:20,21).

As vitórias de Davi não apenas trouxeram paz ao seu reino, mas, também, muitas riquezas, que foram usadas mais tarde por Salomão na construção do templo de Jerusalém (8:11-13; 1Cr 22).

Vejamos, agora, as vitórias de Davi:

Em primeiro lugar, *a vitória sobre os filisteus, a oeste* (8:1). Os filisteus eram inimigos de Israel de longa data. Os conflitos com esse povo beligerante eram frequentes. O rei Saul havia sucumbido nas mãos dos filisteus. Agora, porém, Davi impõe uma derrota definitiva sobre eles, ferindo-os, sujeitando-os e assumindo o controle de Gate, a capital filisteia. Depois do reinado de Davi, os filisteus serão mencionados poucas vezes (1Rs 4:21; 15:27; 16:15), indicando que ele conseguiu torná-los inexpressivos.

Em segundo lugar, *a vitória sobre os moabitas, a leste* (8:2). Mesmo Rute, a bisavó de Davi, sendo moabita (Rt 4:18-22), mesmo os moabitas tendo sido amigáveis com o belemita no passado (1Sm 14:47; 22:3,4) e, mesmo sendo aparentados com Israel, porque eram descendentes de Ló, sobrinho de Abraão (Gn 19:30-38), esse povo sempre causou sérios problemas a Israel e Davi o viu como uma potencial ameaça à segurança nacional. No passado, os moabitas contrataram o profeta Balaão para amaldiçoar Israel, e esse profeta avarento levou mulheres moabitas para seduzir os israelitas (Nm 22—25). O Senhor, então, declarou guerra contra essa nação e Davi está aqui cumprindo esse desejo divino. Davi não chegou a exterminar o exército amonita, pois poupou um em cada três soldados, impondo tributos à nação, tornando-a um estado vassalo. Joyce Baldwin diz que o pagamento regular de tributo indicava subserviência contínua.[4]

Em terceiro lugar, *a vitória sobre os arameus e sírios ao norte* (8:3-13). Kevin Mellish destaca que Davi derrotou Hadadezer, filho de Reobe, rei de Zobá. Arã, assim como

Israel, estava em franca expansão naquela época. No décimo século existiu um vácuo de poder por todo o Oriente, e esses dois reinos procuravam preenchê-lo. Davi levou vantagem nessa luta.[5] Zobá ficava ao norte de Damasco e fazia parte de uma confederação de nações chamada de "os sírios" ou "arameus". Davi os derrota e estabelece o seu domínio sobre toda a região ao norte do rio Eufrates. Warren Wiersbe diz que o controle de valiosas rotas de caravanas que passavam por este território possibilitou Israel tributar os comerciantes que passavam por lá e, assim, aumentar sua renda. Além do mais, ao derrotar os arameus e os sírios, Davi também criou um relacionamento amigável com seus inimigos e deles recebeu tributos (8:6-10).[6]

Robert Chisholm diz que Davi é retratado como um novo Josué e como aquele que pretende terminar o que Josué começou. O foco dos cinco primeiros versículos (8:1-5) foi sobre Davi e suas vitórias. Agora, porém, o narrador nos informa que o Senhor é responsável pelo êxito de Davi: "[...] e o SENHOR dava vitórias a Davi, por onde quer que fosse" (8:6,14).[7] Joyce Baldwin diz que a expansão da influência de Israel impressionou os contemporâneos de Davi como sendo algo no mínimo milagroso.[8] Sua reputação continua a crescer na região à medida que sua conquista militar se expandia. O texto observa que "Toí, rei de Hamate [...] mandou seu filho Jorão [...] para saudá-lo e parabenizá-lo por sua vitória" (8:10). Hadadezer era inimigo de Toí, logo, ele estava grato por Davi tê-lo derrotado. Como evidência de sua gratidão, Toí enviou-lhe todo tipo de utensílios de prata, de ouro e de bronze (8:10).

É digno de nota que Davi não guarda para si as riquezas que adquire das nações conquistadas. Ele consagrou os despojos de guerra ao Senhor, juntamente com a prata e o ouro que já havia consagrado de todas as nações que sujeitara (8:11). Esses espólios constituíram o início de uma coleção que seria muito aumentada por Salomão (1Rs 10:17) e reduzida por Sisaque, rei do Egito, durante o reinado de Roboão (1Rs 14:26; 2Rs 11:10).

É notório, igualmente, que Davi venceu os amalequitas, os terroristas do deserto (8:12), tarefa que o rei Saul fracassou em cumprir (1Sm 15). Vale destacar que desde os tempos de Moisés, o Senhor já havia declarado guerra contra Amaleque (Êx 17:8-12; Nm 14:45; Dt 25:17-19).

Davi ganhou renome (8:13). Sua fama cumpre a promessa do Senhor: "Agora farei teu nome grande" (7:9). Contudo, o escritor bíblico, longe de estimular o culto aos heróis, atribui o sucesso de Davi ao Senhor, que o chamou e o capacitou a vencer seus inimigos.

Em quarto lugar, *a vitória sobre os edomitas, ao sul* (8:14). Os edomitas que ficavam ao sul de Israel eram parentes próximos de Israel. Eles eram descendentes de Esaú, irmão de Jacó. Entretanto, sempre foram inimigos de Israel (1Cr 18:12,13; 1Rs 11:14-18). Mais tarde, Deus humilhou esse povo altivo (Is 60:8), e os nabateus conquistaram a sua cidade (Ob 1-21). Davi pôs guarnições em Edom e todos os edomitas ficaram por servos de Davi, estabelecendo ali seu monopólio comercial e abrindo rotas para a comunicação com a Arábia e a África, as quais teriam um desenvolvimento significativo durante o reinado de Salomão (1Rs 9:26-28).[9]

A administração de Davi na sede do seu reino (8:15-18)

Davi não é apenas um guerreiro valente, mas, também, um grande líder e um gestor eficaz. A expansão de seu império exigiu uma organização adequada e uma equipe eficiente no núcleo do reino, em Jerusalém, a capital de Israel. Kevin Mellish diz que a lista de oficiais nos versículos 15 a 18 é semelhante àquela encontrada em 20:23-26, embora com algumas mínimas exceções. Este último registro burocrático é de um período posterior no reinado de Davi, já que mostra evidências de expansão.[10] Destacamos, aqui, alguns pontos importantes:

Em primeiro lugar, *Davi, um rei pactual* (8:15). Davi é um rei pactual, que seguiu a exortação de Moisés aos juízes e autoridades de Israel:

> Juízes e oficiais constituirás em todas as tuas cidades que o SENHOR, teu Deus, te der entre as tuas tribos, para que julguem o povo com reto juízo. Não torcerás a justiça, não farás acepção de pessoas, nem tomarás suborno; porquanto o suborno cega os olhos dos sábios e subverte a causa dos justos (Dt 16:18,19).

Davi não apenas governa sobre todo o Israel, mas o faz com justiça e equidade, prática que Deus ama (Sl 33:5). Seu governo é marcado pela probidade administrativa e pela observância da lei. Sendo ele, ao mesmo tempo o executivo e a autoridade maior dos tribunais, assegura a prática da justiça em seu governo. Tendo o poder judiciário em suas mãos, Davi era a última instância de apelação, garantindo a justiça e a equidade. Ele é como a aurora e o sol depois da chuva, pois representou a aurora de um novo dia a Israel depois das trevas do reinado de Saul. Deus o usou para trazer calmaria depois da tempestade (23:1-7).

Em segundo lugar, *Davi, um rei bem assessorado* (8:16-18). Davi não é apenas rei de Israel, mas, também, de um reino. Seu poder transcendia os limites de Israel. As nações ao redor estão sujeitas a ele e pagam tributos a ele. Para governar com ordem e progresso é preciso montar uma equipe qualificada, e é exatamente isso que ele faz. Quais foram as nomeações de Davi?

Primeiro, *Joabe, o comandante de seu exército* (8:16a). Joabe, filho de Zeruia, irmã de Davi, era o comandante do exército de Israel. Mesmo depois de matar covardemente Abner (3:27-39), Davi o mantém no comando das tropas, pois ele se distinguia no campo de batalha (3:12; 12:26,27; 1Cr 11:6).

Segundo, *Josafá, o cronista* (8:16b). Josafá era o oficial que mantinha os registros, o secretário, o historiador, que aconselhava o rei como secretário de Estado. Ele também serviu sob o governo de Salomão (1Rs 4:3). Sua maior função seria na corte, onde ele manteria Davi informado, aconselhando-o e comunicando as ordens do rei.

Terceiro, *Zadoque, filho de Aitube, e Aimeleque, filho de Abiatar eram os sacerdotes* (8:17a). Abiatar havia estado com Davi desde que este escapou de Saul (1Sm 22:20), então, não é surpresa que Davi tenha feito Aimeleque sacerdote. Esses dois homens atuavam conjuntamente como sumo sacerdotes, uma situação que prevaleceu até que Aimeleque foi deposto (1Rs 2:27) por apoiar a tentativa de Adonias de tomar a coroa de Salomão na ocasião em que Davi estava no leito de morte (1Rs 1:5-10).

Quarto, *Seraías, também chamado de Seva* (20:25), era o escrivão (8:17b), uma posição comparada com o oficial egípcio que servia como secretário do rei.

Quinto, *Benaia, filho de Joiada, era o comandante da guarda real* (8:18a). Ele era um guerreiro valente (23:20-23) e um sacerdote (1Cr 27:5). Tornou-se um assessor inestimável de Davi (1Rs 1:38,41). Ele supervisionava os queretitas e peletitas, que constituíam a guarda pessoal do rei. Eles tiveram uma importante função na coroação de Salomão no final da vida de seu pai (1Rs 1:38).

Sexto, *os filhos de Davi, "os ministros"* (8:18b). Nem todos os filhos de Davi eram homens dignos e confiáveis. Mesmo assim, Davi nomeou-os como oficiais em seu governo, uma espécie de conselheiros particulares e chefes auxiliares. Eles tinham acesso ao rei e o assistiam na administração dos assuntos do reino.

Kevin Mellish destaca que este capítulo de 2Samuel representa o ponto alto da carreira e da realização pessoal de Davi, a parti do qual sua vida andará, geralmente, numa trajetória declinante.[11]

Notas

[1] CHISHOLM JR, Robert B. *1 e 2Samuel*. 2017, p. 226.
[2] DAVIS, Dale Ralph. *2Samuel*. 2018, p. 109,110.
[3] BALDWIN, Joyce G. *I e IISamuel: introdução e comentário*. 2006, p. 248.
[4] BALDWIN, Joyce G. *I e IISamuel: introdução e comentário*. 2006, p. 249.
[5] MELLISH, Kevin J. *Novo comentário bíblico Beacon – 1 e 2Samuel*. 2015, p. 264.
[6] WIERSBE, Warren W. *Comentário bíblico expositivo*. Vol. 2. 2006, p. 319.
[7] CHISHOLM JR, Robert B. *1 e 2Samuel*. 2017, p. 228.
[8] BALDWIN, Joyce G. *I e IISamuel: introdução e comentário*. 2006, p. 250.
[9] BALDWIN, Joyce G. *I e IISamuel: introdução e comentário*. 2006, p. 251.
[10] MELLISH, Kevin J. *Novo comentário bíblico Beacon – 1 e 2Samuel*. 2015, p. 263.
[11] MELLISH, Kevin J. *Novo comentário bíblico Beacon – 1 e2 Samuel*. 2015, p. 267.

Capítulo 10

Davi compartilha a bondade de Deus

(2Samuel 9:1-13)

A BONDADE DE DEUS, por intermédio de Davi, é o tema principal deste capítulo (8:1,3,7). Ele havia prometido tanto a Jônatas quanto a Saul que não exterminaria seus descendentes ao ascender ao trono (1Sm 20:12-17,42; 24:21). W. T. Purkiser diz que durante uma pausa de suas guerras, Davi pensou em sua aliança com Jônatas, e buscou alguém da casa de Saul a quem pudesse prestar homenagens. Ziba, mordomo do rei antecessor, e ainda encarregado de suas propriedades, foi chamado, e contou a Davi sobre Mefibosete, o filho de Jônatas que era aleijado dos pés.[1]

Mefibosete era neto do rei Saul. Era filho de Jônatas. Era membro da família real. Nasceu em berço de ouro. Cercado de riqueza, pompa e glória. Seu avô e seu pai morreram numa batalha. Davi assumiu o trono. Era costume dos povos orientais que o novo rei matasse todos os membros da dinastia anterior.

Por essa razão os membros da família de Saul fugiram quando souberam que Davi era o novo rei. Mefibosete tinha apenas cinco anos, quando começou a sua vida de fuga, medo, dor e humilhação (4:4).

Na pressa da fuga, ele caiu e ficou coxo pelo resto da sua vida. Ele era aleijado de ambos os pés. Seu nome significa "vergonha destruidora". Esse menino viveu escondido cerca de quinze a vinte anos, curtindo sua dor, sua vergonha, seus conflitos. Mefibosete é um retrato do homem ferido, em fuga, caído em seu pecado.

Davi vai além de preservar a vida de Mefibosete. Trata-o como filho. Neste capítulo, Davi é chamado pelo nome seis vezes e em seis ocasiões, ele é chamado de "rei". Certamente, no exercício de sua bondade com Mefibosete, ele é um retrato de Jesus Cristo, fonte de todas as bênçãos a pecadores indignos como nós (Rm 5:6-10). Conforme Dale Ralph Davis destaca, vemos aqui o poder do pacto (9:1-4), a provisão do pacto (9:5-8) e a pessoa que o pacto abraça (9:9-13).[2]

Warren Wiersbe vê na passagem em pauta três divisões. Irei subscrevê-las-ei aqui: o rei encontra Mefibosete (9:1-4); o rei chama Mefibosete (9:5-8); o rei dá riquezas a Mefibosete (9:9-13).[3]

O rei encontra Mefibosete (9:1-4)

Vemos aqui a intervenção da bondade de Deus na vida de Mefibosete, manifestada através de Davi. Destacamos três pontos importantes:

Em primeiro lugar, *uma pergunta cheia de bondade* (9:1). Os anos se passaram. Mefibosete agora é adulto. Davi sobe ao trono. Deus abençoa e prospera seu reinado. Expande seu reino, que tem um exército poderoso. Davi anda com Deus. Ele se lembra de Jônatas e então recorda sua aliança feita com ele, de ser bondoso com a sua descendência. Davi, então, faz uma pergunta: "Resta, ainda, porventura alguém da casa de Saul, para que eu use de bondade para com ele, por amor de Jônatas?" (9:1). É uma pergunta de graça! Ele usa a palavra *chesed*, a palavra usada no Antigo Testamento para retratar a graça do Deus da aliança. Concordo com Robert Chisholm quando diz que Davi deseja espelhar o caráter fiel de Deus em seu modo de tratar os descendentes desse amigo (1Sm 20:14).[4] Davi não pergunta: "Há alguém merecedor?", "Há alguém qualificado?", "Há alguém sábio que eu possa usar nos assuntos do governo?", "Há alguém forte que eu possa usar no exército?". Não, ele simplesmente indaga: "Há alguém [...]?". Trata-se de um desejo incondicional de ser gracioso. Concordo com Joyce Baldwin quando diz que Davi lança a rede mais longe do que suas promessas exigiam, estendendo sua generosidade a qualquer filho ou neto de Saul que tivesse sobrevivido, embora seja clara sua motivação: ele não é indulgente nem fraco, mas quer mostrar *bondade* (*hesed*) por amor de Jônatas, pois recordava-se de quão grande era sua dívida para com ele.[5] É digno de nota que *hesed* vai muito além do que cumprir a palavra empenhada ou cumprir um contrato firmado. Davi foi além. O pedido de Jônatas era apenas para preservar sua prole, mas Davi quer honrá-la. Ele não apenas quer poupar da morte os descendentes de Saul, mas dar a eles segurança, provisão e honra.

Dale Ralph Davis, ilustrando o poder do pacto, conta a história de B. B. Warfield, o estimado teólogo do seminário de Princeton. Ele estudava em Leipzig, na Alemanha, nos idos de 1876-1877, quando contraiu matrimônio com Annie. Na lua de mel estavam fazendo um *tour* nas montanhas de Harz, quando enfrentaram uma terrível tempestade. A experiência deixou Annie em estado de choque, do qual ela jamais se recuperou, tornando-se praticamente inválida. Warfield cuidou dela fielmente por mais de trinta e nove anos. Seu cuidado por Annie foi uma evidência de seu amor pactual.[6]

Em segundo lugar, *uma resposta cheia de preconceito* (9:2,3). Ziba responde com preconceito: "Claro que sim, rei Davi, mas é um aleijado, é um coxo, é alguém indigno, imprestável. Ele não tem nenhuma importância nem aparência real". Por outro lado, Robert Chisholm diz que Ziba faz uma alusão rápida à incapacidade de Mefibosete na tentativa de minimizar quaisquer noções de que ele pudesse se tornar uma ameaça política para Davi.[7]

Em terceiro lugar, *uma informação cheia de desesperança* (9:4). Davi pergunta pelo paradeiro de Mefibosete. É informado que está na casa de Maquir, filho de Amiel, em Lo-Debar, do outro lado do Jordão (Js 13:26), logo abaixo do Jaboque, perto da região de Maanaim, a antiga capital de Isbosete. Lo-Debar significa "lugar árido, seco, deserto". Amós referiu-se a essa cidade de modo depreciativo (Am 6:13).

O rei chama Mefibosete (9:5-8)

Davi, movido pelo amor pactual, demonstra a Mefibosete rica provisão, prometendo ao filho de Jônatas proteção (9:7a), provisão (9:7b), e posição (9:7c).[8] Na verdade, Davi foi além do que prometera a Jônatas. Ele não só preservou Mefibosete, mas demonstrou a ele sua bondade pactual. Não apenas tirou-o da sombra da morte, mas deu-lhe um lugar à mesa real.

Destacamos, aqui, alguns pontos:

Em primeiro lugar, *a busca* (9:5,6). A motivação de Davi em buscar Mefibosete é o desejo de honrar Jônatas (1Sm 20:11-17). Mefibosete estava com cinco anos quando Jônatas, seu pai, morreu em combate (4:4). Já devia estar agora com mais de vinte anos, uma vez que já tinha um filho (9:12). Não havia mérito em Mefibosete para ser procurado por Davi. Isso é um retrato da graça de Deus. O Senhor, também, nos buscou, nos chamou com santa vocação e nos salvou quando não havia em nós nenhum mérito. Por amor a Jesus, Deus nos atraiu para si com cordas de amor (Ef 1:6; 4:32). Davi descobriu Mefibosete por meio de Ziba, administrador das propriedades de Saul.

Em segundo lugar, *o medo* (9:7a). Mefibosete estava com medo quando foi encontrado. Pensou que iria morrer, pois era o destino que pairava sobre os membros de famílias rivais nas monarquias orientais. Ele não sabia quais eram as reais intenções de Davi. Mas o rei não impõe medo nem ordena a sua morte; ao contrário, oferece-lhe graça. Davi não queria humilhá-lo, mas exaltá-lo. Jesus, aquele que se manifestou cheio de graça e de verdade, veio para salvar você. Veio para colocar você de pé. Ele não esmaga a cana quebrada. A expressão que Ele mais repetiu foi "Não temas". Jesus veio não para esmagar, julgar, condenar e humilhar. Ele veio de braços abertos para salvar, para perdoar, para curar e para libertar.

Em terceiro lugar, *a bondade* (9:7b). Davi usa de bondade para com Mefibosete por amor de Jônatas. Davi honra a aliança feita com Jônatas e mantém a palavra dada. A fidelidade de Davi com os compromissos assumidos lança luz sobre a aliança da graça, quando Deus decide nos salvar.

Em quarto lugar, *a restituição* (9:7c). Davi não apenas trouxe Mefibosete de Lo-Debar para o seu palácio, mas, também, restituiu-lhe todas as terras de Saul. Mefibosete iria se assentar à mesa do rei não como um mendigo, mas como alguém que tem o amor e as benesses do rei.

Em quinto lugar, *a honra* (9:7d). Davi disse a Mefibosete: "[...] e tu comerás pão sempre à minha presença". Assentar-se à mesa com o rei, para participar da refeição diária do rei, era o mais elevado prestígio que alguém poderia receber (1Rs 2:7; 18:19; 2Rs 25:29). Isso era como ser membro da família real. Mais do que farta provisão, isso aponta para comunhão e intimidade. O filho de Jônatas tornou-se um membro da casa real em Jerusalém (9:12,13).

Em sexto lugar, *o reconhecimento* (9:8). O bondoso gesto de Davi provocou uma reação muito humilde de Mefibosete. Ele humilhou-se ao extremo ao declarar, com uma autoimagem mórbida: "Sou como um cão morto". Mefibosete reage à esta extravagante bondade do rei com um senso de profunda humildade, inclinando-se e dizendo: "[...] quem é teu servo, para teres olhado para um cão morto tal como eu?". A graça deve ser sempre recebida com um senso de humildade e gratidão. Kevin Mellish diz que a monarquia debilitada de Saul é refletida em seu neto incapaz que dependia da misericórdia de Davi para a sua sobrevivência.[9] De igual modo, na sua graça, Deus nos dá o que não merecemos; em sua misericórdia, ele não nos dá o que merecemos.

O rei dá riquezas a Mefibosete (9:9-13)

Destacaremos, aqui, quatro pontos importantes:

Em primeiro lugar, *Mefibosete recebe a herança de seu pai* (9:9). Ele recebe de Davi não apenas honra e prestígio, mas, também, herança. O rei transfere todos os bens da casa de Saul para este neto aleijado de ambos os pés. Davi informa a Ziba que todos os bens de Saul e de sua casa, agora, têm um novo dono — Mefibosete!

Em segundo lugar, *Mefibosete recebe a provisão com fartura* (9:10). Davi ordena que Ziba, seus filhos e seus servos passem a cultivar as terras de Mefibosete, para que a descendência deste filho de Jônatas tenha pão com fartura. Declara, também, que Mefibosete estará com ele, comendo pão sempre à sua presença, na mesa real.

Em terceiro lugar, *Mefibosete recebe a honra de sentar-se à mesa com o rei* (9:7,10,11,13). Quatro vezes no texto em tela o narrador informa que Mefibosete morava em Jerusalém e tinha pleno acesso à mesa real, para assentar-se com o rei e seus filhos e para comer diante de Davi. Joyce Baldwin, de forma oportuna, destaca que Jônatas tinha prestado uma ajuda graciosa a Davi quanto este foi expulso da mesa do rei, e agora Davi podia retribuir com bondade ao dar segurança e honra ao filho de Jônatas.[10] O amor de Davi e Jônatas ganha, aqui, uma nova estatura.

Em quarto lugar, *Mefibosete é tratado como um filho* (9:11-13). Mais do que chamar Mefibosete para Jerusalém, abrigar-lhe no palácio, dar-lhe herança e acesso à mesa real, Davi tratou-o como filho, adotando-o e oferecendo-lhe todos os privilégios da família real. O filho de Jônatas foi tratado como filho do rei. Veja os filhos de Davi assentados ao redor da mesa: Amnom, Tamar, Salomão e Absalão, além do comandante Joabe, que era sobrinho de Davi.

Ouvem-se as batidas surdas das muletas. É Mefibosete chegando para assentar-se à mesa como um dos filhos do rei. Isso é graça, maravilhosa graça. Isso é bondade posta em ação.

O rei demonstra a restauração da graça a Mefibosete

Destacaremos, aqui, alguns pontos importantes:

Em primeiro lugar, *Mefibosete nasceu para ser príncipe.* Em certa ocasião ele gozou da companhia do pai. Como o pródigo antes de sair de casa. Mas depois sua história foi marcada pelo medo, doença, miséria.

Em segundo lugar, *Mefibosete era aleijado dos dois pés.* O homem sem Cristo também está coxo, não pode andar direito. Ele cai, tropeça, não consegue andar em veredas retas. O homem sem Cristo não fica de pé, não caminha na direção de Deus.

Em terceiro lugar, *Mefibosete caiu* (4:4). Ao ocorrer a tragédia, veio também o medo, e Mefibosete levou um tombo que afetou toda a sua vida._O mesmo aconteceu com você por causa do pecado. Você caiu em Adão. Você é um ser caído. Sua inclinação é para o mal. A carne é inimiga de Deus. Você é permanentemente aleijado na terra.

Em quarto lugar, *Mefibosete morava em Lo-Debar.* Mefibosete morava num lugar árido, seco, deserto, sem vida, morto. Você também, longe da graça de Deus, vive num mundo morto. Sua vida é árida, seca. Não há alegria. Não há paz. Existe só medo, só escravidão.

Em quinto lugar, *Mefibosete foi amado incondicionalmente.* Assim como ele foi alvo do amor e da bondade de Davi por causa do amor a Jônatas, Deus, da mesma maneira, nos aceita incondicionalmente, e nos salva por causa da obra de Cristo em nosso favor. Assim como Davi estendeu sua bondade a alguém sem méritos, Deus nos dá sua graça sem que haja merecimento em nós.

Em sexto lugar, *Mefibosete nada tinha, nada fez e nada merecia.* Ele nem sequer tentou ganhar o favor do rei. Só pode aceitá-lo humildemente. Igualmente, somos salvos pela graça (Ef 2:8,9). Nós, também, pecadores sem esperança e totalmente sem merecimento, indignos da graça, humildemente aceitamos o favor do Rei.

Em sétimo lugar, *Davi removeu Mefibosete de sua miserável existência.* Lo-Debar era um lugar de aridez e desolação. Davi o tirou de lá para um lugar de comunhão e honra. Deus fez o mesmo por nós. Ele nos resgatou do nosso Lo-Debar pessoal de escravidão e miséria. Ele nos tirou do tremedal de lama. Ele nos tirou de uma vida árida e nos levou para sua casa, onde temos comunhão com Ele, e assentamo-nos à sua mesa com os seus filhos.

Em oitavo lugar, *Davi adotou Mefibosete na família real.* Restituiu as terras (9:7). Deu-lhe provisão ininterrupta (9:9). Deu-lhe dignidade (9:11). Nós, também, fomos adotados na família de Deus. Somos filhos, herdeiros. Temos intimidade, liberdade. Temos o nome do Pai, a natureza do Pai, a herança do Pai. Agora, assentamo-nos à mesa do Pai em comunhão com os seus outros filhos.

Em nono lugar, *o coxear de Mefibosete era uma lembrança constante da graça do rei.* Somos pó, somos cinza, somos indignos, somos pecadores. Nada merecemos. Nossa condição imperfeita nos impede que jamais esqueçamos que onde abunda o pecado a graça superabunda.

Você já experimentou essa graça de Deus em sua vida? Você também já foi tirado de sua terra árida, do seu cativeiro, da sua miséria? Você tem se deleitado em viver na casa do rei, ao redor da mesa do rei, com os demais filhos do rei?

Concluo com as palavras de W. T. Purkiser, quando diz que no capítulo 9 vemos Davi pagando uma dívida com o passado. Ele se lembrou da bondade de Jônatas (9:1); buscou uma maneira de retribuir a seu amigo (9:2-6); e pagou a dívida que tinha com o passado, através de uma provisão para o futuro (9:7-13).[11]

Notas

[1] PURKISER, W. T. *Os livros de 1 e 2Samuel. In* Comentário bíblico Beacon. Vol. 2. 2015, p. 243.

[2] DAVIS, Ralph Davis. *2Samuel.* 2018, p. 120-126.

[3] WIERSBE, Warren W. *Comentário bíblico expositivo.* Vol. 2. 2006, p. 321,322.

[4] CHISHOLM JR, Robert B. *1 e 2Samuel.* 2017, p. 228.

[5] BALDWIN, Joyce G. *I e IISamuel: introdução e comentário.* 2006, p. 256.

[6] DAVIS, Ralph Davis. *2Samuel.* 2018, p. 122.

[7] MELLISH, Kevin J. *Novo comentário bíblico Beacon – 1 e 2Samuel.* 2015, p. 271.

[8] DAVIS, Ralph Davis. *2Samuel.* 2018, p. 123.

[9] MELLISH, Kevin J. *Novo comentário bíblico Beacon – 1 e 2Samuel.* 2015, p. 272.

[10] BALDWIN, Joyce G. *I e IISamuel: introdução e comentário.* 2006, p. 258.

[11] PURKISER, W. T. *Os livros de 1 e 2Samuel. In* Comentário bíblico Beacon. Vol. 2. 2015, p. 243.

Capítulo 11

Vitórias consagradoras no campo de batalha

(2Samuel 10:1-19)

O REINADO DE DAVI desfruta de prosperidade e paz. Tendo obtido consagradoras vitórias sobre as nações ao redor e ajuntado riquezas colossais, ele agora tanto dedica tempo a cumprir sua aliança com a casa de Saul, cuidando de Mefibosete, como está pronto a pagar o bem com o bem aos amonitas, que lhe demonstraram bondade através do rei Naás, quando fugia das insanas perseguições do antigo rei. Joyce Baldwin diz, porém, que a diplomacia bem-intencionada de Davi junto ao novo rei de Amom deu início a uma nova série de acontecimentos desfavoráveis a ele, suscitando duas guerras.[1]

Um gesto de bondade (10:1,2)

Uma troca de soberano ainda é ocasião para visitas diplomáticas. Davi é informado acerca da morte do rei Naás, rei dos amonitas, e que seu filho Hanum reinava em seu lugar. Ele decide usar de bondade com Hanum, enviando seus servos, como embaixadores oficiais, com expressões de condolências para consolá-lo acerca de seu pai. Assim, os servos de Davi foram à terra dos filhos de Amom com essa missão diplomática. Robert Chisholm destaca que o termo "bondoso", aqui, é *hesed*. Assim, o termo refere-se à lealdade no contexto de uma relação de tratado entre os dois reis. Desta forma, mais uma vez o narrador retrata Davi como alguém comprometido com a fidelidade em seus relacionamentos.[2]

Uma ofensa pública (10:3,4)

Os príncipes dos amonitas mediram com sua própria régua Davi e suspeitaram de suas motivações. Disseram a Hanum que ele estava se aproveitando do seu luto para enviar seus servos como espiões, com o propósito de reconhecer a cidade, espiá-la e destruí-la. Hanum acatou a suspeita dos príncipes amonitas e, orientado por esses maus conselheiros, tomou os servos de Davi, com o máximo de desprezo e, numa ofensa pública, rapou a metade da barba deles e lhes cortou a metade das vestes até às nádegas, e os despediu.

Nenhum gesto poderia ser mais traiçoeiro e humilhante. Hanum pagou o bem com o mal. Tratou com desdém e afronta os embaixadores da paz e os mensageiros da consolação. Kevin Mellish diz que, no mundo antigo, cortar metade da barba e metade da roupa para que as nádegas ficassem expostas (basicamente efeminando-os) era interpretado como um gesto de humilhação, não só para os mensageiros, mas especialmente para o rei que os enviara.[3] Concordo com Joyce Baldwin quando diz que o insulto dos amonitas era praticamente uma declaração de guerra; a provocação desse gesto exigia uma resposta à altura.[4] Robert Chisholm chama a atenção para o fato de que esta não é a primeira vez que Davi é acusado injustamente de dissimulação (1Sm 22:13; 24:9; 25:10). O Senhor o defendeu no passado e voltará a fazê-lo ao dar a ele e a seu exército vitória sobre os amonitas e sobre seus aliados arameus.[5]

Uma demonstração de cuidado (10:5)

Tendo Davi tomado conhecimento da afrontosa humilhação que seus servos sofreram nas mãos de Hanum, envidou esforços para protegê-los da vergonha pública. Ele enviou mensageiros para encontrá-los no caminho e determinou que ficassem em Jericó até que a barba voltasse a crescer. Davi, assim, demonstra bondade com Hanum, o rei estrangeiro, e solidariedade para com os seus próprios servos. Ele cuida não apenas dos assuntos diplomáticos do reino, mas, também e sobretudo, daqueles que estão a serviço do reino.

Uma força-tarefa de oposição (10:6)

Os filhos de Amom perceberam que, com a injustificável traição a Davi, se tornaram odiosos aos seus olhos. Então, antecipando uma severa reação de Davi e esperando represálias, buscaram aliados para guerrearem contra ele, formando uma tropa de trinta e três mil mercenários dos reinos siros do norte, contratando-os por por mil talentos de prata (1Cr 19:6). Mandaram mensageiros tomar a soldo vinte mil homens dos siros de Bete-Reobe e dos siros de

Zobá, mil homens do rei de Maaca e doze mil de Tobe, um território a leste do Jordão. Os inimigos de Davi se unem para atacá-lo. Querem destruí-lo e destroná-lo. Porém as guerras de Davi eram as guerras do Senhor; as vitórias de Davi eram as vitórias do Senhor. Os inimigos confederados estavam lutando não apenas contra Davi, mas contra o Senhor dos Exércitos. Ninguém pode lutar contra o Senhor e prevalecer.

Uma estratégia militar vitoriosa (10:7-14)

Davi, o comandante-chefe do exército de Israel, experimentado na guerra, não se intimida nem recua. Ao contrário, ordena a batalha, porém permanece em Jerusalém. Dale Ralph Davis diz que este capítulo serve de estágio para os capítulos 11 e 12. A guerra dos amonitas serve como pano de fundo histórico para o fiasco de Davi com Bate-Seba (11:1,6-17), e 12:26-31) e conecta com 10:14. O capítulo 10 também se conecta tematicamente com o capítulo 9, pois aqui Davi deseja demonstrar *hesed* ao amonita Hanum (10:1,2) assim como ele tinha demonstrado *hesed* a Mefibosete.[6]

Destacamos, aqui, alguns pontos importantes:

Em primeiro lugar, *um comandante experiente* (10:7). Quando Davi ouviu sobre a imensa tropa que estava congregada no território de Amom, envia contra os exércitos inimigos Joabe com todo o exército dos valentes de Israel. Joabe era um comandante destemido. Seu exército era composto de homens treinados e valentes. Longe de se estremecerem com a multidão que vinha contra eles, agigantaram-se ainda mais.

Em segundo lugar, *uma batalha ordenada* (10:8,9a). Três exércitos: os filhos de Amom, os siros de Zobá e Reobe e os homens de Tobe formam um batalhão de oposição contra o exército de Israel. Joyce Baldwin diz que as forças reunidas provenientes desses países representavam um exército terrível.[7] Os filhos de Amom ordenam a batalha, à entrada da porta da capital da cidade de Amom, que era Rabá, atacando pela frente enquanto a colisão de aliados permanecia em campo aberto, na retaguarda, encurralando, assim, os soldados de Joabe. Nas palavras de Kevin Mellish, "essa estratégia cercava Joabe e suas tropas, pois, havia tropas em frente a ele e atrás dele".[8]

Em terceiro lugar, *uma estratégia eficaz* (10:9b-11). Joabe, egrégio estrategista militar, dividiu o exército israelita em dois contingentes e escolheu dentre todos o que havia de melhor em Israel e os formou em linha contra os siros; e o resto do povo entregou-o a Abisai, seu irmão, o qual o formou em linha contra os filhos de Amom. A ordem do comandante Joabe ao seu irmão Abisai foi clara: "Se os siros forem mais fortes do que eu, tu me virás em socorro; e, se os filhos de Amom forem mais fortes do que tu, eu irei ao teu socorro" (10:11). Joabe tinha não apenas homens preparados em seu exército, mas, também, uma tática inteligente de combate.

Em quarto lugar, *uma disposição corajosa* (10:12). A disposição dos soldados combatentes é vital para se ganhar uma guerra. A liderança firme de um comandante é necessária para manter os soldados focados na vitória. Joabe disse aos valentes de Israel: "Sê forte, pois; pelejemos varonilmente pelo nosso povo e pelas cidades de nosso Deus; e faça o SENHOR o que bem lhe parecer". W. T. Purkier diz que a exortação mostra tanto coragem como confiança na providência divina.[9] Vemos, aqui, três atitudes: a primeira é que precisamos ser fortes para lutar com ombridade e valentia as guerras do Senhor. A segunda é que precisamos ter claro em nossa mente o que estamos defendendo em nossas batalhas: "pelejemos varonilmente pelo nosso povo e pelas cidades de nosso Deus". E a terceira atitude é que devemos depender totalmente do Senhor: "[...] e faça o SENHOR o que bem lhe parecer". Concordo com Joyce Baldwin, quando diz que Joabe revelou-se um homem de fé, lutando pelas cidades de Deus e orando não expressamente pela vitória, mas para que o Senhor realizasse sua vontade.[10]

Em quinto lugar, *uma vitória retumbante* (10:13,14). Joabe não está acuado. É ele quem avança, com o seu povo, contra os inimigos, travando a peleja contra os siros. Estes, não podendo prevalecer contra Joabe e seus soldados, fogem. Do mesmo modo, quando os filhos de Amom viram os siros fugirem, também fugiram rapidamente de Abisai para a sua capital fortificada. Tendo os inimigos batido em retirada, e percebendo Joabe que o inimigo estava preso na cidade, cessou o ataque e voltou com seu exército para Jerusalém.

Robert Chisholm enfatiza a magnitude da vitória de Israel. Quatro vezes o narrador afirma que os inimigos fogem (10:13,14,18) e duas vezes assevera que os inimigos são aniquilados (10:15,19).[11] Dale Ralph Davis tem razão em dizer que o capítulo 10 de 2Samuel é uma miniatura do Salmo 2, pois proclama que a despeito de toda resistência e hostilidade ao Rei, o filho de Davi irá reinar.[12]

Uma nova tentativa de ataque e outra consagradora vitória (10:15-18)

O evangelista Lucas diz que o diabo tentou Jesus no deserto e foi vencido, mas não desistiu de tentá-lo novamente com novas armas e novas estratégias (Lc 4:13). Assim, também, os siros depois de baterem em retirada diante dos valentes de Joabe, se reagruparam, desta vez sob a liderança de seu príncipe mais poderoso, Hadadezer, refizeram suas estratégias e voltaram a declarar guerra a Israel. Nesta ocasião, o próprio Davi liderou o exército de Israel, e a derrota dos inimigos foi total. As baixas sírias foram setecentos carros, quarenta mil cavaleiros e Soboque, o general siro. Assim, os siros estabeleceram a paz com Israel, tornaram-se tributários e não concederam mais ajuda aos amonitas.[13] Vejamos:

Em primeiro lugar, *o inimigo usa novas estratégias* (10:15,16). A federação de estados arameus era demasiadamente forte para aceitar a derrota como decisiva; assim, tendo o reforço de aliados da "outra banda do rio", isto é, do Eufrates (BLH), o comandante do exército de Hadadezer, Soboque, fez suas forças marcharem para Helã.[14] Assim, os siros mesmo desbaratados na primeira batalha, se reagruparam para um novo enfrentamento com as tropas de Israel. Agora, com novos combatentes e outro contingente suplementando as forças de Hadadezer, usando novas armas e novas estratégias, saíram para a batalha. Hadadazer fez sair os siros e seu comandante Soboque marchava adiante deles.

Em segundo lugar, *Davi ajunta todo o Israel para a peleja* (10:17). Informado Davi de que os siros haviam se refeito para lhe declarar guerra, faz de todo o Israel um poderoso exército, passa o Jordão e vai a Helã. Ali, os siros se puseram em ordem de batalha contra Davi e pelejaram contra ele.

Em terceiro lugar, *Davi impõe ao inimigo acachapante derrota* (10:18). Os siros fugiram diante de Israel, e Davi matou dentre eles setecentos condutores de carros e quarenta mil homens de infantaria, assim como Soboque, o comandante do exército. A vitória de Israel foi retumbante!

Em quarto lugar, *o inimigo se rende a Israel e passa a servi-lo* (10:19). Vendo todos os reis, servos de Hadadezer, que foram vencidos, fizeram paz com Israel e o serviram, tornando-se estados vassalos do império cada vez maior de Davi.[15] Diante da supremacia do exército de Israel os siros temeram socorrer os filhos de Amom. Kevin Mellish tem razão em dizer que a derrota da coalizão aramaica provou ser uma importante batalha para a carreira política de Davi. Quando derrotou Hadadezer, seus vassalos passaram a fazer aliança com ele. Esta batalha, portanto, basicamente solidificou seu poder na região, desde Israel e Transjordânia até à Síria e Aram no nordeste. Assim, a influência de Davi se expandiu para bem longe de Israel, até o caminho do Eufrates.[16] Warren Wiersbe corrobora, dizendo: "Davi estendeu o império israelita do rio do Egito, no sul, até o rio Eufrates, no norte; no leste, conquistou Edom, Moabe e Amom e, no norte, derrotou os arameus e sírios, inclusive Hamate".[17] Concluo com as palavras de Robert Chisholm, quando diz que Davi conquista vitórias com a capacitação do Senhor, age conforme as prescrições deuteronômicas para o reinado, promove justiça e procura ser fiel em sua conduta com outros.[18]

Notas

[1] BALDWIN, Joyce G. *I e IISamuel: introdução e comentário.* 2006, p. 258.

[2] CHISHOLM JR, Robert B. *1 e 2Samuel.* 2017, p. 229.

[3] MELLISH, Kevin J. *Novo comentário bíblico Beacon – 1 e 2Samuel.* 2015, p. 274.

[4] BALDWIN, Joyce G. *I e IISamuel: introdução e comentário.* 2006, p. 259.
[5] CHISHOLM JR, Robert B. *1 e 2Samuel.* 2017, p. 229.
[6] DAVIS, Dale Ralph. *2Samuel.* 2018, p. 131.
[7] BALDWIN, Joyce G. *I e IISamuel: introdução e comentário.* 2006, p. 260.
[8] MELLISH, Kevin J. *Novo comentário bíblico Beacon – 1 e 2Samuel.* 2015, p. 275.
[9] PURKISER, W. T. *Os livros de 1 e 2Samuel. In* Comentário bíblico Beacon. Vol. 2. 2015, p. 244.
[10] BALDWIN, Joyce G. *I e IISamuel: introdução e comentário.* 2006, p. 260.
[11] CHISHOLM JR, Robert B. *1 e 2Samuel.* 2017, p. 229.
[12] DAVIS, Dale Ralph. *2Samuel.* 2018, p. 133.
[13] PURKISER, W. T. *Os livros de 1 e 2Samuel. In* Comentário bíblico Beacon. Vol. 2. 2015, p. 244.
[14] BALDWIN, Joyce G. *I e IISamuel: introdução e comentário.* 2006, p. 260.
[15] WIERSBE, Warren W. *Comentário bíblico expositivo.* Vol. 2. 2006, p. 323.
[16] MELLISH, Kevin J. *Novo comentário bíblico Beacon – 1 e2 Samuel.* 2015, p. 276.
[17] WIERSBE, Warren W. *Comentário bíblico expositivo.* Vol. 2. 2006, p. 323.
[18] CHISHOLM JR, Robert B. *1 e 2Samuel.* 2017, p. 229.

Capítulo 12

A radiografia de um adultério

(2Samuel 11:1-27)

O CAPÍTULO 10 DE 2Samuel encerrou com as esplêndidas vitórias de Davi enquanto o capítulo 11 registra a sua amarga derrota. O guerreiro tem vitória no campo de batalha, mas tem derrota fatídica no leito conjugal. Nas palavras de Robert Chisholm, "a narrativa sofre uma reviravolta trágica quando Davi transgride a lei de Deus de modo ostensivo e traz o caos para sua vida, para a corte e para a nação".[1] Dale Ralph Davis chama este capítulo de "carne e sangue": Davi e Bate-Seba (11:1-5); Davi e Urias (11:6-13); Davi e Joabe (11:14-25); Davi e o Senhor (11:26,27). Aqui Davi é guiado não por *hesed,* mas por *eros.*[2] O texto em tela faz a radiografia de um caso extraconjugal. Nenhum indivíduo, em sã consciência, se levanta de manhã, olha pela janela do quarto e diz: "Puxa, que dia bonito! Acho que vou sair por aí e cometer um adultério". Não obstante, há muitos que o fazem. Aqui, vemos o homem escolhido por Deus (1Sm 16:1-13), o homem segundo o coração de Deus (1Sm 13:14) caindo em adultério. O mesmo homem que colocou Mefibosete em sua mesa, colocou Urias na sepultura. Quão rápida e fatalmente qualquer um de nós pode cair.

O texto em tela retrata um "caso extraconjugal" do rei Davi. Como começa, como continua e quais são suas características, suas vítimas e suas consequências. É digno de nota que a Bíblia nunca encobre as falhas humanas. Deus não escreve biografias humanas como um "pai coruja". As falhas são descritas, e não apenas os sucessos. Deus não encobre os pecados de seus filhos nem tem heróis prediletos. O caso de Davi e Bate-Seba é tão moderno como qualquer novela veiculada atualmente.

Da ociosidade ao adultério (11:1-5)

Não havia nada de diferente naquele dia. Tudo corria normalmente. A política, o comércio, as famílias, o culto, a guerra. Davi havia conquistado a paz para o seu grande império. Muitas vitórias foram alcançadas. Agora, os soldados de Israel lutam contra os amonitas. Davi envia Joabe, seu comandante, mas não vai à peleja com seus valentes.

Ninguém suspeitava de algo desastroso naquele dia comum, e muito menos Davi e Bate-Seba. Nada indicava a terrível cadeia de eventos: adultério, gravidez, engano, homicídio, tragédia familiar e juízo divino. Tudo isso ocorreu num dia como noutro qualquer. Aquele caso aconteceu como uma surpresa para os envolvidos. Nenhum dos dois planejou pecar. Não foi resultado de algo planejado. Davi era o homem segundo o coração de Deus e Bate-Seba, uma esposa fiel de um soldado patriota. Deus estava abençoando Davi. Muitas vitórias e conquistas. Ele havia recebido a promessa que seu descendente reinaria para sempre. Davi era um homem cheio de zelo pelo Senhor. Trouxe a arca da aliança para Jerusalém. Compunha salmos de louvor. Era um homem de oração. Dificilmente poderia ser considerado um candidato a um desastre pessoal.

Nem sempre há razões para se suspeitar de uma tragédia. A família vai bem. Os negócios vão bem. A igreja vai bem. E, de repente, detona-se uma bomba! José estava bem na casa de Potifar. A casa de seu amo estava prosperando a olhos vistos. De repente, sua patroa coloca os olhos nele e o convida a ir para cama com ela. José firmemente se recusou, pelo que foi acusado de assédio sexual e preso. Os "casos" não começam com o piscar de luzes vermelhas de advertência. O dia não começa com nuvens plúmbeas e agourentas. Não há avisos do céu gritando: "Reforce as suas defesas, pois a tentação está chegando". Destacamos alguns pontos importantes aqui:

Em primeiro lugar, *uma omissão notória* (11:1). Quais foram os passos que Davi deu que o levaram ao adultério? Ele ficou em Jerusalém em vez de ir com seus soldados à guerra, como era seu costume e como seria o seu dever. O texto é categórico: "[...] no tempo em que os reis costumam sair para a guerra, enviou Davi a Joabe, e seus servos, com ele, e a todo o Israel [...]; porém, Davi ficou em Jerusalém" (11:1). Uma das razões pelas quais Israel pediu um rei era esta: "[...] o nosso rei poderá governar-nos, sair adiante de nós e fazer as nossas guerras" (1Sm 8:20). É digno de nota que Davi manda/envia três vezes neste capítulo 11 de

2Samuel (11:1,3,4). Isso reflete a sua autoridade como rei: ele dá uma ordem e outros realizam seus desejos.

Em segundo lugar, *uma ociosidade perigosa* (11:1b,2). Em vez de estar no *front* da batalha com seus soldados, Davi estava no seu leito real à tarde, rendido ao ócio. Nas palavras de Joyce Baldwin, "enquanto outros se destacavam e arriscavam sua vida, ele estava 'matando tempo'".[3] O leito de Davi foi uma cabeça de ponte pela qual o diabo chegou a tomar a fortaleza do seu coração. Alguém já disse que "cabeça vazia é oficina de Satanás", e mais: "Satanás sempre encontra algum tipo de maldade para ocupar mãos ociosas". Davi ficou passeando no terraço da casa real, andando de um lado para o outro, sem ir a lugar nenhum. Ele estava no lugar errado, na hora errada. Desse ponto privilegiado, uma espécie de mirante, ele tinha a vantagem de enxergar lá embaixo as casas próximas, tendo o controle de tudo que contemplava. Muito embora fosse um homem realizado sexualmente e inobstante esse passeio pelo terraço da casa real não tivesse nada de intencional, esse foi o cenário de uma avassaladora tentação. É verdade que as circunstâncias não fazem um homem — elas o revelam. À semelhança dos saquinhos de chá, a nossa verdadeira força se manifesta quando somos imersos em água quente.

Em terceiro lugar, *uma atração sedutora* (11:2b). "[...] daí viu uma mulher que estava tomando banho; era ela mui formosa". A Palavra de Deus diz: "Ninguém, ao ser tentado, diga: 'Sou tentado por Deus'; porque Deus não pode ser tentado pelo mal e ele mesmo a ninguém tenta. Ao contrário, cada um é tentado pela sua própria cobiça, quando esta o atrai e seduz" (Tg 1:13,14). Jesus é categórico: "Ouvistes o que foi dito: 'Não adulterarás'. Eu, porém, vos digo: qualquer que olhar para uma mulher com intenção impura, no coração, já adulterou com ela" (Mt 5:27,28). Aqui, portanto, começa a luta de Davi. Ele viu uma mulher que estava tomando banho. Ele parou e olhou demoradamente. A visão deu lugar ao desejo e o desejo transformou-se numa cobiça. Davi conhecia bem tanto o sétimo — "Não adulterarás" (Êx 20:14) — como o décimo mandamento da lei de Deus — "Não cobiçarás a mulher do teu próximo [...]" (Êx 20:17). O texto nada diz das possíveis racionalizações de Davi. Talvez ele pensou que uma pequena infração não atingiria sua vida e seu reino. Talvez ele pensou que não iria se comprometer. Era só uma vez, apenas um ato, um caso relâmpago, sem ninguém ficar sabendo. Porém, sem nenhuma hesitação, sem nenhuma espera ou ponderação, Davi, sem medir as consequências, ficou cego pela volúpia e pela paixão. Warren Wiersbe diz: "Ao se demorar e olhar, Davi tentou a si mesmo; ao enviar mensageiros, tentou Bate-Seba; e ao se entregar aos desejos da carne, tentou o Senhor".[4]

Em quarto lugar, *uma curiosidade frívola* (11:3a). "Davi mandou perguntar quem era [...]". O problema de Davi não foi ter visto a mulher tomando banho, mas ter alimentado a concupiscência dos olhos. Ele deu curso ao desejo e avançou a linha divisória, buscando informação sobre a identidade da mulher. Abrir a agenda para o tentador é um risco fatal. Ser guiado pela concupiscência dos olhos é pisar num terreno escorregadio.

Em quinto lugar, *uma informação alertadora* (11:3b). "[...] disseram-lhe: 'É Bate-Seba, filha de Eliã e mulher de Urias, o heteu'". Essa informação deveria fazê-lo pisar no freio. Bate-Seba tem avô, pai e marido. Ela era neta de Aitofel, seu conselheiro predileto (23:34; 16:23), filha de Eliã e mulher de Urias. Kevin Mellish diz que Bate-Seba é descrita como tendo ligações com outros homens, notadamente, seu pai e marido. Ela era um valioso ser humano tanto como filha quanto como esposa. Davi tratou-a, a princípio, apenas como um objeto de prazer. Ele a coisificou, a objetificou, ignorando seu valor como pessoa humana. Davi viu Bate-Seba apenas como um objeto para saciar suas próprias necessidades e não como uma pessoa para ser respeitada.[5] Não é de se admirar que Aitofel, avô dela, tenha tomado o partido de Absalão quando este se rebelou contra o pai e usurpou o reino.[6] O marido de Bate-Seba é um dos valentes de Davi, um patriota que está defendendo a nação no campo de guerra. No entanto o rei vê esses mesmos fatos como favoráveis à sua volúpia. O marido está fora, no campo de batalha. A mulher é bela e precisa de um pouco de conforto.

Em sexto lugar, *uma decisão insensata* (11:4). "Então, enviou Davi mensageiros que a trouxessem; ela veio, e ele se deitou com ela. Tendo-se ela purificado da sua imundícia, voltou para casa." O mesmo Davi que mandou perguntar quem era a mulher também envia mensageiros para trazê-la. Se ela veio a convite ou por imperativa convocação não sabemos, mas a intenção do rei era indubitável. Ele a trouxe para seduzi-la e deitar-se com ela. A tentação apela para o desejo. O desejo cria a fantasia. A fantasia incendeia os sentimentos e os sentimentos clamam por ação. Depois de coabitar com a mulher de Urias, ela voltou para sua casa. A intenção dos dois era guardar segredo daquele encontro e manter sob o anonimato aquela loucura (Pv 6:32). Aquele "ficar" em Jerusalém, aquele "leito", aquele "passear" pelo terraço da casa real; aqueles poucos minutos de ociosidade, cobiça e consequente pecado, trouxeram para o rei e para o povo de Israel anos de penosa luta e sofrimentos atrozes.

Em sétimo lugar, *uma ocultação vergonhosa* (11:5). "A mulher concebeu e mandou dizer a Davi: 'Estou grávida'". Estas são as únicas palavras de Bate-Seba registradas em todo o episódio, mas são palavras que Davi não queria ouvir.[7] Durante várias semanas as coisas continuaram como antes – Eles juraram guardar segredo daquela noite. O que havia se passado era apenas uma aventura. Era uma recordação particular deles, trancada só em dois corações. Dentro de um mês ou dois, os sinais começam a aparecer: a ausência de um período menstrual, tontura matinal, náuseas, e então o segredo foi exposto. Bate-Seba descobre que está grávida e Davi é o pai. Desde o Éden o homem procura encobrir os seus rastros. O fato de ter vivido uma mentira uma noite, se não for confessado completamente, requer muitas outras mentiras para encobri-lo. A pessoa que tem reputação de integridade, agora recorre a todo tipo de engano para salvar sua pele. Viver uma mentira leva a outras mentiras. Um abismo chama outro abismo. Warren Wiersbe chama a atenção para o fato de que, de acordo com Provérbios 6, em breve Davi seria caçado (6:26), queimado (6:27,28), desgraçado e arruinado (6:30-33), tudo isso por apenas alguns minutos de prazer proibido.[8]

Do adultério ao assassinato (11:6-27)

Para encobrir seu pecado, proteger-se e eliminar as evidências, Davi busca uma saída, forjando, mentindo e cometendo crimes. Sobrou-lhe a opção de assassinato. Então, ele concentra seus esforços para eliminar Urias em uma elaborada trama. Vejamos:

Em primeiro lugar, *uma ordem real* (11:6). "Então, enviou Davi mensageiros a Joabe, dizendo: 'Manda-me Urias, o heteu'. Joabe enviou Urias a Davi". Por que Urias? Será que o rei tinha alguma homenagem a fazer? Alguma medalha de honra ao mérito? Alguma promoção? Davi não dá explicações a Joabe, nem Joabe questiona as motivações de Davi. Simplesmente obedece à ordem real. Como diz Kevin Mellish, "Davi só mandou chamar Urias porque estava preocupado em acobertar sua má conduta sexual".[9]

Em segundo lugar, *uma estratégia hipócrita* (11:7). "Vindo, pois, Urias a Davi, perguntou este como passava Joabe, como se achava o povo e como ia a guerra". Davi faz três perguntas para Urias sem qualquer conexão com o propósito de sua vinda a Jerusalém. Trata-se de uma estratégia hipócrita, de um disfarce mentiroso. A resposta de Urias não é incluída na narrativa — uma omissão importante, simbolizando que Davi simplesmente o deixa falar, sem prestar nenhuma atenção ao relato que ele apresenta.[10]

Em terceiro lugar, *uma insistência fracassada* (11:8-11). Robert Chisholm diz que as palavras de Urias — "tão certo como vives, não farei tal coisa" — são irônicas em dois aspectos, e, do ponto de vista do leitor, condenam Davi: 1) Urias desobedece à ordem do rei (11:8,9), mas sua defesa é um lembrete que a lealdade ao Senhor e à sua causa suplantam até mesmo a autoridade do rei (11:11); 2) Embora Urias considere errado dormir com sua própria esposa enquanto o exército luta em Amom, Davi não tem esse escrúpulo. Aliás, ele dorme até com a esposa de outro homem.[11] Davi usou dois artifícios para Urias ir para casa e deitar com sua mulher: o primeiro artifício foi uma generosidade injustificada: "Depois, disse Davi a Urias: 'Desce à tua casa e lava os pés'. Saindo Urias da casa real, logo se lhe seguiu um presente do rei" (11:8). Quanto cuidado! Quanta solicitude aparente! Mas trata-se de requintada hipocrisia. Um presente real destina-se a incentivar Urias a se considerar especialmente favorecido e, então, descontrair-se e aproveitar a oportunidade para ir para casa e ficar com a esposa.[12] Se Urias fosse para sua casa e coabitasse com sua mulher, todo mundo saberia que a criança era filho dele. Davi estaria livre de culpa e responsabilidade. Era um plano engenhoso. A verdade seria sepultada na ignorância de Urias. A esse favor incompreensível, Urias não aquiesceu. Está escrito: "Porém Urias se deitou à porta da casa real, com todos os servos do seu senhor, e não desceu para sua casa" (11:9). O segundo artifício foi uma preocupação exacerbada. "Fizeram-no saber a Davi, dizendo: 'Urias não desceu a sua casa'. Então disse Davi a Urias: 'Não vens tu duma jornada? Por que não desceste à tua casa?'" (11:10). A resposta de Urias deixou Davi mais apreensivo. Ele respondeu com a realeza que faltou ao rei. "Respondeu Urias a Davi: 'A Arca, Israel e Judá ficam em tendas; Joabe, meu senhor, e os servos de meu senhor estão acampados ao ar livre; e hei de eu entrar na minha casa, para comer e beber e para me deitar com minha mulher? Tão certo como tu vives e como vive a tua alma, não farei tal coisa'". O plano de Davi teria funcionado sem empecilhos se Urias e Deus tivessem cooperado. Davi não contou com a integridade de Urias nem com a concordância de Deus. Concordo com Dale Ralph Davis quando diz que Davi é condutor das ações, assentado no trono. Porém ele não controla Urias. Ele o coloca sob influência, mas não sob sua influência. Davi está no controle: ele convoca Urias, ele escreve cartas. Ele o envia para a morte, mas não tem Deus sob controle.[13]

Em quarto lugar, *uma hospitalidade fingida* (11:12,13). "Então, disse Davi a Urias: 'Demora-te aqui ainda hoje, e amanhã te despedirei'. Urias, pois, ficou em Jerusalém aquele dia e o seguinte. Davi o convidou, e comeu e bebeu diante dele, e o embebedou; à tarde, saiu Urias a deitar-se na sua cama, com os servos de seu senhor; porém não desceu a sua casa". Davi oferece um jantar a Urias, uma distinção incomum a um soldado. Sua hospitalidade fidalga não passava de fingimento. Ele tinha a intenção de alterar o juízo e as inibições de Urias. Queria com essas palavras macias e com essas atitudes amáveis, enviá-lo bêbado para casa e, assim, acobertar seu adultério. Davi pensou que Urias embriagado, mesmo que não tivesse relação sexual com Bate-Seba, de nada se lembraria e tudo ficaria bem. Concordo com Kevin Mellish quando diz: "Urias, um soldado bêbado, foi mais justo do que Davi, um rei sóbrio".[14]

Em quinto lugar, *uma crueldade inumana* (11:14-25). Uma vez que todos os expedientes usados por Davi não funcionaram, ele partiu para uma medida radical. Resolveu matar Urias com a espada dos amonitas e o fez com requinte de crueldade. Davi estava disposto a matar um justo, um servo leal, um caráter nobre.

Pela manhã, Davi escreveu uma carta ao comandante Joabe e a enviou por mão de Urias. Joabe deveria colocá-lo na frente da maior força da peleja com o propósito de deixá-lo sozinho, sem proteção, para ser ferido e morto. W. T. Purkiser diz que o guerreiro heteu carregou a sua própria sentença de morte, em uma carta selada a Joabe.[15] Este atendeu à risca a ordem de Davi e, nessa trama de guerra, alguns do povo, dos servos de Davi e Urias morreram. Urias morreu em batalha, vítima da luxúria e do medo de seu próprio monarca. Joyce Baldwin destaca que Davi passa para as mãos de Joabe o assassinato de um homem inocente. Isso coloca Joabe na posição nada invejável de conflito entre a lealdade ao rei e a lealdade à sua própria consciência.[16] Joabe, então, enviou notícias a Davi, noticiando-o do ocorrido, mas alertando ao mensageiro que se Davi, ao fim do relato, ficasse irado com a baixa dos soldados, havia uma senha que poderia acalmar-lhe os ânimos: a informação de que Urias, o heteu, também estava morto. Davi mais uma vez transcende sua maldade, ao responder ao comandante: "Assim dirás a Joabe: 'Não pareça isto mal aos teus olhos, pois a espada devora tanto este como aquele; intensifica a tua peleja contra a cidade e derrota-a; e, tu anima a Joabe'" (11:25). Davi estava disposto a cometer qualquer desatino para amordaçar a verdade. Ele enterrou o seu pecado no túmulo de Urias. Um "caso extraconjugal" que tem continuidade sempre necessita de sacrifício. O sacrifício egoístico do amor, da lealdade, dos relacionamentos, do respeito, da integridade, da consciência e da comunhão com Deus. Kevin Mellish tem razão em dizer que Davi não foi apenas responsável pela morte de Urias, mas, também, foi culpado pelos outros guerreiros que, inconscientemente, se tornaram um "dano colateral" de sua conspiração.[17]

Em sexto lugar, *uma tapeação insuficiente* (11:26,27). Quando Bate-Seba soube da morte de seu marido, pranteou-o. Porém, passado o luto, Davi mandou buscá-la e a trouxe para o palácio; tornou-se ela sua mulher e lhe deu à luz um filho. Um certo alívio tomou conta dos corações de Davi e de Bate-Seba. Haviam conseguido esconder o pecado deles no túmulo de Urias. A gravidez de Bate-Seba e o nascimento da criança não seriam mais um escândalo em Israel. Porém, a noite de prazer de Davi tornou-se um pesadelo de dor. As circunstâncias pareciam tranquilas para o rei, mas o seu coração estava atormentado.

Em sétimo lugar, *uma reprovação peremptória* (11:27b). Davi, porém, não contou com a reprovação divina. Está escrito: "[...] porém, isto que Davi fizera foi mal aos olhos do SENHOR". Davi parece ter escapado impune, mas a narrativa lembra que ele não pode esconder seus crimes do olhar atento do Senhor. Davi diz a Joabe: "Não pareça isto mal aos teus olhos". O Senhor, porém, não pode ser apaziguado tão facilmente quanto Joabe. O que Davi fez desagradou ao Senhor.[18] Nas palavras de Dale Ralph Davis, "Davi podia ter a carne da Bate-Seba e o sangue de Urias, mas não escapou dos olhos de Deus".[19] Que os homens não saibam nem se importem é uma coisa, mas que Deus os reprovem é outra bem diferente. Os pecados escondidos na terra são um escândalo público no céu. O que se faz com as portas trancadas na terra, acontece diante dos olhos do Deus Todo-poderoso. Davi foi açoitado pelo chicote da culpa. Ele confessou mais tarde: "Enquanto eu calei os meus pecados, envelheceram os meus ossos pelos meus constantes gemidos todo o dia. Porque a tua mão pesava dia e noite sobre mim, e o meu vigor se tornou em sequidão de estio" (Sl 32:3,4).

Algumas lições ficam patentes:

1) Ninguém, embora escolhido, abençoado e usado por Deus está imune a um "caso" extraconjugal.
2) Qualquer pessoa, a despeito de grandes vitórias que tenha tido, pode cair desastrosamente.
3) O ato de infidelidade é o resultado de desejos, pensamentos e fantasias descontroladas.

4) Uma noite de paixão pode desencadear anos de dor para a família.

Resta claro afirmar que o pecado levará você mais longe do que gostaria de ir; reterá você mais tempo do que gostaria de ficar e lhe custará um preço mais alto do que você gostaria de pagar.

Notas

[1] CHISHOLM JR, Robert B. *1 e 2Samuel.* 2017, p. 232.
[2] DAVIS, Dale Ralph. *2Samuel.* 2018, p. 139-142,145.
[3] BALDWIN, Joyce G. *I e IISamuel: introdução e comentário.* 2006, p. 261.
[4] WIERSBE, Warren W. *Comentário bíblico expositivo.* Vol. 2. 2006, p. 326.
[5] MELLISH, Kevin J. *Novo comentário bíblico Beacon – 1 e 2Samuel.* 2015, p. 280.
[6] WIERSBE, Warren W. *Comentário bíblico expositivo.* Vol. 2. 2006, p. 326.
[7] Idem, p. 327.
[8] WIERSBE, Warren W. *Comentário bíblico expositivo.* Vol. 2. 2006, p. 327.
[9] MELLISH, Kevin J. *Novo comentário bíblico Beacon – 1 e 2Samuel.* 2015, p. 281.
[10] BALDWIN, Joyce G. *I e IISamuel: introdução e comentário.* 2006, p. 263.
[11] CHISHOLM JR, Robert B. *1 e 2Samuel.* 2017, p. 235.
[12] BALDWIN, Joyce G. *I e IISamuel: introdução e comentário.* 2006, p. 263.
[13] DAVIS, Dale Ralph. *2Samuel.* 2018, p. 143,144.
[14] MELLISH, Kevin J. *Novo comentário bíblico Beacon – 1 e 2Samuel.* 2015, p. 282.
[15] W. T. Purkiser. *Os livros de 1 e 2Samuel. In* Comentário bíblico Beacon. Vol. 2. 2015, p. 245.
[16] BALDWIN, Joyce G. *I e IISamuel: introdução e comentário.* 2006, p. 264.
[17] MELLISH, Kevin J. *Novo comentário bíblico Beacon – 1 e 2Samuel.* 2015, p. 283.
[18] CHISHOLM JR, Robert B. *1 e 2Samuel.* 2017, p. 235,236.
[19] DAVIS, Dale Ralph. *2Samuel.* 2018, p. 147.

Capítulo 13

A graça de Deus no encalço do pecador

(2Samuel 12:1-31)

As trapaças de Davi pareciam ter funcionado. Ele contava com o silêncio de Joabe e com a conivência de Bate-Seba. O adultério com a mulher de Urias e o assassinato desse fiel soldado já pareciam ser águas passadas. O filho do adultério já tinha nascido e ninguém suspeitava de qualquer trama engendrada pelo rei.

É bem verdade que Davi nesse tempo de silêncio estava vivendo um tormento existencial. Enquanto calou seu pecado, envelheceram seus ossos pelos seus constantes gemidos. Ele alagava seu leito com suas abundantes lágrimas e era açoitado, sem pausa, pelo chicote da culpa.

É digno de destaque que a graça de Deus não apenas salva, mas também educa (Tt 2:11,12). O Senhor, então, entra em ação para confrontar Davi com seu pecado e tirá-lo do atoleiro em que se encontrava. Porém, as consequências são trágicas. Ele paga a restituição quádrupla que ele determinou a si mesmo. Ainda assim, o Senhor mantém sua aliança e preserva tanto a vida quanto a dinastia de Davi. Vejamos:

A graça de Deus persegue Davi (12:1a)

No capítulo 11 de 2Samuel é Davi quem está no controle. Ele faz as coisas acontecerem. Ele domina a ação totalmente desde o terraço do palácio real. Ele envia mensageiros para investigar quem é a mulher que estava se banhando. Depois envia mensageiros para trazê-la à casa real. Então, envia mensageiros a Joabe para lhe enviar Urias. Depois envia Urias como portador de sua sentença de morte a Joabe. Davi ordena e as coisas acontecem. Ele dá ordens e as pessoas se submetem ao seu comando. De acordo com Robert Chisholm, essas ações de "enviar" ou "mandar" refletem sua autoridade como rei: ele apenas profere uma palavra e outra pessoa se mobiliza para realizar seus desejos. O verbo "enviar" (*salah*) ocorre doze vezes no capítulo 11 de Samuel (11:1,3,4,5,6 [três vezes], 12,14,18,22,27). Davi envia, Bate-Seba envia, Joabe envia. Mas no capítulo 12 é Deus quem envia.[1]

Há alguém que exerce autoridade até mesmo sobre o rei. O Senhor, descontente com as ações de Davi (11:27), "envia" seu profeta para confrontá-lo.[2] Portanto, no capítulo 12 de 2Samuel, é Deus quem está no controle. É o Senhor quem "envia" o profeta Natã a Davi. Agora, é a graça de Deus que caça Davi e o encontra no emaranhado de suas transgressões.

A graça de Deus captura Davi (12:1b-7a)

Natã poderia ter usado o método de João Batista em relação a Herodes Antipas, dizendo: "Não te é lícito possuir a mulher de teu irmão" (Mc 6:18). Porém, escolheu um caminho indireto para arrancar do rei uma clara convicção de pecado. O narrador não explica se Natã contou um dos casos hipotéticos que poderia muito bem ter ocorrido num dos tribunais locais ou se usou uma parábola. Robert Chisholm diz que Natã emprega uma história sobre abuso de poder, e não sobre adultério e homicídio, pois esse abuso é o cerne dos crimes de Davi.[3] O relato de Natã tem alguns componentes importantes:

Em primeiro lugar, *uma história de dois homens* (12:1-4). Havia numa cidade dois homens, um rico e outro pobre. O rico tinha ovelhas e gado em grande número; mas o pobre não tinha coisa nenhuma, senão uma cordeirinha que comprara e criara, e que crescera junto com seus filhos em sua casa. A cordeirinha comia do seu bocado e bebia do seu copo. Dormia em seus braços como se fosse sua filha. Vindo um viajante ao homem rico, este não quis tomar uma das suas ovelhas e uma de suas muitas reses para dar de comer ao viajante; mas tomou a cordeirinha do homem pobre e a preparou para o viajante que havia chegado. Como diz Warren Wiersbe, ao que parece, Davi não se deu conta de que ele era o homem rico; Urias, o homem pobre; e Bate-Seba, a cordeirinha que havia sido roubada.[4] Davi tinha um harém, com muitas mulheres, e resolveu tomar a mulher de Urias, matá-lo e ainda casar-se com ela.

Em segundo lugar, *uma sentença* (12:5). Ao ouvir esse relato, Davi, do topo de seu afinado senso de justiça, fica muito irado e dá a sentença com santo zelo religioso: "Tão certo como vive o SENHOR, o homem que fez isso deve ser morto". Na língua hebraica, Davi chama o homem rico de "um filho da morte".[5] Robert Chisholm diz, acertadamente, que "sem saber, Urias levou sua sentença de morte a Joabe; agora, também sem saber, Davi pronuncia sua própria sentença de morte sob juramento".[6] Davi julgou o homem rico sem perceber que estava julgando a si mesmo. É mais fácil ver os pecados dos outros do que os próprios pecados (Mt 7:1-3). Davi pretende dar o veredito acerca de outro, mas o que acontece é que dá o veredito sobre si mesmo. Davi está lavrando, em nome do Senhor, sua própria sentença de morte. Ele é o rico que, com crueldade, deitou-se com a mulher de seu soldado, matou-o e casou-se com ela. Tanto Davi quanto Bate-Seba deveriam ter sido mortos por apedrejamento (Lv 20:10; Dt 22:22-24; Jo 8:1-6).

Em terceiro lugar, *uma restituição* (12:6). Davi, como conhecedor da lei, declara: "E pela cordeirinha restituirá quatro vezes, porque fez tal coisa e porque não se compadeceu". O que diz a lei? "Se alguém furtar boi ou ovelha e o abater ou vender, por um boi pagará cinco bois, e quatro ovelhas por uma ovelha" (Êx 22:1). Assim, Davi estava lavrando não apenas sua própria sentença de morte, mas, também, determinando o alto preço que teria de pagar, a quádrupla retribuição, pois o bebê de Bate-Seba morreu e seus filhos Amnom, Absalão e Adonias foram mortos (13:29; 18:14,15; 1Rs 2:25). O mesmo comandante Joabe, que cumpriu a ordem de Davi para matar Urias, o marido de Bate-Seba, é o homem que vai matar Absalão, o filho de Davi.

Nas palavras de Kevin Mellish, "Davi pagou a restituição pela vida de Urias com a vida de seus próprios filhos. Somente depois que a restituição fosse completada poderia haver paz. O nome de Salomão está relacionado à palavra paz. Logo, quando Salomão subiu ao trono houve paz porque a restituição havia sido feita pelas transgressões de Davi".[7] Pelo resto de sua vida, Davi passou por uma sucessão de tragédias em sua família e em seu reino.

Em quarto lugar, *uma acusação* (12:7a). O profeta Natã, com perícia invulgar, clareza e coragem desassombrada diz a Davi: "Tu és o homem". O rei é apanhado pelas cordas de seu próprio pecado. É encurralado pelas suas próprias palavras e despido de seus disfarces. Nas palavras de Joyce Baldwin, "todas as defesas de Davi foram destruídas com um só golpe, e ali está ele, despido perante seu juiz".[8] Por que Deus tomou a iniciativa de confrontar Davi? Primeiro, porque o pecado anestesia. Davi ficou cerca de dez meses com máscara, mentindo, representando. Segundo, porque o pecado engana. Davi condena nos outros o que não consegue ver em si mesmo. Terceiro, o pecado embrutece. Davi, tendo muitas mulheres, roubou a mulher de Urias e o matou para ficar com ela. Quarto, o pecado escraviza. Davi não consegue se libertar até que Deus o liberte.

A graça de Deus confronta Davi (12:7b-12)

Depois de Natã levar Davi ao conhecimento de seu pecado, destacou os favores da graça de Deus na vida dele. Vejamos:

Em primeiro lugar, *o favor imerecido de Deus* (12:7b,8). Davi se esqueceu da bondade divina que o cumulou de tantos privilégios. Quatro dádivas são mencionadas aqui: a unção divina como rei de Israel, o livramento das muitas perseguições de Saul, a casa de Saul e suas mulheres e a casa de Israel e Judá. Se essas dádivas anteriores não fossem suficientes, Deus ainda teria acrescentado outras benesses. É mister esclarecer aqui que era costume que o harém do monarca morto fosse herdado pelo sucessor, e, de acordo com essa regra, Davi já havia ampliado sua família.[9]

Em segundo lugar, *a acusação aberta de Deus* (12:9). "Por que, pois, desprezaste a palavra do SENHOR, fazendo o que era mal perante ele? A Urias, o heteu, feriste à espada; e a sua mulher tomaste por mulher, depois de o matar com a espada dos filhos de Amom". Quanto maior os privilégios, maiores as responsabilidades. Diante de tantos benefícios da graça, Davi é acusado de ter desprezado a palavra do Senhor, o que significa desprezar o próprio Senhor, fazendo uma coisa má. O pecado é maleficentíssimo. Viola a lei de Deus. Escarnece dele. Afronta a sua santidade. Pisa a bondade divina. Insulta a cruz de Cristo. Entristece o Espírito Santo.

A acusação não é genérica. Davi feriu Urias, o heteu, à espada, tomou a mulher dele para si e depois matou-o com a espada dos filhos de Amom. Davi usou a espada do próprio inimigo, os amonitas, para matar Urias. Concordo com Dale Ralph Davis quando escreve: "Davi não somente cometeu iniquidade, mas, também, destruiu pessoas. Ele pecou contra o Senhor e arruinou pessoas".[10] Nas palavras de Joyce Baldwin, "embora Davi tivesse planejado essa morte à distância, ele era tão culpado de assassinato quanto se tivesse atravessado o homem com sua própria espada".[11] Pelo fato de Davi ter usado a espada dos amonitas para causar a morte de Urias, esta ferramenta de guerra jamais se afastaria de sua casa.

A expressão "e a sua mulher tomaste por mulher" (12:9), do ponto de vista do Senhor, é roubo, pois só o assassinato de Urias torna essa união possível.[12] É digno de nota que o pecado de Davi não foi pressionado por necessidades. Ele era o homem rico da história de Natã. Ele tinha tudo. Que necessidade tinha o querubim da guarda no céu? Que necessidade tinha Adão no paraíso? Que necessidade tinha Acabe de cobiçar a vinha de Nabote? Que necessidade tinha Davi, com tantas mulheres, de tomar a mulher de Urias?

Em terceiro lugar, *a retribuição justa de Deus* (12:10-12). Deus perdoou Davi, ele não seria morto. Porém, Deus não remove as consequências de seu pecado. Warren Wiersbe tem razão em dizer que o pecado de Davi com Bate-Seba havia sido passional, impulsivo, arrebatador, mas o pecado de mandar matar Urias havia sido um crime premeditado, deliberado e vergonhoso.[13] Robert Chisholm diz que o castigo do Senhor sobre Davi é caracterizado pela justiça retributiva. Davi (e não os amonitas nem Joabe) matou Urias, e agora a espada devastará sua casa. Três dos seus filhos, Amnom, Absalão e Adonias morreram de forma violenta (13:28,29; 18:14; 1Rs 2:24,25). Absalão mata seu rival, Amnom, e Salomão mata seu rival, Adonias; em ambos os casos, fazem-no por meio de outros. Joabe, que providenciou a morte de Urias, mata Absalão mais adiante.[14] Porque Davi desprezou Deus e tomou a mulher de Urias, o heteu, para ser sua mulher, a espada não se apartaria de sua casa. Deus mesmo suscitaria de sua própria casa o mal contra ele e daria suas mulheres a seu filho Absalão, que coabitaria com eles publicamente (16:22). O que Davi fez em oculto, Absalão faria em plena luz do sol.

Há cinco tipos diferentes de consequências do pecado:

1. Consequências para nós mesmos. O prazer do pecado de Davi tornou-se em tormento. Ele chorava. Sentia seus ossos arderem. Sentia a mão de Deus pesando sobre ele, de dia e de noite. Seu vigor se tornou em sequidão de estio. A alegria da salvação foi embora de sua vida. A culpa o devastava. A vergonha de ver o seu pecado oculto sendo trombeteado dos outeiros da história o humilhou.
2. Consequências para nossa família. As esposas, os filhos e os netos de Davi sofreram as consequências de seu pecado. As pessoas que ele mais amava sofreram os reveses de seu pecado. Amnom, cujo nome significa "digno de confiança", estuprou sua irmã Tamar. Absalão, cujo nome significa "pai da paz", matou seu irmão Amnom e conspirou contra o pai. Absalão coabitou com as concubinas de seu pai em plena luz do sol. Absalão perseguiu o pai para matá-lo e morreu nessa inglória empreitada. Salomão, a quem Davi dá o reino, mata seu irmão Adonias. Quando Amnom estuprou sua irmã Tamar, Davi lembrou-se de ter possuído indevidamente a mulher de Urias. Quando Absalão matou Amnom, Davi se lembrou de que, covardemente, mandou matar Urias. Quando Absalão, seu filho, foi morto pelas mãos de Joabe, seu general, ele se lembrou que Urias foi morto a seu mandado.
3. Consequências para a comunidade do povo de Deus. Muita gente sofreu e foi morta como resultado daquele pecado de Davi. Um pecado oculto traz derrota para toda a igreja.

4. Consequências para a comunidade não cristã. As pessoas blasfemaram do nome de Deus. Muita gente se escandaliza e se afasta de Deus.
5. Consequências para o Senhor Deus. O Senhor sofreu ao ver Davi, seu filho amado, pecar premeditadamente. O Senhor viu a maldade de Davi quando seu servo foi para a cama do adultério. O Senhor Jesus chorou sobre a impenitente Jerusalém.

A graça de Deus poupa Davi (12:13,14)

Diferentemente de Saul, Davi, ao ser confrontado pelo profeta, não tergiversa, não dá desculpas nem tenta incriminar outras pessoas. Ele admite o seu pecado e o confessa. Vejamos:

Em primeiro lugar, *a confissão* (12:13a). "Então disse Davi a Natã: Pequei contra o SENHOR [...]". Davi adulterou com Bate-Seba e mandou matar o marido dela, mas reconhece que o pecado é cometido, em primeiro grau, contra Deus. Em vez de agir como Saul, que se opunha de forma obstinada em receber censura (1Sm 15.13,20), ele se arrepende e confessa o seu pecado.

Em segundo lugar, *a absolvição* (12:13b). "[...] disse Natã a Davi: 'Também o SENHOR te perdoou o teu pecado; não morrerás'". Davi era culpado de morte (Lv 20:10; Dt 22:22), mas Deus o perdoou e poupou sua vida. Davi foi absolvido da própria sentença lavrada contra si mesmo. Robert Chisholm destaca que, neste caso, o perdão divino não implica a anulação das acusações nem a eliminação de todas as consequências. Em virtude desse rico perdão, Davi escreveu vários salmos destacando essa verdade bendita: "Se observares, SENHOR, iniquidades, quem, SENHOR , subsistirá? Contigo, porém, está o perdão para que te temam" (Sl 130:3,4). "O Senhor é quem perdoa todas as tuas iniquidades [...] quem da cova redime a tua vida [...]. Quanto dista o Oriente do Ocidente, assim afasta de nós as nossas transgressões" (Sl 103:3,4,12). No tempo em que Davi guardou nos cofres do coração o pecado, muito sofreu, como ele expressa nos Salmos 32 e 51.

Em terceiro lugar, *a substituição* (12:14). "Mas, posto que com isto deste motivo a que blasfemassem os inimigos do Senhor , também o filho que te nasceu morrerá". Dale Ralph Davis diz que o Senhor perdoou a culpa do pecado mas infligiu as consequências por ele. Deus purifica a sujeira do pecado, mas continua sua disciplina. O perdão para Davi é maravilhoso e ao mesmo tempo muito caro. Ele não morreu, mas seu filho morreu em seu lugar. Davi era o culpado de morte, no entanto, Natã lhe garantiu que ele não morreria, mas uma morte deveria ocorrer: a do filho recém-nascido. O filho de Davi foi o seu substituto.[15] O inocente morreu pelo culpado. Houve aqui uma substituição. Mil anos depois, o Filho de Davi morreu no nosso lugar para que pudéssemos viver eternamente.

A disciplina da graça (12:15-23)

Quando Natã terminou a sua missão de confrontar o rei, voltou para sua casa e o Senhor feriu a criança que a mulher de Urias dera à luz. Deus aplica o remédio amargo, mas curador da disciplina (Hb 12:4-13). Destacamos aqui alguns pontos:

Em primeiro lugar, *Deus é o agente da disciplina* (12:16a). Assim como Deus outrora ferira Nabal, agora, fere a criança a ponto de ela adoecer gravemente. A doença e a consequente morte do bebê deviam-se ao braço de Deus disciplinando severamente Davi. Joyce Baldwin está correta, quando escreve: "O escritor bíblico não hesita em atribuir diretamente ao Senhor a doença da criança, de conformidade com a palavra do profeta".[16]

Em segundo lugar, *Davi se prostra diante de Deus* (12:16b,17). Mesmo sabendo, da parte do profeta Natã, que a criança morreria (12:14), Ele se prostra diante de Deus em jejum e oração durante toda a noite. Recusou-se a se levantar da terra e comer. Ele cria que Deus poderia reverter a situação, e por isso não cessou de se humilhar e orar.

Em terceiro lugar, *Davi recebe a notícia do morte do filho* (12:18,19). No sétimo dia, a criança morreu. O bebê viveu apenas uma semana, e os pais não puderam circuncidá-lo nem dar-lhe um nome no oitavo dia. Como diz Warren Wiersbe: "Seu filho, Salomão, recebeu dois nomes (12:24,25), mas esse filho sequer teve um nome".[17] Os servos de Davi ficaram preocupados em lhe dar a notícia, pois ela o deixaria ainda mais afligido. Percebendo, porém, o embaraço deles, o rei concluiu que a criança morrera. Então perguntou: "'[...] é morta, a criança?' Eles responderam: 'Morreu'" (12:19b).

Em quarto lugar, *Davi adora ao Senhor* (12:20,21). Para espanto dos anciãos, Davi se levantou da terra, lavou-se, ungiu-se, mudou de vestes, entrou na casa do Senhor e adorou; depois foi para sua casa e pediu pão e comeu. Os anciãos, perplexos, lhe disseram: "Que é isto que fizeste? Pela criança viva jejuaste e choraste; porém, depois que ela morreu, te levantaste e comeste pão".

Em quinto lugar, *Davi é consolado pela realidade do reencontro na vida por vir* (12:22,23). Davi explica as razões de sua atitude. Respondeu ele: "Vivendo ainda a criança, jejuei e chorei, porque dizia: 'Quem sabe se o Senhor se compadecerá de mim, e continuará viva a criança?' Porém, agora que é morta, por que jejuaria eu?...'" (12:22,23a). Davi aceita a irreversibilidade da morte com fé na imortalidade[18], pois se agora a criança morta não pode voltar a ele; depois de sua morte, ele se encontrará com ela.

O consolo da graça (12:24,25)

Kevin Mellish diz que a narrativa nesta conjuntura muda da morte de um filho para o nascimento de outro. Davi consolou Bate-Seba pela morte da criança (12:24). O primeiro nasceu como resultado de um encontro ilícito e de um assassinato acobertado; o segundo, pelo ato de uma terna consolação. O primeiro filho morreu em consequência do pecado de Davi; o nascimento do segundo filho recebeu a aprovação de Deus.[19]

O Deus que é rico em perdoar e tem prazer na misericórdia demonstra o seu perdão a Davi, depois da morte da criança. Davi deitou com Bate-Seba e ela teve um outro filho, a quem Davi deu o nome de Salomão, cujo significado é "pacífico"; e o Senhor o amou. Davi o entregou nas mãos do profeta Natã, e este lhe chamou Jedidias, cujo significado é "amado do Senhor". Salomão ou Jedidias, dentre todos os filhos que Davi teve, foi o escolhido de Deus para sucedê-lo. O fato de ele ter sido escolhido só confirma a mensagem bendita de que existe um caminho de volta para a comunhão com Deus, mesmo que seja um retorno das profundezas do mal. Deus perdoa pecadores arrependidos.

Warren Wiersbe destaca que antes de o menino morrer, Deus chamou Bate-Seba de "mulher de Urias" (12:15), talvez porque essa era sua identidade quando o bebê foi concebido, mas, no versículo 24, ela é a esposa de Davi, indicando que, assim como Davi, ela também estava recomeçando. Que evidência extraordinária da graça de Deus o fato de a "mulher de Urias" ser mencionada na genealogia do Messias (Mt 1:6), juntamente com Tamar (Mt 1:3), Raabe e Rute (Mt 1:5).[20]

A vitória sobre os inimigos (12:26-31)

Se a guerra contra os amonitas trouxe o maior fracasso na vida pessoal e familiar de Davi, este capítulo encerra com a derrota desse povo. Sob o comando do destemido comandante Joabe, a cidade de Rabá estava para capitular. Destacamos alguns pontos:

Em primeiro lugar, *Joabe toma Rabá, a cidade das águas* (12:26,27). Joabe pelejou contra Rabá, capital amonita e cidade das águas, perto da nascente do rio Jaboque, que corria para o sul da antiga cidade, e a tomou, cortando, portanto, o seu abastecimento de água. Sem água os amonitas não poderiam resistir por muito tempo, então Joabe solicitou a Davi que completasse o cerco e a captura, para que o rei pudesse receber o crédito.

Em segundo lugar, *Joabe honra a Davi dando-lhe a oportunidade de tomar a cidade* (12:28,29). A cidade, que seria a última área a cair, incluia o palácio, e Joabe, por lealdade, queria que fosse de Davi a honra de capturar a cidade e seu rei. Ele dá ao rei Davi a honra e os lauréis dessa vitória. O monarca veio com reforços, capturou, saqueou e destruiu não só a capital, mas, também, as outras cidades de Amom.

Em terceiro lugar, *Davi despoja o rei e a cidade amonita* (12:30). Ele conquista a cidade, toma a coroa da cabeça do rei amonita e a coloca sobre sua própria cabeça, levando da cidade grande despojo. Colocar a coroa do rei amonita na cabeça celebrava o triunfo de Davi e simbolizava seu domínio completo sobre o povo dali. Isso representava a transferência do poder de Amom para o rei israelita. A coroa era impressionante e sem comparação; ela era de ouro, pesava aproximadamente trinta e cinco quilos e continha pedras preciosas.

Em quarto lugar, *Davi subjuga os amonitas* (12:31). O rei conclui sua retumbante vitória sobre eles, subjugando o povo e fazendo-o força de trabalho na reconstrução das cidades devastadas pela guerra. Davi colocou o povo em trabalhos forçados com serrotes, rastelos, machados e em fornos de tijolos. Concordo com Joyce Baldwin quando escreve: "A população amonita foi submetida a trabalhos forçados, não à tortura, como se acostumava imaginar [...]. Davi iniciou projetos de construção em todo o território amonita. Isso seria necessário a fim de consertar as fortificações danificadas na guerra recém-encerrada e, provavelmente, também para alojar suas próprias guarnições, cuja tarefa seria manter subserviente o povo conquistado".[21]

Notas

[1] DAVIS, Dale Ralph. *2Samuel.* 2018, p. 149.
[2] CHISHOLM JR, Robert B. *1 e 2Samuel.* 2017, p. 239.
[3] CHISHOLM JR, Robert B. *1 e 2Samuel. 2017*, p. 239.
[4] WIERSBE, Warren W. *Comentário bíblico expositivo.* Vol. 2. 2006, p. 329.
[5] PURKISER, W. T. *Os livros de 1 e 2Samuel. In* Comentário bíblico Beacon. Vol. 2. 2015, p. 246.
[6] CHISHOLM JR, Robert B. *1 e 2Samuel.* 2017, p. 239,240.
[7] MELLISH, Kevin J. *Novo comentário bíblico Beacon – 1 e 2Samuel.* 2015, p. 285.
[8] BALDWIN, Joyce G. *I e IISamuel: introdução e comentário.* 2006, p. 268.
[9] BALDWIN, Joyce G. *I e IISamuel: introdução e comentário.* 2006,: p. 268.
[10] DAVIS, Dale Ralph. *2Samuel.* 2018, p. 153.
[11] BALDWIN, Joyce G. *I e IISamuel: introdução e comentário.* 2006, p. 269.

[12] CHISHOLM JR, Robert B. *1 e 2 Samuel.* 2017, p. 241.
[13] WIERSBE, Warren W. *Comentário bíblico expositivo.* Vol. 2. 2006, p. 329.
[14] CHISHOLM JR, Robert B. *1 e 2Samuel.* 2017, p. 241.
[15] DAVIS, Dale Ralph. *2Samuel.* 2018, p. 156,157.
[16] BALDWIN, Joyce G. *I e IISamuel: introdução e comentário.* 2006, p. 271.
[17] WIERSBE, Warren W. *Comentário bíblico expositivo.* Vol. 2. 2006, p. 331.
[18] PURKISER, W. T. *Os livros de 1 e2 Samuel. In* Comentário bíblico Beacon. Vol. 2. 2015, p. 247.
[19] MELLISH, Kevin J. *Novo comentário bíblico Beacon – 1 e 2Samuel.* 2015, p. 287.
[20] WIERSBE, Warren W. *Comentário bíblico expositivo.* Vol. 2. 2006, p. 332.
[21] BALDWIN, Joyce G. *I e IISamuel: introdução e comentário.* 2006, p. 277,278.

Capítulo 14

Os dramas da família de Davi

(2Samuel 13:1-39)

Este capítulo é uma das páginas mais sombrias na história do rei Davi. Está encharcado de sangue. Há em sua casa omissão, estupro, ódio, assassinato e fuga. Davi está colhendo os amargos frutos da sua semeadura insensata. A espada está consumindo sua família. A dor que impôs à família de Urias está pulsando em seu próprio peito: o bebê de Bate-Seba morreu; Absalão matou Amnom; Joabe matou Absalão; e Salomão matou Adonias.

Purkiser diz que há um contraste patético entre os grandes sucessos de Davi como um soldado e general e a rápida desintegração moral dos membros de sua própria casa.[1] A família de Davi está desmoronando diante de seus olhos. O valente nos campos de guerra é um homem acovardado dentro de casa. Ele não passa de um pai omisso que não tem controle sobre seus próprios filhos.

Warren Wiersbe diz que os acontecimentos que encontramos neste capítulo desdobram-se como uma sinfonia trágica com quatro movimentos: 1) do amor à lascívia (13:1-14); 2) da lascívia ao ódio (13:15-22); 3) do ódio ao homicídio (13:23-36); 4) do homicídio ao exílio (13:27-39).[2] Seguirei a sugestão homilética de Dale Ralph Davis sobre as pessoas que devemos observar.[3]

Amnom, paixão sem amor

Davi tinha uma família disfuncional. Tinha vários filhos, de mulheres diferentes, formando o que chamamos de meio-irmãos. Ele honrava seus filhos, colocando-os como ministros de Estado e dando-lhes terra para cultivar, porém não tinha comunhão com eles. Não acompanhava a vida pessoal deles. Seu primogênito, Amnom, está abatido, deprimido, emagrecendo, alimentando uma paixão doentia pela irmã Tamar; e Davi nada sabe do que está acontecendo. Nas palavras de Joyce Baldwin, "o rei já estava distanciado de tudo o que se passava entre os filhos de suas diferentes mulheres".[4] Destacamos, aqui, alguns pontos importantes:

Em primeiro lugar, *uma paixão doentia* (13:1,2). Tamar, filha de Davi com Maaca e meia-irmã de Amnom, era uma princesa real muito formosa. Amnom, filho primogênito de Davi com Ainoã, portanto herdeiro do trono e príncipe real, se enamorou dela, sentindo uma paixão avassaladora, angustiando-se a ponto de adoecer. Ela era virgem, na idade de ser desposada, e Amnom não via qualquer chance de se aproximar dela a fim de conseguir seu intento, uma vez que era sua irmã. Robert Chisholm destaca que tanto o narrador (13:2,8,10) quanto Davi (13:7), Tamar (13:12),, Absalão (13:20) — e o próprio Amnom (13:6,11) — se referem a ele como "irmão" de Tamar. No mínimo, essas repetições destacam o fato de que Amnom estupra alguém de sua própria família.[5]

Em segundo lugar, *um fingimento traidor* (13:6). Jonadabe, sobrinho de Davi (filho de Simeia) e primo de Amnom, estava na casa deste e via o abatimento do primo, inquirindo dele a causa de sua angústia doentia. Ao tomar conhecimento, recomendou a Amnom fingir-se de doente, pois só assim Davi iria visitá-lo; visitando-o, o rei deveria ser usado como instrumento para enviar Tamar para a casa do filho. Concordo com Warren Wiersbe quando diz: "Qualquer um que facilita o pecado em nossa vida certamente não é um amigo verdadeiro".[6]

Em terceiro lugar, *uma desonra insuportável* (13:9-14). Tamar, na boa intenção de cuidar do irmão doente, foi empurrada pelo pai para a boca do lobo, para o quarto do irmão traidor, que ali ele fez a ela uma proposta infame, para deitar-se com ele. Quando ela resistiu à sua loucura, ele a forçou. Tamar fez um apelo a um código moral e espiritual que distinguia Israel das nações pagãs, mas ela não foi ouvida, antes foi agarrada à força e estuprada com violência pelo falso doente, a despeito de seus rogos desesperados. Tamar tentou aconselhar seu irmão a não cometer aquela loucura, mas ele tapou os ouvidos, não escutando seu pedido de socorro nem seus conselhos.

Em quarto lugar, *uma aversão humilhante* (13:15-19). Depois de abusar sexualmente da irmã, Amnom sentiu grande aversão por ela. A paixão foi seguida de repulsa. Seu amor explosivo transformou-se em ódio consumado. Nas palavras de Warren Wiersbe, "antes de pecar, Amnom queria Tamar somente para si; mas depois de pecar, não viu a hora de livrar-se dela".[7] A ordem expressa de Amnom agora é: "Jogue fora esta coisa". Depois de extorquir a honra de sua irmã, ele ordenou que ela se levantasse e fosse embora. Tamar, mesmo depois de desonrada, aconselha seu irmão a não descartá-la como um trapo, pois não poderia conviver com essa desonra. O segundo apelo de Tamar caiu em ouvidos surdos e ela foi deitada fora do quarto de Amnom e a porta foi fechada atrás dela. Mesmo vestida de uma túnica peculiar às donzelas filhas do rei, foi descartada como lixo, e, ao ser lançada fora, tomou cinza sobre a cabeça, rasgou a túnica talar de mangas compridas, pôs as mãos sobre a cabeça e se foi andando e clamando.

Jonadabe, sagacidade sem princípios

A Palavra de Deus fala da águia que coloca o ninho de seus filhos no alto dos penhascos, longe dos predadores (Jó 39:27,28). No ninho dos filhos do rei Davi tinha uma víbora venenosa. Jonadabe, filho de Simeia e sobrinho de Davi, era um parente perigoso, um conselheiro perverso, uma ameaça à família real. Vejamos:

Em primeiro lugar, *um amigo perigoso* (13:3). Jonadabe era uma víbora peçonhenta no ninho dos filhos do rei, um homem engenhoso. Esse primo de Amnom é chamado de amigo e de um homem muito sagaz. Era astuto, ardiloso e perverso. Ele conhecia Amnom mais do que seu pai o conhecia. Estava mais próximo de Amnom do que Davi. Tinha mais acesso ao coração do filho primogênito do rei e provável sucessor ao trono do que o próprio rei. Uma pergunta é oportuna aqui: quem são os amigos de seus filhos? Quais são as pessoas que frequentam a sua casa? Quão próximo você está de seus filhos a ponto de perceber como eles se sentem?

Em segundo lugar, *um conselheiro perverso* (13:4,5). Quando Amnom destampou o coração para Jonadabe, este lhe deu um conselho perverso, maligno e destruidor. Orientou o príncipe a mentir, a fingir, a armar uma cilada para atrair Tamar ao seu quarto. Nesse enredo diabólico, o rei Davi seria o inocente útil, a massa de manobra. Davi seria usado para trazer a jovem Tamar à casa de Amnom para fazer-lhe uma refeição especial.

Mesmo sendo Davi um homem tão perspicaz, nada notou. Sendo um guerreiro experiente, que desvendou tantas tramas e desfez tantas armadilhas, caiu na teia do engano e entregou sua filha, de bandeja, nas mãos do filho traidor. Um conselho perverso foi a causa da ruína da casa do rei. Joyce Baldwin diz que Jonadabe, arguto observador, percebeu que algo estava errado com o príncipe Amnom; ao descobrir que ele estava perdido de amor, propõe um estratagema que não somente levará Tamar até ele, mas também tornará o pai de ambos responsável por isso.[8] Robert Chisholm destaca os grandes privilégios de Amnom como filho primogênito do rei. Porém Amnom se tornou obcecado com a única coisa que lhe parece impossível ter: sua irmã Tamar. Já vimos esse padrão antes. Davi tem várias esposas e concubinas para satisfazer seus desejos físicos (5:13; 12:8), mas toma, cobiçosamente, uma mulher que não lhe é permitida. Amnom repetirá o pecado de se pai.[9]

Em terceiro lugar, *um informante dissimulado* (13:32-35). Jonadabe é um homem maligno e dissimulado. Ele foi o causador da loucura e do assassinato de Amnom, do estupro de Tamar, e agora, quando a notícia da vingança de Absalão está para chegar à casa real, estrategicamente ele está perto de Davi para acusá-lo veladamente de omissão. Jonadabe é a mão invisível que está por trás de toda a tragédia na família do rei. A notícia da morte de Amnom chega à casa real de forma exagerada. Davi é informado que todos os seus filhos haviam sido assassinados por Absalão. Jonadabe está por perto para dizer a Davi que essa notícia era inverídica. Só havia morrido Amnom, pois havia dois anos, as afeições de Absalão apontavam para essa tragédia. Como Jonadabe sabia disso, se não estava presente na cena do crime? É porque ele, sagazmente, foi o idealizador de toda essa trama que encharcou de sangue a família real.

Em quarto lugar, *um acusador velado* (13:32-35). Resta claro afirmar que a informação prestada por Jonadabe ao rei Davi tem um tom de censura e acusação. As afeições de Absalão já sinalizavam esse assassinato desde o dia em que Tamar fora forçada por Amnom. O rei Davi foi omisso em corrigir Amnom, em consolar Tamar e em advertir Absalão. As coisas estavam acontecendo debaixo do nariz de Davi, sem que ele fizesse algo.

Davi, ira sem justiça

Davi é um grande rei e um pequeno pai. Teve vitórias expressivas fora dos portões e derrota fragorosas dentro de casa. Foi um gigante no trono, porém um nanico no lar. Construiu um reino e perdeu a família. Vejamos:

Em primeiro lugar, *uma ingenuidade incompreensível* (13:6-8). Davi não acompanhou o processo de adoecimento de Amnom nem questionou as razões desse emagrecimento diário de seu primogênito (13:3). Ele só visita o filho ao saber que está de cama (13:6). Ao visitá-lo, não questiona o fato de só se dispor a comer se a refeição fosse preparada por Tamar. Davi mandou dizer à filha: "Vai à casa de Amnom, teu irmão, a faze-lhe comida" (13:7). Davi não investigou com mais vagar os motivos desse fato, minimamente, estranho. Ele enviou Tamar como uma cordeirinha para a boca do lobo. Robert Chisholm enfatiza que o mesmo Davi que mandou (*shalah*) buscar Bate-Seba (11:4) e depois enviou o marido dela para ser morto (11:14,15), tem participação, ainda que sem saber, nos crimes de seus dois filhos. Ele envia uma mensagem com instruções para que Tamar vá à casa de Amnom, onde ela é estrupada; mais adiante, envia Amnom para a festa de Absalão, onde é assassinado (13:27). No capítulo 11, o narrador retratou Davi como um indivíduo absolutamente soberano: ele enviava pessoas para onde queria (11:1,3,4,12,27) e, por meio de uma simples mensagem, realizava seus desejos (11:6,14). No entanto, ele usou o poder para satisfazer sua lascívia e encobrir seu crime. No capítulo 13, ele continua a exercer autoridade sobre outros, mas esta se volta contra ele quando o Senhor faz com que cumpra a pena que impôs sobre si mesmo.[10]

Em segundo lugar, *uma ira sem ação* (13:21). Quando Davi tomou conhecimento de que Amnom o havia usado para atrair Tamar à sua casa para estuprá-la, e depois a havia enxotado como um trapo, "ouvindo o rei Davi todas estas coisas muito se lhe acendeu a ira". A ira de Davi, embora vulcânica, foi inócua. Não produziu os frutos de justiça. Ele nada fez para punir o filho malfeitor. Davi não contrariava seus filhos (1Rs 1:6). O texto original (preservado na Septuaginta) afirma especificamente que Amnom não é repreendido porque, como primogênito, é amado por Davi. Obviamente, ao se recusar a castigar Amnom, ele nega-se a defender os direitos de sua filha Tamar.

Davi era valente com os de fora, mas fraco com os de casa. Ele não castigou Amnom nem consolou Tamar. Foi omisso tanto na correção do filho estuprador como no consolo da filha desonrada. Como um pai fraco, repete o erro de Eli — amar os filhos mais do que a Deus. É muito provável que a lembrança de seus próprios pecados tenha calado a sua boca e atado suas mãos.

Concordo com W. T. Purkiser quando escreve: "A fraqueza de Davi não só lhe custaria a vida de seu filho mais velho, Amnom, mas, também, ao final, a lealdade e a vida de Absalão".[11] Joyce Baldwin é oportuna, quando escreve: "À semelhança de Eli e Samuel, Davi perdeu o controle sobre os filhos, e seu próprio mau exemplo inibiria qualquer protesto contra Amnom. Absalão, contudo, mostrou sua desaprovação, recusando-se a ter qualquer relacionamento com Amnom e, alimentando uma raiva secreta, esperou uma oportunidade de vingar o mal cometido contra a irmã".[12]

Em terceiro lugar, *uma omissão denunciada* (13:32-36). Jonadabe é um estrategista maligno. Ele é sagaz como uma serpente. Planejou tudo diligentemente. Estava na casa de Amnom para empurrá-lo para o abismo do estupro e estava na casa real para espicaçar o rei com uma acusação velada de omissão. Mesmo estando ausente da cena do crime, sabia que só Amnom fora assassinado e não todos os filhos do rei. Ele de tudo sabia, embora Davi nada tivesse feito para impedir a morte de Amnom, mesmo Absalão insistindo com ele para que o irmão não faltasse à sua festa. As afeições de Absalão, durante dois anos, eram conhecidas de todos, exceto de Davi. A morte do primogênito do rei é colocada em sua conta, devido à sua omissão.

Tamar, ingenuidade sem proteção

Destacamos, aqui, cinco fatos sobre Tamar, a bela princesa, filha de Davi com Maaca e irmã de Absalão:

Em primeiro lugar, *vítima de uma trama do irmão e do primo* (13:1-6). Tamar tem sua vida transtornada ao ser arrastada, sem saber, para a casa de Amnom, seu irmão. Ela, de boa-fé, atende à ordem de Davi, seu pai, para ir à casa de Amnom, para preparar-lhe uma refeição. Por que só os bolos preparados por Tamar poderiam despertar apetite no irmão enfermo? Por que Davi acreditaria nessa narrativa? Por que Davi ordena Tamar que vá à casa de Amnom? Por que ela obedece sem questionar a ordem de seu pai? O fato é que ela é vítima de uma trama, orquestrada pelo primo e pelo irmão, com a colaboração ingênua do pai.

Em segundo lugar, *vítima de uma ordem do pai* (13:7-9). Tamar recebe em sua casa uma ordem de seu pai para ir à casa de Amnom a fim de preparar-lhe comida. Sem detença, ela atende o pleito do pai. Foi e preparou os bolos diante de Amnom, que estava acamado. Ele, estrategicamente, recusou-se a comer os bolos, dando ordens para que todos se retirassem da casa. Seu ato planejado não deveria ter testemunhas.

Em terceiro lugar, *vítima de um estupro violento* (13:10-14). Amnom deu ordens para que Tamar levasse a comida à sua câmara. Quando ela levou os bolos ao irmão, este pegou-a e disse-lhe: "Vem, deita-te comigo, minha irmã" (13:11). Tamar tentou alertar seu irmão acerca da gravidade de seu pedido, dizendo-lhe: "Não, meu irmão, não me forces, porque não se faz assim em Israel; não faças tal loucura. Porque, aonde iria eu com a minha vergonha? E tu serias como um dos loucos de Israel [...]" (13:12,13a). O termo "louco" (13:13), *nabal,* é semelhante ao nome de

Nabal, que se opôs totalmente a Davi (1Sm 25:25). De modo irônico, essa tolice agora caracteriza a casa real, que se tornou um lugar em que a sabedoria é pervertida, juntamente com a moralidade.[13] Tamar chegou a sugerir a seu irmão uma alternativa desesperada: "[...] agora, pois, peço-te que fales ao rei, porque não me negará a ti" (13:13b). Obviamente, Tamar tentou ganhar tempo sugerindo que Amnom pedisse permissão ao rei para casar-se com ela, apesar de saber que esse tipo de casamento era proibido pela lei de Moisés (Lv 18:9-11; 20:17; Dt 27:22). Amnom, porém, não deu guarida às palavras de Tamar. Está escrito: "Porém ele não quis dar ouvidos ao que ela lhe dizia; antes, sendo mais forte do que ela, forçou-a e se deitou com ela" (13:14).

Em quarto lugar, *vítima de uma rejeição humilhante* (13:15-19). Depois de forçar Tamar, violentando-a, Amnom sentiu nojo da irmã. Sua aversão foi maior que o amor que ele lhe votara: "Depois, Amnom sentiu por ela grande aversão, e maior era a aversão que sentiu por ela que o amor que ele lhe votara" (13:15a). Cumprido seu desejo compulsivo, Amnom dá ordens à sua irmã para ir embora: "[...] levanta-te, vai-te embora" (13:15b). A mesma Tamar que pediu para não ser desonrada, agora pede para não ser lançada fora: "Então, ela lhe disse: 'Não, meu irmão; porque maior é esta injúria, lançando-me fora, do que a outra que me fizeste'" (13:16a). Kevin Mellish diz que a reação de Tamar reflete a legislação de que o jovem era obrigado a se casar com a virgem que ele estuprasse (Êx 22:16; Dt 22:28,29).[14] Porém, pela segunda vez, Amnom não atende ao apelo de sua irmã: "[...] porém ele não a quis ouvir" (13:16b). Amnom chamou a seu moço e lhe deu ordens expressas: "[...] deita fora esta e fecha a porta após ela".

Agora, Tamar já não tem mais nome nem identidade, é apenas "esta", uma coisa, um objeto descartável. Tamar, a filha do rei, é lançada fora como lixo, e mesmo trajando roupas reais, rasga seu manto, cobre a cabeça com cinza e sai clamando e lamentando com as mãos sobre a cabeça.

Em quinto lugar, *vítima da omissão do pai* (13:20,21). Absalão já desconfiava das atitudes de Amnom, ao perguntar a Tamar: "[...] esteve Amnom, teu irmão, contigo?" (13:20a). Davi, o pai, mesmo sendo um homem tão perspicaz, de nada desconfiou para, preventivamente, evitar a tragédia. Porém, depois que a tragédia aconteceu, ele apenas ficou muito irado, mas nada fez para minorar o mal já lavrado em sua família. Foi omisso no confronto a Amnom e ausente no consolo a Tamar (13:21). Em vez de trazer Tamar para si, ela encontrou abrigo na casa de Absalão, seu irmão, que lhe disse: "[...] não se angustie o teu coração por isso. Assim ficou Tamar e esteve desolada em casa de Absalão, seu irmão" (13:20b). Assim, Tamar refugiou-se na casa de Absalão desolada, afastada da sociedade, desqualificada para o casamento, embora não por culpa sua.

Absalão, ódio sem restrição

Absalão, pai da paz, alimenta uma guerra no coração. Sua ira fervilhou por dois anos enquanto maquinou o assassinato de Amnom. Assim, toma para si a dor de sua irmã violentada por Amnom, e durante dois anos planeja a vingança. Warren Wiersbe diz que a mente astuta de Absalão já estava criando um plano para cumprir três propósitos: vingar Tamar, livrar-se Amnom e colocar-se como o próximo na linha de sucessão ao trono.[15] Vejamos:

Em primeiro lugar, *ódio velado* (13:20,22). O ódio de Absalão é sofisticado. Ele consegue se controlar para agir na hora certa. Sua vingança foi premeditada. Seu silêncio não era a voz do perdão, mas o planejamento meticuloso de um assassinato: "Porém Absalão não falou com Amnom nem mal nem bem; porque odiava a Amnom, por ter este forçado a Tamar, sua irmã" (13:22).

Em segundo lugar, *assassinato planejado* (13:23-27). Passados dois anos, Absalão tosquiava suas ovelhas em Baal-Hazor e convidou todos os filhos do rei para sua festa (13:23). Ele foi ao rei Davi, seu pai, para, pessoalmente, convidar ele e todos os seus servidores (13:24). Davi dá uma resposta infundada, usando um argumento tolo: "[...] não, filho meu, não vamos todos juntos, para não te sermos pesados [...]" (13:25). Absalão insistiu com seu pai, mas Davi não quis ir à sua festa. Então, ele dá a senha da tragédia a Davi: "Então, disse Absalão: 'Se não queres ir, pelo menos deixa ir conosco Amnom, meu irmão [...]'" (13.26a). Davi, de forma tímida e superficial, tendo oportunidade de confrontar Absalão, apenas lhe faz uma pergunta: "[...] para que iria ele contigo?" (13:26b). Absalão continuou a insistir com Davi e este aquiesceu ao seu pleito e deixou ir com ele Amnom e todos os demais filhos (13:27). Robert Chisholm destaca que, sem saber, Davi envia Tamar para sua destruição a pedido de Amnom (13.7); agora, sem saber, envia Amnom para a morte, a pedido de Absalão.[16]

Em terceiro lugar, *assassinato executado* (13:28-31). A festa de Absalão era uma tocaia, uma armadilha para matar Amnom. O pai da paz deu ordem a seus moços para ficarem de olho no irmão, para que, estando com o coração alegre de vinho, se insurgissem contra ele, a fim de feri-lo e matá-lo (13:28). De acordo com Robert Chisholm, este é mais um eco do crime de Davi, o que deixa claro que a morte de Amnom faz parte do castigo pelo pecado de seu pai. O rei instruiu Joabe a recuar para que Urias fosse ferido e morresse (11:15). Esses mesmos verbos (*nakah* e *mut*) são usados nas instruções de Absalão a seus homens. Essa reverberação do crime paterno sugere que o filho repete o crime do pai e contribui para o tema da justiça retributiva.[17] Warren Wiersbe chama a atenção para o seguinte fato:

> Davi havia providenciado para que Urias, o heteu, fosse morto [...]. Assim como o pai, Absalão usou as mãos de outros para executar o crime e o fez quando a vítima menos esperava. Davi havia embriagado Urias, mas não conseguiu colocar seu plano em prática, enquanto Absalão embriagou o irmão e fez exatamente aquilo que havia planejado. Absalão seguiu o péssimo exemplo do pai e cometeu um homicídio premeditado.[18]

Uma vez que Amnom, sendo o primogênito, era o primeiro na linha de sucessão de Davi e o candidato legítimo à sucessão do trono, e sendo Absalão o número dois da lista, a morte de Amnom satisfez tanto a vingança de Absalão como a sua ambição política. Warren Wiersbe diz que o fato de Absalão ter sangue real nas veias tanto por parte de pai como de mãe pode tê-lo impelido em sua busca egoísta por um reino.[19] Cumprindo à risca o plano, os moços de Absalão mataram Amnom, e todos os filhos do rei se levantaram e fugiram (13:29). Enquanto os filhos de Davi ainda fugiam, a notícia chegou à casa real com um tom mais pesado: "Absalão feriu todos os filhos do rei, e nenhum deles ficou" (13:30). A reação de desespero é total tanto de Davi quanto de seus servos: "Então, o rei se levantou, rasgou as suas vestes e se lançou por terra; e todos os seus servos que estavam presentes rasgaram também as suas vestes" (13:31). Jonadabe, filho de Simeia, sobrinho de Davi, o articulador da tragédia, estava no palácio naquele dia, pois a previa e queria, de primeira mão, veladamente, acusar o rei de omissão (13:32-36).

Em quarto lugar, *fuga concretizada* (13:37-39). Absalão foge de Israel, buscando asilo político sob a proteção da Talmai, filho de Amiur, rei de Gesur. Talmai, rei de Gesur, era avô de Absalão por parte de mãe. Gesur era uma cidade-estado na Síria, ao norte de Gileade (3:3). Nesses três anos em que Absalão esteve foragido, Davi pranteava Amnom todos os dias. O rei Davi é incapaz de castigar o ofensor; Absalão é incapaz de voltar a Israel. Depois de três anos Davi cessou de perseguir Absalão, uma vez que já estava consolado acerca de Amnom.

Notas

1 PURKISER, W. T. *Os livros de 1 e 2Samuel. In* Comentário bíblico Beacon. Vol. 2. 2015, p. 248.

2 WIERSBE, Warren W. *Comentário bíblico expositivo.* Vol. 2. 2006, p. 334-337.

3 DAVIS, Dale Ralph. *2Samuel.* 2018, p. 166-173.

4 BALDWIN, Joyce G. *I e IISamuel: introdução e comentário.* 2006, p. 278.

5 CHISHOLM JR, Robert B. *1 e 2Samuel.* 2017, p. 244.

6 WIERSBE, Warren W. *Comentário bíblico expositivo.* Vol. 2. 2006: p. 335.

7 Idem.

8 BALDWIN, Joyce G. *I e IISamuel: introdução comentário.* 2006, p. 279.

9 CHISHOLM JR, Robert B. *1 e 2Samuel.* 2017, p. 244.

10 CHISHOLM JR, Robert B. *1 e 2Samuel.* 2017, p. 244,245.

11 PURKISER, W. T. *Os livros de 1 e 2Samuel. In* Comentário bíblico Beacon. Vol. 2. 2015, p. 249.

12 BALDWIN, Joyce G. *I e IISamuel: introdução e comentário.* 2006, p. 282.

13 CHISHOLM JR, Robert B. *1 e 2Samuel.* 2017, p. 245,246.

14 MELLISH, Kevin J. *Novo comentário bíblico Beacon – 1 e 2Samuel.* 2015, p. 295.

15 WIERSBE, Warren W. *Comentário bíblico expositivo.* Vol. 2. 2006, p. 336.

[16] CHISHOLM JR, Robert B. *1 e 2 Samuel.* 2017, p. 246.
[17] Idem, p. 246,247.
[18] WIERSBE, Warren W. *Comentário bíblico expositivo.* Vol. 2. 2006, p. 337.
[19] Idem.

Capítulo 15

O retorno de Absalão a Jerusalém

(2Samuel 14:1-33)

A FAMÍLIA DE DAVI está derretendo diante dos seus olhos. Seus erros do passado refletem-se no presente. Ele não teve percepção para diagnosticar a tristeza de Amnom. Não teve malícia suficiente para evitar uma tragédia, um estupro, uma loucura em Israel. Foi corresponsável com o crime de Amnom ao ordenar que Tamar fosse ao encontro do filho traidor. Não teve pulso suficiente para puni-lo depois do ato incestuoso. Não teve compaixão suficiente para acolher e consolar Tamar, trazendo-a para debaixo de suas asas. Não teve discernimento necessário para ver o ódio velado no coração de Absalão durante dois anos. Não teve perspicácia suficiente para abortar o plano de Absalão de matar Amnom, mesmo quando lhe deu a senha da tragédia. Não teve a postura adequada ao perseguir Absalão por três anos, mesmo refugiado na casa do avô materno.

O que veremos, agora, é a manipulação de Joabe e de Absalão para reverter o exílio e trazer de volta o filho exilado, o provável sucessor do trono. Concordo com Dale Ralph Davis quando observa que os arranjos de Joabe não espelham a verdadeira sabedoria, pois Absalão não estava arrependido e suas intenções ao retornar não eram puras. O enredo contado pela mulher de Tecoa não expressava a mesma realidade de Absalão. O assassinato de Amnom não foi um crime ocorrido no fragor de uma briga entre dois irmãos, mas uma morte planejada friamente durante dois anos. O esforço de Joabe para trazer Absalão para Jerusalém não logrou êxito, pois a liderança do príncipe era nociva à nação, uma vez que o jovem filho do rei tinha intenções conspiratórias.[1] Vejamos:

A estratégia de Joabe para trazer Absalão de volta do exílio de Gesur (14:1-22)

Destacamos alguns pontos importantes aqui:

Em primeiro lugar, *a percepção de Joabe* (14:1). Foi Joabe, sobrinho de Davi e comandante do exército de Israel, que tomou a iniciativa de trazer o jovem príncipe de volta. Não havia ninguém mais próximo de Davi do que ele. Ele notou, depois de três anos do assassinato de Amnom, que o coração do rei estava começando a inclinar-se para Absalão. Parecia que o caminho estava se abrindo para o perdão. Era tempo de o exilado voltar para casa.

Em segundo lugar, *a engenhosidade de Joabe* (14:2,3). Assim como Natã havia confrontado Davi, o pecador, contando-lhe uma história (12:1-7), Joabe confrontou Davi, o pai, com um relato inventado de um problema familiar narrado por uma mulher que era não apenas sábia, mas também uma boa atriz.[2] A história de Natã sobre a cordeirinha comoveu Davi como pastor de ovelhas, e a essa história sobre uma família em pé de guerra tocou seu coração de pai. A história fictícia contada pela mulher de Tecoa, cidade do profeta Amós, tinha o propósito de despertar o senso de solidariedade do rei. Essa mulher sagaz deveria fingir-se de uma viúva enlutada e contar para Davi um drama semelhante ao enfrentado por Adão e Eva, quando Caim matou Abel (Gn 4:8). Joabe entregou o *script* para a mulher e lhe deu o roteiro que ela deveria seguir na conversa com o rei. Robert Chisholm destaca que, no capítulo anterior, Amnom seguiu o conselho do "sábio" Jonadabe para enganar seu pai (13:3-5). Agora, Joabe usa uma "mulher sábia" em sua tentativa de enganar o rei. Mais uma vez, a suposta sabedoria é subvertida — Davi aceita um conselho que não tem nada de sábio (14.13,14).[3]

Em terceiro lugar, *a exposição da mulher ao rei* (14:4-7). A mulher conta uma história dramática de sua viuvez e de um crime fratricida em sua família. Seus dois filhos brigaram no campo e um matou o outro, e agora sua parentela queria que ela entregasse o filho assassino para ser morto. O problema é que a morte desse filho seria como apagar a última brasa que ficou da família, pois o nome de seu marido seria varrido da história, uma vez que não haveria mais sobrevivente na terra, portanto seria consumido o único descendente restante da família.

Em quarto lugar, *a decisão do rei* (14:8-11). Davi ordena à mulher que volte para sua casa, pois daria ordens a seu respeito. Ela, então, dá mais uma cartada e diz a Davi: "A culpa, ó rei, meu senhor, caia sobre mim e sobre a casa de meu pai; o rei, porém, e o seu trono sejam inocentes" (14:9). Davi, tomado por um senso de justiça, dá garantias à mulher: "Quem falar contra ti, traze-mo a mim; e nunca mais te tocará" (14:10). A mulher, então, dá a cartada final e diz ao rei: "Lembra-te, ó rei, do SENHOR, teu Deus, para que os vingadores de sangue não se multipliquem a matar e exterminar meu filho" (14:11a). Davi dá novas garantias à mulher, dizendo: "[...] tão certo como vive o SENHOR, não há de cair no chão nem um só dos cabelos de teu filho" (14:11b). Kevin Mellish diz que ao produzir este julgamento, Davi também preserva a vida de Absalão. Assim como na história de Caim e Abel, o infrator não experimentaria uma retaliação por suas ações (Gn 4:14,15).

Em quinto lugar, *a exortação da mulher ao rei* (14:12-17). O enredo da mulher capturou Davi, em seguida ela dará prosseguimento à parte mais delicada de sua missão — a aplicação da mensagem: "Permite que a tua serva fale uma palavra contigo, ó rei, meu senhor" (14:12). Ele deu autorização para a mulher falar. Ela, então, à semelhança de Natã, no passado, disse-lhe: "Por que pensas tu doutro modo contra o povo de Deus? Pois, em pronunciando o rei esse juízo, condena-se a si mesmo, visto que não quer fazer voltar o seu desterrado. Porque temos de morrer e somos como águas derramadas na terra que já não se podem juntar; pois Deus não tira a vida, mas cogita meios para que o banido não permaneça arrojado de sua presença. Se vim, agora, falar esta palavra ao rei, meu senhor, é porque o povo me atemorizou; pois dizia a tua serva: 'Falarei ao rei; porventura, ele fará segundo a palavra da sua serva. Porque o rei atenderá para livrar a sua serva da mão do homem que intenta destruir tanto a mim como a meu filho da herança de Deus'" (14:13-16). A mulher prosseguiu e finalizou: "Seja, agora, a palavra do rei, meu senhor, para a minha tranquilidade; porque, como um anjo de Deus, assim é o rei, meu senhor, para discernir entre o bem e o mal. O SENHOR, teu Deus, será contigo" (14:17). Resta claro afirmar que, ao dar o veredito, Davi indiciou a si mesmo. Ele é acusado do exílio de seu desterrado. A mulher fala em nome de todo o povo, que está na expectativa de de que o rei encontre algum meio de trazer o exilado de volta.[4]

Warren Wiersbe diz que a mulher havia encurralado Davi (14:12-17). Se ele se dispusera a proteger um filho culpado que sequer conhecia, ainda maior seria sua obrigação de proteger o próprio filho amado! Ela havia abordado o rei com uma questão envolvendo o futuro de uma pequena família, mas a questão de Absalão dizia respeito ao futuro de uma nação inteira. O rei não queria ver o único filho e herdeiro daquela mulher ser executado, mas estava disposto a permitir que o príncipe herdeiro fosse mantido no exílio. Se perdoou o assassino do filho daquela mulher, por que não poderia perdoar o homem que havia planejado a morte de Amnom?[5]

Em sexto lugar, *a interpelação do rei* (14:18-20). Davi percebeu que a mulher era apenas uma atriz. Ela estava fingindo, fazendo o papel de uma viúva enlutada pela morte do filho, para lhe entregar uma mensagem em nome de Joabe. Ele perguntou à mulher: "Não é certo que a mão de Joabe anda contigo em tudo isto?" (14:19a). A mulher respondeu afirmativamente, dizendo: "[...] porque Joabe, teu servo, é quem me deu ordem e foi ele quem ditou à tua serva todas estas palavras" (14:19b). A mulher defende

Joabe e afirma: "Para mudar o aspecto deste caso foi que o teu servo Joabe fez isto" (14:20a), e elogia a Davi, dizendo: "[...] porém sábio é meu senhor, segundo a sabedoria dum anjo de Deus, para entender o que se passa na terra" (14:20b).

Em sétimo lugar, *a decisão do rei* (14:21,22). O pedido reiterado de Joabe, enfim, é atendido pelo rei. Nas palavras de Joyce Baldwin, "o rei sabe que foi astuciosamente conduzido em um curso de ação que agora é incapaz de evitar, porquanto isso se baseia em seu juramento, mas ele não protesta contra a audácia de Joabe; em vez disso, dá a Joabe a responsabilidade de trazer de volta a Jerusalém o jovem Absalão".[6] Davi disse a ele: "Atendi ao teu pedido; vai, pois, e traze o jovem Absalão" (14:21). Joabe inclina-se diante de Davi, abençoa-o e declara: "Hoje, reconheço que achei mercê diante de ti, ó rei, meu senhor; porque o rei fez segundo a palavra do seu servo" (14;22).

Kevin Mellish chama a atenção para o fato de que a função de Joabe tanto em facilitar o encontro com Davi como em mediar o retorno de Absalão é intrigante. Por que ele tinha tanto interesse no bem-estar de Absalão? Será que ele tinha algo pessoal a ganhar com sua volta? A resposta de Joabe a Davi no versículo 22 (de que o rei atendeu o pedido de seu servo) implica que trazer Absalão para casa era um favor pessoal.[7] Fica implícito, também, que Joabe havia discutido o assunto com Davi mais de uma vez e que se regozijou grandemente ao ver a questão resolvida. O fato é que Absalão tinha uma tremenda reputação entre o povo. Obviamente seria o primeiro na linha de sucessão ao trono. Nas palavras de Warren Wiersbe, "uma das preocupações de Joabe era que Israel tivesse um príncipe pronto para reinar, caso alguma coisa acontecesse a Davi, que estava, a essa altura, com quase sessenta anos de idade".[8]

A estratégia de Absalão para sair do exílio doméstico e ganhar o favor do rei (14:23-33)

Destacamos alguns pontos importantes aqui:

Em primeiro lugar, *Davi impõe a Absalão um exílio doméstico* (14:23,24). Joabe foi a Gesur, cerca de cento e trinta quilômetros distante de Jerusalém, e trouxe Absalão para a capital de Israel; porém Davi impôs ao filho fugitivo uma prisão domiciliar, impedindo-o de entrar no palácio para ver sua face. Davi é incapaz de aceitar Absalão de volta à sua presença. Ele continua a mostrar seu desfavor, banindo-o para sua casa. Apesar de ter permitido a volta de Absalão, ele estava essencialmente condenado-o ao ostracismo. O filho permanecia inexistente para o rei. A reconciliação foi incompleta. Absalão estava de volta a Jerusalém, porém confinado à sua casa. O acesso à corte do rei lhe foi proibido. Essa atitude de Davi, em vez de atenuar o problema, agravou-o. Em vez de levar o filho ao arrependimento, conduziu-o à revolta.

Em segundo lugar, *Absalão apresenta credenciais para ser o sucessor do pai* (14:25-27). Absalão era um ícone de masculinidade e o povo o admirava. O narrador destaca sua beleza singular (14:25,26). No aspecto físico era destacado como o rei Saul. Quanto ao seu cabelo, é comparado a Sansão. Predicados físicos, porém, não são as verdadeiras credenciais de um rei, pois Saul foi um rei fracassado apesar de sua bela aparência, e o cabelo de Sansão foi cortado, e ele fracassou como juiz de Israel.

A atratividade física de Absalão o tornou um excelente candidato ao trono, tendo em vista a tendência humana de julgar com base na aparência externa (1Sm 16:7). Porém, de igual modo, Absalão fracassaria a despeito de sua beleza e seu cabelo seria a armadilha que o levaria à morte. Anualmente Absalão cortava o seu cabelo, cujo peso era de duzentos siclos, segundo o peso real. W. T. Purkiser diz que o peso do siclo real não é precisamente conhecido, mas tem sido estimado como 13 gramas, o que coloca o peso do cabelo de Absalão em torno de 2,6 quilos.[9] Warren Wiersbe traça um interessante paralelo entre Absalão e Sansão. Os dois se distinguiram pelos cabelos, pois Sansão era nazireu (Jz 13:1-5), e os dois atearam fogo em plantações (Jz 15:4,5). A perda do cabelo causou a derrota de Sansão (Jz 16:17-22), e é provável que o cabelo espesso de Absalão tenha contribuído para que ele ficasse preso pela cabeça aos galhos da árvore na qual Joabe o encontrou e o matou (18;9-17).[10]O narrador também destaca o fato de Absalão ter três filhos e uma filha, chamada Tamar, muito formosa à vista (14:27). O jovem Absalão tinha filhos para sucessão ao trono, dando, assim, prosseguimento à dinastia. É digno de nota que, quando Absalão conspirou contra o pai, declarou: "[...] filho nenhum tenho para conservar a memória do meu nome; e deu o seu próprio nome à coluna; pelo que até hoje se chama o Monumento de Absalão" (18:18). Concordo com W. T. Purkiser quando diz: "Visto que os filhos de Absalão não são mencionados pelo nome, e à luz de 2Samuel 18:18, que afirma que Absalão não tinha um filho homem, é provável que eles tenham morrido na infância".[11] O nome de Tamar serve como lembrete de advertência sobre a irmã violentada de Absalão, em cuja homenagem ele deu o nome à filha.[12] Tamar era um monumento vivo de sua dor incurável, um lembrete permanente de sua indisposição em perdoar.

Em terceiro lugar, *o pedido de Absalão a Joabe* (14:28-30). Absalão já estava confinado a um exílio doméstico por dois anos, numa espécie de prisão domiciliar em Jerusalém. Estranhamente, Joabe, que lutara tanto para trazê-lo para Jerusalém, nada mais fizera para reatar o relacionamento de Davi com o filho. Cansado de seu confinamento, e uma vez que estava impedido de ver paterna, pediu por duas vezes a Joabe para enviá-lo ao rei, porém não foi atendido. Irritado com a situação, mandou incendiar o campo de Joabe. Só assim o comandante daria atenção ao seu pleito.

Em quarto lugar, *o confronto de Absalão com Joabe* (14:31,32a). Joabe foi à casa de Absalão e o questionou sobre o incêndio no pedaço de seu campo. Absalão o confrontou dizendo que lhe seria melhor ter ficado em Gesur do que ter vindo para Jerusalém para ser um exilado em sua própria terra. Era melhor estar diante do avô materno (3:3; 13:37,38) do que estar em Jerusalém sem ver a face do pai. Absalão sabia o que significava ser banido da presença do rei: ninguém esperaria que herdasse o trono.

Warren Wiersbe diz que Joabe, sendo um homem astuto, deve ter percebido que Absalão tinha planos de subir ao trono e que a popularidade cada vez maior do príncipe poderia oferecer-lhe o apoio de que precisava para assumir o controle do reino. Sabendo como a situação era instável, o general perspicaz afastou-se de Absalão, a fim de não dar a impressão de que estava sendo controlado pelo príncipe egoísta.[13]

Em quinto lugar, *o desejo de Absalão* (14:32b). "[...] agora, pois, quero ver a face do rei; se há em mim alguma culpa, que me mate". Jerusalém nada significava para Absalão sem ver a face do rei. Para ele, a maior de todas as prisões era viver sem ver a face do rei.

É digno de destaque que Absalão não tem senso de culpa. Acha-se inocente. Acredita que fez o que deveria ter sido feito. Na mente de Absalão, a morte de Amnom foi justificada e não deveria ser razão suficiente para ficar alienado de Davi. Porém, se o pai o julgar culpado, está pronto a morrer, mas não está disposto a ficar exilado sem ver a face do rei. Warren Wiersbe coloca esse impasse assim:

> Absalão apresentou ao general Joabe duas alternativas: ou ele o levava ao rei e deixava que recebesse seu filho e que o perdoasse; ou o levava à justiça e provava que era culpado de um crime capital e merecia morrer. Absalão preferiria ser executado a continuar vivendo sob vergonhosa prisão domiciliar. Joabe estava entre o fogo e a frigideira, pois ele próprio havia planejado a volta de Absalão a Jerusalém.[14]

Em sexto lugar, *o encontro de Absalão com o rei* (14:33). Joabe atende o apelo de Absalão e vai falar ao rei. Davi chamou Absalão ao palácio. Este se lhe apresentou e inclinou-se sobre o rosto em terra, diante do rei. O rei beijou a Absalão. O texto não registra qualquer conversa entre eles. O pai beijou o filho sem dizer-lhe uma palavra. Ao todo já se faziam cinco anos que pai e filho não se viam nem haviam trocado qualquer palavra. Muitas dores, muitas mágoas, muitas lágrimas. A reconciliação não estava completa. A ferida não estava curada. O problema não estava resolvido. Adiar a solução de um problema não é a solução. O tempo não cura mágoas. Só o perdão pode restaurar os relacionamentos quebrados.

Concordo com Joyce Baldwin quando escreve: "A descrição curta e formal é em si mesma significativa. Embora termine com *o rei beijou Absalão,* não há tentativa alguma de vencer o abismo entre pai e filho. Cada um vê a culpa do outro, sendo frio e não estando disposto a perdoar [...]. No caso de Absalão e do rei, o relacionamento permaneceu praticamente num impasse, e nenhum dos dois lados teve a iniciativa espiritual de rompê-lo".[15]R obert Chisholm tem razão em escrever: "Sem saber a extensão da amargura e das ambições de Absalão, Davi sem perceber abre a porta para uma rebelião. Pior ainda, ao reintegrar Absalão à corte, faz vista grossa para a culpa dele".[16] Na verdade, conforme escreve Warren Wiersbe, "Davi estava prestes a perder o trono, a coroa, as concubinas, o conselheiro de confiança, Aitofel, e, por fim, o filho Absalão. Seria o momento mais sombrio da vida do rei".[17]K evin Mellish, fazendo uma oportuna aplicação do texto, menciona alguns alertas: 1) Os filhos de Davi copiaram o comportamento do pai. O desejo de Amnom de possuir uma mulher proibida relembra a história de Davi e Bate-Seba e o assassinato planejado de Amnom por Absalão relembra a história de Davi mandando matar Urias; 2) Davi criou as condições que levaram à rebelião de Absalão. Davi nunca castigou Amnom por seu crime contra Tamar. Ele abriu uma porta para que Absalão se vingasse de seu irmão. Depois que Absalão assassinou Amnom, Absalão estava praticamente morto para Davi; 3) Depois de cinco anos de mágoas, Davi, a pedido de Joabe, mandou chamar Absalão ao palácio, como a um servo, e não como a um filho. Davi não foi correndo se encontrar com ele quando ele voltou, como o pai fez na história do filho pródigo (Lc 15:11-32).[18]

Notas

[1] DAVIS, Dale Ralph. *2Samuel.* 2018, p. 175-185

[2] WIERSBE, Warren W. *Comentário bíblico expositivo.* Vol. 2. 2006, p. 338.

[3] CHISHOLM JR, Robert B. *1 e 2Samuel.* 2017, p. 251.
[4] BALDWIN, Joyce G. *I e IISamuel: introdução e comentário.* 2006, p. 287.
[5] WIERSBE, Warren W. *Comentário bíblico expositivo.* Vol. 2. 2006, p. 339.
[6] BALDWIN, Joyce G. *I e IISamuel: introdução e comentário.* 2006, p. 288.
[7] MELLISH, Kevin J. *Novo comentário bíblico Beacon – 1 e 2Samuel.* 2015, p. 299.
[8] WIERSBE, Warren W. *Comentário bíblico expositivo.* Vol. 2. 2006, p. 338.
[9] PURKISER, W. T. *Os livros de 1 e 2Samuel. In*Comentário bíblico Beacon. Vol. 2. 2015, p. 250.
[10] WIERSBE, Warren W. *Comentário bíblico expositivo.* Vol. 2. 2006, p. 341.
[11] PURKISER, W. T. *Os livros de 1 e 2Samuel. In* Comentário bíblico Beacon. Vol. 2. 2015, p. 250.
[12] BALDWIN, Joyce G. *I e IISamuel: introdução e comentário.* 2006, p. 289.
[13] WIERSBE, Warren W. *Comentário bíblico expositivo.* Vol. 2. 2006, p. 340.
[14] Idem.
[15] BALDWIN, Joyce G. *I e IISamuel: introdução e comentário.* 2006, p. 289,290.
[16] CHISHOLM JR, Robert B. *1 e 2Samuel.* 2017, p. 252.
[17] WIERSBE, Warren W. *Comentário bíblico expositivo.* Vol. 2. 2006, p. 340.
[18] MELLISH, Kevin J. *Novo comentário bíblico Beacon – 1 e 2Samuel.* 2015, p. 301.

Capítulo 16

Absalão, o rei impostor; Davi, o rei de Israel

(2Samuel 15:1-37)

Conflitos não resolvidos são problemas potencializados. A falta de perdão e diálogo entre Davi e Absalão recrudesceu no coração do filho uma rebelião contra o pai. O texto em tela retrata a rebelião de Absalão para tomar o trono e assumir o poder, num verdadeiro golpe de Estado. Warren Wiersbe diz que se houve um homem perfeitamente preparado para ser um demagogo e fazer o povo se desviar, esse foi Absalão. Era bem apessoado, com um charme difícil de resistir (14:25,26) e tinha em suas veias sangue real tanto por parte de pai quanto de mãe.[1]

Absalão, o enganador (15:1-6)

Absalão, o pai da paz, é um destruidor da paz e um ladrão de corações.

Seu nome é uma mentira. Sua história contradiz seu nome. Sua truncada relação com o pai amadureceu o que estava em seu coração. Não vendo o caminho aberto para a sucessão ao trono, resolve abri-lo com as próprias mãos. Ele é um demagogo, que promove os seus próprios interesses ao fingir profunda dedicação aos interesses do povo. Vejamos:

Em primeiro lugar, *o local estratégico do engano* (15:1,2). Com pompa e arrogância, Absalão aparelha um batalhão montado para ir adiante dele. Pelos padrões de sua cultura, a aquisição de um carro e de cavalos lhe confere um ar de realeza. Kevin Mellish diz que o uso de carros, cavalos e homens correndo adiante dele significava sua reivindicação à posição real.[2] Nas palavras de Joyce Baldwin, "Absalão lançou-se deliberadamente a minar a autoridade do pai, aumentando seu próprio prestígio".[3] E le se posta na porta da cidade de Jerusalém para, ali, aliciar o povo e furtar o coração dos homens. Nos tempos antigos, era na porta da cidade que os juízes julgavam as causas do povo. A porta da cidade era muito mais do que um lugar de entrada e saída. Representava o local onde as atividades comerciais e judiciais aconteciam. Era o tribunal, onde as demandas do povo eram tratadas e qualquer um que tivesse alguma disputa teria o seu caso decidido.

Em segundo lugar, *a linguagem sedutora do engano* (15:3). Usando seu atributo de beleza física e sua honrada posição de príncipe, filho do rei, e candidato ao trono, Absalão perquiria o povo sobre suas demandas. Aparentemente interessado na causa do povo, encobre suas motivações subterrâneas e afirma que as causas trazidas ao tribunal eram justas, porém não havia da parte do rei quem se interessasse por isso.

Em terceiro lugar, *a promessa falsa do engano* (15:4). Absalão, exaltando-se a si mesmo, afirma que se estivesse na governança e tivesse o privilégio de julgar as demandas do povo teriam nele um juiz justo e pronto a dar-lhes o que mereciam. Ao mesmo tempo que acusa a omissão injusta do rei, se apresenta como a solução para a nação. Kevin Mellish diz que, ao enfatizar as falhas do reinado de Davi, Absalão gradualmente criava dúvidas na mente das pessoas sobre o rei, relembrando-as por que deveriam estar insatisfeitas com a liderança dele, e assim preparava o cenário para o seu golpe de Estado.[4] Ao mostrar profundo interesse pelos forasteiros que entravam na cidade, Absalão estava pronto a ouvir e ávido por corrigir os erros do país. Desse modo, ele conquistava mais e mais o apoio popular.[5]

Em quarto lugar, *a humildade falsa do engano* (15:5). Quando o povo se curvava diante dele, prestando-lhe suas homenagens como príncipe e ícone da beleza masculina, ele erguia as pessoas e as beijava num gesto de tocante humildade. Tudo, porém, não passava de uma humildade cênica, de um método vil para ganhar a admiração do povo. O modo como tratava aqueles que estavam buscando justiça, o gesto de amizade e o tipo de toque pessoal que o povo não estava recebendo de Davi foram favoráveis a Absalão.

Em quinto lugar, *a amplitude do engano* (15:6). Ao se mostrar solidário às necessidades do povo, Absalão agia com demagogia com todo o Israel, e assim conquistava sua lealdade e furtava o coração dos homens da nação. Robert Chisholm diz que essa expressão "furtava o coração" só ocorre em Gênesis 31:20,26, onde, como aqui, se refere a um comportamento dissimulado.[6]

Absalão, o conspirador (15:7-12)

Destacamos, aqui, quatro pontos:

Em primeiro lugar, *as palavras mentirosas do conspirador* (15:7-9). O enganador, travestido de adorador, vai ao rei Davi, seu pai, para pedir permissão para ir a Hebrom cumprir um voto que fizera ao Senhor quando morava em Gesur. Por que Absalão esperou quatro anos para render graças por seu retorno? No que consistia o suposto voto? Se Deus lhe permitisse voltar a Jerusalém, prestaria culto ao Senhor. Warren Wiersbe diz que o fato de o banquete estar relacionado ao cumprimento de um voto conferiu ao encontro certa aura religiosa, pois foram oferecidos sacrifícios ao Senhor. Absalão estava usando o nome do Senhor para ocultar seus pecados.[7] Davi, sem percepção da trama que estava montada, permitiu a que Absalão fosse a Hebrom, dizendo-lhe: "'Vai-te em paz'. Levantou-se, pois, e foi para Hebrom" (15:9). Esta é a palavra derradeira de Davi a seu filho, que ironicamente sai a fim de se preparar para a guerra contra o pai.

Em segundo lugar, *a ação golpista do conspirador* (15:10). Absalão envia emissários secretos por todas as tribos de Israel, com uma mensagem conspiratória: "Quando ouvirdes o som das trombetas, direis: 'Absalão é rei em Hebrom!'" (15:10). O golpe de Estado, anunciado quase simultaneamente a todas as tribos, faz com que toda a oposição pareça inútil, diz Joyce Baldwin.[8] Hebrom, situada a pouco mais de trinta quilômetros a sudoeste de Jerusalém, era uma cidade murada e o ponto de partida ideal para invadir a capital. Era a cidade natal de Absalão (3:3) e a antiga capital de Davi, onde foi ungido rei de Israel. Concordo com Robert Chisholm quando diz que a escolha do local em que Absalão quis ser entronizado é irônica: em Hebrom

Davi foi proclamado rei sobre todo o Israel (5:1-5). Diferentemente do relato da ascensão de seu pai ao trono, essa narrativa não traz referência alguma a sua unção, como ocorrera com Davi (5:3). Sua ascensão ao reinado, em vez de se basear numa promessa divina, é chamada de "conspiração" (15:12).[9]

Em terceiro lugar, *a postura enganadora do conspirador* (15:11). Absalão convidou duzentos homens de Jerusalém para irem com ele para Hebrom. Eles foram enganados, sem saber quais eram as intenções do príncipe conspirador. Absalão usa a estratégia da mentira e o método do engano para aliciar pessoas. Seus discursos populistas e suas ações de humildade escondiam seu orgulho medonho, sua fúria indômita, seu projeto de poder.

Em quarto lugar, *o crescimento ameaçador da conspiração* (15:12). Absalão conseguiu trazer para sua equipe rebelde Aitofel, o conselheiro de Davi. Ele era da cidade de Gilo, situada nas montanhas de Judá (Js 15:51), nas colinas ao norte de Hebrom. Aitofel, muito provavelmente, apoiava Absalão e sua rebelião devido ao tratamento que outrora Davi havia dispensado à sua neta e mulher de Urias (11:1-27). Aitofel era avô de Bate-Seba (11.3; 23.34). Qualquer chance de vingança contra Davi teria sido bem-vinda. Para a aflição de Davi, toda a capacidade e a experiência de Aitofel estavam nas mãos de Absalão. Enquanto Absalão oferecia os seus sacrifícios em Hebrom, tornou-se poderosa a conspirata, e crescia em número o povo que tomava o partido de Absalão.

Davi, o rei de Israel (15:13-37)

Quando a notícia da conspiração de Absalão e do amplo apoio que recebe chega em Jerusalém, Davi resolve fugir da cidade imediatamente. Coloca seu destino nas mãos de Deus, ora e toma medidas práticas para criar uma rede de informantes (15:28,35,36; 17:15-22) e recruta Husai para neutralizar a influência de Aitofel na corte (15:34; 17:7-14). Destacaremos aqui alguns pontos importantes:

Em primeiro lugar, *a decisão do rei de fugir de Jerusalém* (13:13-18). Kevin Mellish chama a atenção para o fato de Davi ter ficado passivo diante dos quatro anos em que Absalão arquitetou essa conspirata. Como Davi só foi perceber esses eventos catastróficos naquele momento ainda permanece obscuro. Será que isso sugere uma negligência da parte de Davi em monitorar adequadamente seus inimigos políticos? Ou será que a revolta foi escondida tão cuidadosamente que Davi só descobriu quando já era tarde demais?[10] Joyce Baldwin escreve:

> A julgar pelas aparências, parece estranho que Davi tivesse deixado ocorrer toda essa subversão. Com toda aquela inconfundível movimentação na corte, é inconcebível que Davi não soubesse o que Absalão estava fazendo. Contudo, será que ele se sentia seguro quanto ao lugar que ocupava no coração do povo e julgava que poderia, com toda certeza, tolerar o comportamento fingido de seu filho presunçoso?[11]

Um mensageiro fiel a Davi, deixa as alas de Absalão e vai a Jerusalém avisar ao rei acerca do levante. A notícia chega superdimensionada: "Todo o povo de Israel segue decididamente a Absalão" (15:13). Davi sabia que não dava tempo para planejar uma resistência ao iminente ataque de Absalão e dá uma ordem peremptória para todos os seus homens fugirem com pressa de Jerusalém (15:14). Davi ordena a evacuação imediata da cidade. Davi e seu grupo fugiram para o nordeste, afastando-se de Jerusalém na direção oposta de Hebrom. Os homens de Davi se apresentam, dispostos a cumprir as ordens do rei (15:15).

Davi saiu com todos os de sua casa, deixando para trás apenas dez concubinas para cuidarem da casa real (15:16). Robert Chisholm diz que essa observação aparentemente secundária não passa despercebida para o leitor mais atento, pois traz à memória um dos elementos da profecia de Natã (12:11,12; 16:21,22). Em meio a essa crise, somos lembrados mais uma vez de que todos esses acontecimentos têm como origem os crimes de Davi.[12]M esmo em fuga, ele é o comandante-chefe. Todos que fogem, passam aos seus pés e vão adiante dele (15:17,18). É um verdadeiro desfile militar, uma revista de servos e tropas de grande valor, cujos anos de lealdade os faziam duplamente preciosos numa emergência como essa.[13] Davi estava acompanhado de seiscentos giteus, ou homens de Gate. Ele tinha sido vassalo de Aquis (1Sm 27:1-12), o rei de Gate, e, sem dúvida, desenvolveu fortes relações com membros daquela cidade filisteia (6:10,11).

Em segundo lugar, *a lealdade de Itai* (15:19-22). Itai, o heteu, filisteu, da cidade de Gate, nas palavras de Dale Ralph Davis, "era uma ilha de fidelidade cercado por um mar de traição".[14] Mais tarde, ele comandaria um terço das tropas reais na batalha contra Absalão (18:2). Itai prontificou-se a ir com Davi, mas este o aconselhou a permanecer em Jerusalém sob o comando do rei usurpador. Davi não tinha nada para lhe oferecer, exceto vaguear pelo deserto. Então recomenda-o a ficar em Jerusalém, dependendo da misericórdia e da fidelidade de Deus. Porém, Itai disse ao rei: "Tão certo como vive o SENHOR, e como vive o rei, meu senhor, no lugar em que estiver o rei, meu senhor, seja para morte seja para vida, lá estará também o teu servo" (15:21).

Seu tocante juramento de lealdade, seja para a morte seja para a vida, ajuda muito a compensar a traição dos conspiradores e a estimular Davi quando este se encontra no fundo do poço, diz Joyce Baldwin.[15] A resposta de Itai espelha a da moabita Rute, bisavó de Davi (Rt 1:8-17), que fez um voto de lealdade a Noemi, sua sogra. Davi não mais o demove, antes, aceita sua posição como um sinal de grande fidelidade e diz: "Vai e passa adiante". Assim, passou Itai, o geteu, e todos os seus homens e todas as crianças que estavam com ele. É digno de destaque que o leal Itai é um contraste literário com o ardiloso Absalão e seu bando de rebeldes.

Em terceiro lugar, *o choro do povo* (13:23). A situação era de calamidade. Davi estava travando a mais amarga batalha de sua vida. Seu filho, a quem amava, num levante traidor, estava marchando para Jerusalém, para tomar o trono e tirar a vida do rei. O povo reage a essa tragédia com choro nacional. Assim está escrito: "Toda a terra chorava em alta voz; e todo o povo e também o rei passaram o ribeiro de Cedrom, seguindo o caminho do deserto" (13:23). O riacho de Cedrom incluía o vale que separava a cidade de Davi do monte das Oliveiras no lado leste de Jerusalém. O vale do Cedrom era tido como a fronteira da cidade na época de Davi (1Rs 2:37).

Em quarto lugar, *a submissão do rei ao Senhor* (13:24-29). Os sacerdotes Abiatar e Zadoque, bem como todos os levitas também subiram, levando consigo a arca da aliança de Deus. Puseram-na ali até que todo o povo acabou de sair da cidade. Davi, sempre no comando da situação, orientou o sacerdote Zadoque a voltar com a arca para Jerusalém, dizendo: "Se achar eu graça aos olhos do Senhor, ele me fará voltar para lá e me deixará ver assim a arca como a sua habitação. Se ele, porém, disser: 'Não tenho prazer em ti, eis-me aqui; faça de mim como melhor lhe parecer'" (15:25,26). Davi se recusa a usar a arca como se fosse um amuleto ou objeto mágico (1Sm 4:1-11). Ele envia os sacerdotes de volta a Jerusalém com a arca, informando-os de que demorará nos vaus do deserto até receber informações deles. Davi percebe que seu destino está nas mãos do Senhor e se submete à vontade divina. Dale Ralph Davis chama a atenção para o fato de que Absalão poderia ter a cidade de Jerusalém, mas não os sacerdotes nem a arca, o símbolo da presença de Deus.[16]

Em quinto lugar, *o choro do rei* (15:30). Dadas essas instruções, Davi seguiu pelas encostas do monte das Oliveiras, subindo e chorando; tinha a cabeça coberta e caminhava descalço. Todo o povo que subia com ele tinha a cabeça coberta e chorava. A marcha de Davi e de sua caravana é semelhante a um cortejo fúnebre, regado de lágrimas.

Em sexto lugar, *a estratégia do rei* (15:31-37). Davi é informado que o seu sábio conselheiro Aitofel havia bandeado para o lado de Absalão. Essa era uma notícia perturbadora, pois Davi sabia que as palavras de Aitofel eram como respostas de Deus (16:23). John Goldingay diz que, ironicamente, o nome de Aitofel parece significar "irmão da insensatez".[17] Davi não teve outra reação senão orar e pedir a Deus para transtornar em loucura o conselho dele a Absalão.

A resposta divna à oração de Davi veio rápida na pessoa de Husai, o arquita, que se revelou amigo e servo leal. Ao chegar ao topo do monte, onde se costumava adorar a Deus, o arquita Husai foi ao seu encontro com o manto rasgado e com terra sobre a cabeça. Davi informa-o de que sua companhia seria um peso, talvez por sua idade ou fraqueza, mas seu retorno para Jerusalém em missão especial seria estratégico. Ele seria um embaixador inigualável.

O que Husai deveria fazer? Apresentar-se a Absalão, fazendo-lhe juras de fidelidade, tendo com isso a oportunidade de dissipar o conselho de Aitofel. Husai deveria colher informações da situação e enviá-las a Davi, por meio de Aimaás e Jônatas, filhos dos sacerdotes. Assim fez Husai. Ele veio para a cidade na mesma ocasião que Absalão entrou em Jerusalém. "A sugestão de Davi para que Husai frustrasse o conselho de Aitofel (15:34), comparada com a oração para que o Senhor transformasse em tolice o conselho de Aitofel (15:31), mostra que Davi entendia muito bem como a ação providencial do Senhor operava".[18] Husai deveria ir contra as sugestões de Aitofel. Resta claro dizer, portanto, que confiar em Deus e agir com sabedoria são coisas complementares, e não antitéticas. Kevin Mellish destaca que Aitofel iria fornecer instruções sábias a Absalão posteriormente (17:1-4), mas Absalão iria tolamente descartá-las.[19] Concordo com Warren Wiersbe quando diz que "em termos humanos, se não fosse pelo conselho de Husai a Absalão, Davi poderia ter sido morto no deserto".[20]Fica evidente que Davi, até mesmo no exílio, mostrou seu lado astuto e sagaz, como um político e estrategista. Seu conselho eventualmente valeu a pena, já que Husai foi quem proveu um conselho que, finalmente, levou à derrota e à morte de Absalão.[21]

Notas

1 WIERSBE, Warren W. *Comentário bíblico expositivo.* Vol. 2. 2006, p. 342.

2 MELLISH, Kevin J. *Novo comentário bíblico Beacon – 1 e 2Samuel.* 2015, p. 303.

[3] BALDWIN, Joyce G. *I e IISamuel: introdução e comentário.* 2006, p. 290.
[4] MELLISH, Kevin J. *Novo comentário bíblico Beacon – 1 e 2Samuel.* 2015, p. 303.
[5] BALDWIN, Joyce G. *I e IISamuel: introdução e comentário.* 2006, p. 290.
[6] CHISHOLM JR, Robert B. *1 e 2Samuel.* 2017, p. 253.
[7] WIERSBE, Warren W. *Comentário bíblico expositivo.* Vol. 2. 2006, p. 343.
[8] BALDWIN, Joyce G. *I e IISamuel: introdução e comentário.* 2006, p. 292.
[9] CHISHOLM JR, Robert B. *1 e 2Samuel.* 2017, p. 253.
[10] MELLISH, Kevin J. *Novo comentário bíblico Beacon – 1 e 2Samuel.* 2015, p. 304.
[11] BALDWIN, Joyce G. *I e IISamuel: introdução e comentário.* 2006, p. 291.
[12] CHISHOLM JR, Robert B. *1 e 2 Samuel.* 2017, p. 256.
[13] BALDWIN, Joyce G. *I e IISamuel: introdução e comentário.* 2006, p. 293.
[14] DAVIS, Dale Ralph. *2Samuel.* 2018, p. 192.
[15] BALDWIN, Joyce G. *I eII Samuel: introdução e comentário.* 2006, p. 293.
[16] DAVIS, Dale Ralph. *2Samuel.* 2018, p. 193.
[17] GOLDINGAY, John. *1 e 2Samuel.* Rio de Janeiro, RJ: Thomas Nelson. 2022, p. 222.
[18] CHISHOLM JR, Robert B. *1 e 2Samuel.* 2017, p. 257.
[19] MELLISH, Kevin J. *Novo comentário bíblico Beacon – 1 e 2Samuel.* 2015, p. 306.
[20] WIERSBE, Warren W. *Comentário bíblico expositivo.* Vol. 2. 2006, p. 347.
[21] MELLISH, Kevin J. *Novo comentário bíblico Beacon – 1 e 2Samuel.* 2015, p. 306.

Capítulo 17

Os inimigos de Davi

(2Samuel 16:1-23)

O REI ESTÁ EM fuga. Jerusalém está prestes a ser tomada pelo rei usurpador. A resistência é impossível ou, no mínimo, desaconselhável. A cidade não pode sofrer os reveses de uma guerra civil. A evacuação deve ser imediata. Davi foge descalço, chorando e com a cabeça coberta. A marcha da fuga é regada por lágrimas, mas, também, coberta de oração e submissão à vontade de Deus. Ele sabe que está sob a disciplina divina. Porém, como diz Robert Chisholm, "o SENHOR vindica seus servos arrependidos quando eles se sujeitam humildemente à sua disciplina".[1] Vejamos:

Ziba, um manipulador (16:1-4)

Logo que Davi chegou ao topo do monte das Oliveiras e rumou para o deserto, Ziba, servo de Mefibosete, vem ao seu encontro. Trazia nas mãos generosas ofertas e engano no coração. Seus atos eram generosos, mas sua motivação não era pura. Trazia verdade nos atos e mentira no coração. Vejamos:

Em primeiro lugar, *uma generosidade insincera* (16:1,2). Ziba chega com dois jumentos albardados e sobre eles duzentos pães, cem cachos de passas, cem frutas de verão e um odre de vinho. Davi perguntou-o acerca do significado dessa oferta e de sua pretensão com esse gesto de generosidade. Ziba respondeu: "Os jumentos são para a casa do rei, para serem montados; o pão e as frutas de verão, para os moços comerem; o vinho, para beberem os cansados no deserto" (16:2). A verdadeira intenção de Ziba era acusar injustamente Mefibosete, enganar Davi e auferir vantagens pessoais. Ele era um oportunista mal-intencionado. Kevin Mellish diz que a bondade e a generosidade de Ziba para com o rei deposto são contrastadas marcantemente nesta seção com a suposta deslealdade de Mefibosete a Davi.[2]

Em segundo lugar, *uma mentira deslavada* (16:3). Warren Wiersbe diz que Satanás atacou Davi, usando Ziba e Simei. Ziba contou mentiras e Simei jogou pedras.[3] Ambos são da casa de Saul. Quando Davi perguntou a Ziba acerca de Mefibosete, ele mentiu e difamou-o: "Eis que ficou em Jerusalém, pois disse: 'Hoje, a casa de Israel me restituirá o reino de meu pai'" (16:3). Ziba acusou o filho aleijado de Jônatas, neto de Saul, de ser ingrato e desleal a Davi. Nas palavras de Kevin Mellish, "Ziba insinuou que Mifibosete viu a revolta de Absalão como uma oportunidade para o reino retornar à casa de Saul. Ao fazer essa declaração, ele retratou Mefibosete como um ingrato traidor".[4] Seu propósito era assenhorear-se dos bens de Mefibosete, no que, a princípio, logrou êxito. Davi aceitou a história de Ziba

— que depois foi desmentida (19.24-30) — e fez um julgamento precipitado e injusto, transferindo a propriedade para ele, pertencente, por direito, a Mefibosete.

Em terceiro lugar, *um julgamento precipitado* (16:4). Davi, precipitadamente, sem conferir a veracidade da informação de Ziba, aceitando o relato como verdadeiro, decreta que as propriedades do (supostamente desleal) Mefibosete sejam entregues ao (supostamente leal) Ziba.[5] Davi diz: "Teu é tudo que pertence a Mefibosete" (16:4a). O manipulador mentiroso responde: "[...] eu me inclino e ache eu mercê diante de ti, ó rei, meu senhor" (16:4b).

Simei, um amaldiçoador (16:5-14)

Quando Davi chegou a Baurim, um vilarejo na descida oriental do monte das Oliveiras, Simei, filho de Gera, da casa de Saul, irado adversário, se colocou sozinho contra todo o séquito real. Saiu e ia amaldiçoando Davi, atirando pedras contra ele e todos os seus servos. Davi, que já havia se colocado nas mãos de Deus, para submeter-se à sua vontade, não revida a hostilidade de Simei nem permite que Abisai, irmão de Joabe, o faça em seu nome. Vejamos:

Em primeiro lugar, *um homem amaldiçoador* (16:5). A boca de Simei é um poço de maldição. Pertencendo à antiga dinastia, nutria por Davi mágoas históricas e profundas. Talvez suspeitasse que o rei estivesse por trás da morte de Saul, uma vez que estava em território filisteu quando ele e seus três filhos caíram no campo de batalha na guerra contra os filisteus. Talvez suspeitasse que Davi estivesse por trás da morte de Abner, comandante do exército de Isbosete. Talvez suspeitasse, ainda, que Davi estivesse envolvido na morte do próprio rei Isbosete, uma vez que logo após a morte deste Davi foi proclamado rei sobre todas as tribos de Israel. Todas essas questões levaram Simei a amaldiçoá-lo. Nas palavras de W. T. Purkiser, "Simei deu vazão à ira e ao ódio que estavam reprimidos, e culpou Davi pelos infortúnios que haviam ocorrido à casa do rei antecessor".[6] Robert Chisholm enfatiza que a maldição proferida por Simei não se cumpre (o Senhor não entrega o reino a Absalão), pois sua acusação de que Davi assassinou membros da casa de Saul é falsa.[7]

Em segundo lugar, *um atirador de pedras* (16:6). Não apenas a língua de Simei era ferina, mas, também, suas mãos atiraram pedras contra Davi e contra todos os seus servos, mesmo estando escoltado pelos valentes e pelo povo por todos os flancos. Simei era um homem abusado e assaz maligno.

Em terceiro lugar, *um acusador impiedoso* (16:7,8). A boca de Simei amaldiçoa, acusa e condena. Kevin Mellish diz que o verbo que é usado neste contexto (*megallel*) está na forma de particípio que denota uma ação progressiva. Em outras palavras, "ele lhe falou tudo o que quis".[8] Simei chama Davi de "homem de sangue" e "filho de Belial". Esses termos eram pejorativos da mais alta ordem.

Simei joga na cara de Davi que essa fuga pelo deserto era a punição de Deus por todo o sangue da casa de Saul, cujo reino Davi havia usurpado. Simei diz a Davi que Deus o havia entregue nas mãos de seu filho Absalão e que agora estava em grande desgraça porque tinha as mãos manchadas de sangue. Robert Chisholm destaca que o narrador absolve Davi da culpa em todos esses casos. A acusação de Simei é infundada e se baseia em conjecturas falsas.[9] É digno de nota que a expressão de ira de Simei contra Davi era uma transgressão da lei. Assim está escrito: "Contra Deus não blasfemarás, nem amaldiçoarás o príncipe do teu povo" (Êx 22:28).

Em quarto lugar, *um rei quebrantado* (16:9,10). Abisai, irmão de Joabe e sobrinho de Davi, guerreiro experimentado (1Sm 21:6-8; 2Sm 23:18,19), se propõe a matar Simei, mas o rei refreou o ímpeto e as intenções de Abisai. Ele repreende e proíbe qualquer retaliação ao acusador. Davi não revida com raiva nem busca vingança, antes submete-se à disciplina de Deus. Ele reteve o ímpeto de Abisai com o triste comentário de que se seu próprio filho procurava por sua vida, quanto mais deveria um benjamita amargurado pronunciar as suas maldições! Humildemente Davi compreende que essa situação poderia ser a disciplina de Deus sobre ele. Concordo com Warren Wiersbe quando diz: "Davi estava exausto e, no entanto, jamais demonstrou tanta grandeza como quando permitiu que Simei prosseguisse com seu ataque".[10] Quando Davi recuperou o trono, perdoou Simei (19:16-23), que, posteriormente, foi confinado por Salomão em Jerusalém. Quando, num gesto de arrogância, Simei ultrapassou seus limites, foi preso e executado (1Rs 2:36-46).

Em quinto lugar, *um rei confiante* (16:11-13). Davi justifica a sua complacência com Simei e sua proibição de vingança ao ferino acusador dizendo a Abisai e a todos os seus servos que, se Absalão, seu próprio filho, procurava tirar sua vida, quanto mais ainda o benjamita Simei. Davi, num ato de humildade e fé, declara: "[...] deixa-o; que amaldiçoe, pois o SENHOR lhe ordenou. Talvez o SENHOR olhará para a minha aflição e o SENHOR me pagará com bem a sua maldição deste dia" (16:11,12). Concordo com Robert Chisholm quando escreve: "Quando se está debaixo da disciplina de Deus, é sábio sujeitar-se à vontade dele".[11] Desta forma, enquanto Davi e seus homens prosseguiam seu caminho, Simei ia ao longo do monte, ao lado dele, caminhando e amaldiçoando, atirando pedras e terra contra ele. Davi, porém, com o coração quebrantado, recebe de forma humilde e submissa a disciplina de Deus. Concordo com Dale Ralph Davis quando diz que Simei é o homem que amaldiçoa, mas Davi entende que o Senhor é o Deus que reverte a maldição em bênção e, de fato, ele fez isso (Gl 3:13).[12] Robert Chisholm, citando Philip Yancey, faz o seguinte registro:

> Qualquer um que tenha vivido durante os escândalos de Watergate e de Monica Lewinsky sabe que Davi poderia ter feito [o que fez com Bate-Seba e Urias]. O republicano Richard Nixon mentiu e autorizou a liberação de fundos para calar testemunhas e encobrir seus crimes; o que o derrubou foi uma gravação, e não uma confissão. O democrata Bill Clinton olhou direto para a câmera com expressão séria e enganou a nação inteira; o que levou a seu *impeachment* foi um vestido manchado, e não uma confissão. Nixon mal conseguiu balbuciar: "Erros foram cometidos"; Clinton reconheceu apenas o que havia sido provado e divulgado no mundo inteiro. O contraste com as primeiras palavras de Davi não poderia ser mais gritante: "Pequei contra o SENHOR" (2Sm 12:13).[13]

Em sexto lugar, *um rei exausto* (16:14). Davi e todo o povo que ia com ele chegaram exaustos ao Jordão e ali descansaram. Essa exaustão é o acúmulo de anos de problemas que se abateram sobre sua vida — o adultério com Bate-Seba, o assassinato de Urias, a morte da criança que nasceu da relação com Bate-Seba, o estupro de Tamar, o assassinato de Amnom, a rebelião de Absalão.

Aitofel, um traidor (16:15-23)

O narrador descreve a entrada de Absalão em Jerusalém, acompanhado de todo o povo de Israel que apoiava a sua causa rebelde. Como trunfo maior desse golpe de Estado, Absalão entra na cidade de Davi acompanhado de Aitofel, como seu fiel conselheiro político e ex-conselheiro de Davi (16:15). Nas palavras de Joyce Baldwin, "Aitofel era aquele tipo de conselheiro que jamais dava um passo em falso".[14] Porém ele entra para a história como o Judas Iscariotes do Antigo Testamento.[15] Vejamos:

Em primeiro lugar, *Absalão entra em Jerusalém* (16:15). A revolta fora gestada em Jerusalém, durante quatro anos; nascera em Hebrom, onde Absalão se autoproclamou rei; e fora consumada na entrada em Jerusalém, a capital da nação. Absalão vem acompanhado de homens de Israel e do conselheiro Aitofel.

Em segundo lugar, *Husai se apresenta a Absalão* (16:16-19). Husai, cumprindo o propósito de Davi, também chega em Jerusalém com o objetivo de, veladamente, dissipar os conselhos de Aitofel (15:34). Aqui, Husai juntou ao fingimento uma declaração que representava lealdade: "[...] viva o rei, viva o rei!" (16:16). Robert Chisholm diz que Absalão entende que a aclamação de Husai se refere a ele. Sem dúvida, é a intenção de Husai que Absalão interprete suas palavras desse modo, mas o leitor reconhece a ironia dramática presente na ambiguidade de sua declaração. Husai não diz "viva o rei Absalão", como seria de se esperar (1Rs 1:25,31,34,39). Em vez disso, usa a forma mais curta e ambígua de aclamação (1Sm 10:24; 2Rs 11:12). Na mente de Husai, Davi, e não Absalão, é o rei.[16] Joyce Baldwin chama a atenção para o fato de que o repetido *viva o rei!* soou como música aos ouvidos do ambicioso Absalão, não despertando indagações em sua mente, a despeito da ambiguidade quanto a quem era o rei.[17] Na verdade, Husai manteve sua integridade e Absalão ficou cego devido a seu próprio egoísmo.

Absalão faz uma observação penetrante sobre a aparente traição de Husai à sua amizade com seu pai e questiona-o sobre o peso de sua fidelidade ao rei. Porém o velho sábio responde: "[...] àquele a quem o Senhor elegeu, e todo este povo, e todos os homens de Israel, a ele pertencerei e com ele ficarei. Ainda mais, a quem serviria eu? Porventura, não seria diante de seu filho? Como servi diante de teu pai, assim serei diante de ti" (16:18,19). Nas palavras de Dale Ralph Davis, "Absalão, à semelhança de Hamã (Et 6:6), assume que Husai referia-se a ele, mas Husai estava descrevendo Davi".[18] Resta claro afirmar, portanto, que o engodo de Husai para com Absalão faz parte do plano de Deus para "trazer ruína" sobre esse usurpador (17:14).

Em terceiro lugar, *Aitofel aconselha Absalão* (16:20-22). Ao chegar em Jerusalém, Absalão pediu conselho a Aitofel acerca do que deveria fazer. Aitofel dá-lhe um conselho vil e imoral: "Coabita com as concubinas de teu pai, que deixou para cuidar da casa; e, em ouvindo todo o Israel que te fizeste odioso para com teu pai, animar-se-ão todos os que estão contigo" (16:21). Deitar-se com uma concubina do rei era comparado a usurpar o trono (3:7; 16:21,22; 1Rs 2:21-24). Como diz Joyce Baldwin, "conquanto possa ter sido comum no antigo Oriente Próximo que o rei de uma nova dinastia tomasse o harém do monarca anterior, certamente não seria aceitável que um filho desrespeitasse a proibição existente contra as relações sexuais com as esposas e concubinas de seu pai (Lv 18:7,8)".[19]

O ato de coabitar com as concubinas do pai seria, do mesmo modo, não só uma admissão de autoridade real, mas tornaria a reconciliação com o rei praticamente impossível. Ciente de que o rompimento era definitivo, Aitofel pensou que a aliança dos israelitas seria mais forte.[20] Nessa mesma trilha de pensamento, escreve Kevin Mellish:

> O símbolo do poder e prestígio do rei estava ligado ao harém de concubinas ou esposas que pertenciam ao rei (1Rs 11:1). Fazer sexo com as concubinas de Davi enviaria uma clara mensagem ao povo de Jerusalém que Absalão havia tomado as rédeas do poder. Tal ato também seria interpretado como um insulto e uma afronta a Davi, tornando, assim, Absalão e o povo aliado a ele "odiosos para com Davi". O povo teria entendido que a possibilidade de reconciliação entre Absalão e Davi seria remota. Logo, "as mãos de todos" os que estavam com Absalão seriam fortalecidas. O povo poderia apoiar Absalão de todo o coração sem medo, sabendo que Absalão não o trairia.[21]

Absalão acolheu o conselho de Aitofel e, então, armaram para ele uma tenda no eirado, e ali, à vista de todo o Israel, Absalão coabitou com as concubinas de seu pai (16:22). Esta petulante e audaciosa manobra consolidou a reivindicação de Absalão ao trono entre o povo; estava evidente diante de todos que Davi não dominava mais o reino. O golpe de Estado estava realizado e as palavras de Natã foram cumpridas (12:11). Nas palavras de Robert Chisholm, "esse ato reprovável cumpre a profecia de Natã (12:11,12) e lembra o leitor de que a rebelião de Absalão, embora não tenha o apoio do Senhor (17:14), faz parte de sua disciplina providencial sobre Davi por ter pecado contra Bate-Seba".[22]

Em quarto lugar, *o prestígio de Aitofel* (16:23). O narrador termina este capítulo ressaltando a elevada reputação de Aitofel como conselheiro. Está escrito: "O conselho que Aitofel dava, naqueles dias, era como resposta de Deus a uma consulta; tal era o conselho de Aitofel, tanto para

Davi como para Absalão". Joyce Baldwin diz: "Uma vez que tanto Davi quanto Absalão agiam baseados em seus conselhos, praticamente era Aitofel quem dirigia o país".[23]

NOTAS

1 CHISHOLM JR, Robert B. *1 e 2Samuel.* 2017, p. 260.
2 MELLISH, Kevin J. *Novo comentário bíblico Beacon – 1 e 2Samuel.* 2015, p. 307.
3 WIERSBE, Warren W. *Comentário bíblico expositivo.* Vol. 2. 2006, p. 347.
4 MELLISH, Kevin J. *Novo comentário bíblico Beacon – 1 e 2Samuel.* 2015, p. 307.
5 CHISHOLM JR, Robert B. *1 e 2Samuel.* 2017, p. 261.
6 PURKISER, W. T. *Os livros de 1 e 2Samuel. In* Comentário bíblico Beacon. Vol. 2. 2015, p. 252.
7 CHISHOLM JR, Robert B. *1 e 2 Samuel.* 2017, p. 260.
8 MELLISH, Kevin J. *Novo comentário bíblico Beacon – 1 e 2Samuel.* 2015, p. 307.
9 CHISHOLM JR, Robert B. *1 e 2Samuel.* 2017, p. 261.
10 WIERSBE, Warren W. *Comentário bíblico expositivo.* Vol. 2. 2006, p. 347.
11 CHISHOLM JR, Robert B. *1 e 2Samuel.* 2017, p. 262.
12 DAVIS, Dale Ralph. *2Samuel.* 2018, p. 206.
13 CHISHOLM JR, Robert B. *1 e 2Samuel.* 2017, p. 263.
14 BALDWIN, Joyce G. *I e IISamuel: introdução e comentário.* 2006, p. 297.
15 DAVIS, Dale Ralph. *2Samuel.* 2018, p. 206.
16 CHISHOLM JR, Robert B. *1 e 2Samuel.* 2017, p. 267.
17 BALDWIN, Joyce G. *I e IISamuel: introdução e comentário.* 2006, p. 297.
18 DAVIS, Dale Ralph. *2Samuel.* 2018, p. 206.
19 BALDWIN, Joyce G. *I e IISamuel: introdução e comentário.* 2006, p. 298.
20 PURKISER, W. T. *Os livros de 1 e 2Samuel. In* Comentário bíblico Beacon. Vol. 2. 2015, p. 253.
21 MELLISH, Kevin J. *Novo comentário bíblico Beacon – 1 e 2Samuel.* 2015, p. 308.
22 CHISHOLM JR, Robert B. *1 e 2Samuel.* 2017, p. 268.
23 BALDWIN, Joyce G. *I e IISamuel: introdução e comentário.* 2006, p. 298,299.

Capítulo 18

O reino sob ataque

(2Samuel 17:1-29)

O GOLPE DE ESTADO está dado. Absalão está no palácio em Jerusalém e Davi está em rota de fuga pelo deserto da Judeia. Aitofel, o sábio conselheiro de Davi, que mudara de lado, já havia aconselhado a Absalão que coabitasse publicamente com as concubinas de Davi. Com esse gesto, o príncipe estava dizendo que a revolta era definitiva. Agora, não é Absalão que pede conselho a Aitofel, mas é este que se adianta para aconselhar o filho do rei. O conselho de Aitofel era assaz perigoso. Se colocado em prática, mataria o rei e dispersaria seus soldados.

O perigoso conselho de Aitofel (17:1-4)

O narrador bíblico registra:

> Disse ainda Aitofel a Absalão: "Deixa-me escolher doze mil homens, e me disporei, e perseguirei Davi esta noite. Assaltá-lo-ei, enquanto está cansado e frouxo de mãos; espantá-lo-ei; fugirá todo o povo que está com ele; então, matarei apenas o rei. Farei voltar a ti todo o povo; pois a volta de todos depende daquele a quem procuras matar; assim, todo o povo estará em paz". O parecer agradou a Absalão e a todos os anciãos de Israel (17:1-4).

Destacamos aqui quatro estratégias de Aitofel:

Em primeiro lugar, *um ataque imediato* (17:1). O conselho de Aitofel é escolher uma tropa de doze mil homens e pessoalmente perseguir Davi na mesma noite da fuga, quando ele estaria com as mãos frouxas. Davi e seus homens estão exaustos, emocionalmente abalados e esse ataque avassalador e imediato não lhe daria tempo para se articular e traçar uma ofensiva. Nas palavras de Kevin Mellish, "isto provocaria uma derrota devastadora contra quaisquer esperanças de ressurgência de Davi".[1] Concordo com Robert Chisholm quando diz que o conselho de Aitofel mostra uma espantosa falta de respeito pelo rei ungido por Deus, além de ser uma falta de temor ao próprio Senhor.[2] Isso está em flagrante contraste com o respeito que Davi demonstrou por Saul, o ungido do Senhor.

Em segundo lugar, *um ataque avassalador* (17:2a). O propósito de Aitofel não é matar o exército de Davi, mas assaltá-lo, espantá-lo e fazê-lo fugir. Aitofel propõe uma ação cirúrgica, uma tática inteligente para matar o líder e dispersar os liderados.

Em terceiro lugar, *um ataque proposital* (17:2b,3). O propósito é matar apenas Davi, o rei. Sem o comandante-chefe do exército de Israel, seus soldados não teriam como resistir ao golpe de Estado e devotariam sua fidelidade a Absalão.

Assim, em vez de estabelecer uma guerra civil, num ato de inteligência, apenas Davi seria eliminado e todo povo poderia voltar em paz para prestar obediência ao novo rei. W. T. Purkiser destaca que em várias versões o versículo 3 é traduzido assim: "Trarei de volta todos os homens dele para o senhor, como uma esposa que volta para o seu marido".[3] Nessa mesma linha de pensamento Kevin Mellish diz: "O plano de Aitofel presumia que se Davi fosse morto, então os aliados dele transfeririam sua aliança para Absalão. Este cenário é semelhante ao que aconteceu com Davi após a morte de Isbosete (5:1-3)".[4]

Em quarto lugar, *um parecer aprovado* (17:4). "O parecer agradou a Absalão e a todos os anciãos de Israel". As palavras de Aitofel eram consideradas como resposta de Deus a uma consulta (16:23). Não houve questionamento. A aprovação foi unânime, tanto do rei quanto dos anciãos. Nas palavras de Joyce Baldwin, "o plano de Aitofel convenceu o gabinete de guerra e foi aceito".[5]

A decisão inusitada de Absalão (17:5,6)

Vemos aqui, a soberania de Deus na história e a mão de sua providência. Deus responde a oração de Davi (15:31,34). Husai é enviado a Jerusalém para dissipar o conselho de Aitofel. Ele declara lealdade a Absalão, mas está lutando pelo reino do ungido do Senhor e não pelo reino rebelde de Absalão. Destacamos aqui dois pontos importantes:

Em primeiro lugar, *Absalão pede o parecer de Husai* (17:5). Embora Aitofel fosse efetivo em todos os seus conselhos, embora Absalão tenha questionado a fidelidade de Husai, contra todas as evidências ele manda chamar Husai para ouvir o seu parecer sobre a forma de matar Davi e vencer a guerra.

Em segundo lugar, *Absalão inquire Husai sobre o conselho de Aitofel* (17:6). Absalão demonstra falta de perspicácia ao declarar a Husai o que Aitofel havia recomendado. Quer saber se Husai acompanha o conselheiro-mor ou se tem outra opinião. Essa ingenuidade do rei rebelde é uma ação divina em resposta à oração de Davi. Deus fecha os olhos de Absalão e o predispõe a não lançar mão da única alternativa que poderia ter levado Davi à morte.

A desconstrução do conselho de Aitofel (17:7-10)

Destacamos, aqui, três pontos:

Em primeiro lugar, *um parecer desfavorável* (17:7). Husai, de forma habilidosa, afirma a perícia invulgar de Aitofel como conselheiro, mas declara que desta vez seu conselho não foi bom. Sendo Deus providente, fez Absalão detalhar para Husai o conselho de Aitofel, oportunizando àquele desconstruir o conselho deste.

Em segundo lugar, *um apelo à lógica* (17:8,9a). Husai, usando uma retórica irretocável e figuras de linguagem vívidas, apelou para o conhecimento que Absalão tinha de seu pai como guerreiro e de seus aliados como valentes. Eles estariam enfurecidos como uma ursa do campo roubada de seus filhos. Além disso, Davi, como homem de guerra, não passaria a noite com o povo, mas estaria de espreita nalguma cova ou em qualquer outro lugar. Uma baixa nos combatentes de Absalão, nessa luta, poderia gerar um rumor em toda a nação, que enfraqueceria, de imediato, as suas pretensões.

Em terceiro lugar, *um apelo à precaução* (17:9b,10). Um boato de derrota chegando ao povo que segue a Absalão poderia ter um afeito devastador em toda a sua tropa. Até mesmo os valentes, coração de leão, desmaiariam, pois toda a nação tinha pleno conhecimento que Davi era guerreiro e que seus valentes eram com ele.

O prevalecimento do conselho de Husai (17:11-14)

Dale Ralph Davis diz que, talvez, o mais convincente argumento de Husai foi seu apelo à vaidade de Absalão. Aitofel conhecia como ter sucesso sobre Davi, mas Husai sabia como ter sucesso sobre Absalão.[6] Se Aitofel sabia como executar vitoriosamente uma revolta, Husai sabia como alimentar um ego sedento. Se Aitofel se apresenta para liderar a força armada para matar Davi, Husai faz de Absalão o centro de todas as coisas. Se Aitofel tem estratagema para ganhar a guerra para Absalão, Husai sabe como alimentar a arrogância de Absalão. Aitofel deu um conselho melhor, mas Husai deu um conselho mais convincente. Assim, tendo reduzido a pó os argumentos de Aitofel e mostrado os perigos de sua tática, Husai, agora, vai dar o seu conselho a Absalão.

Que estratégia sugere? Husai sabe que um ataque naquela noite seria fatal para Davi. Este precisava de tempo para organizar sua estratégia de defesa. Então, Husai dá um conselho que requeria tempo para ser colocado em prática, o que daria a Davi o tempo necessário para se refazer e planejar. Nas palavras de Kevin Mellish, "como agente secreto de Davi, Husai ofereceu um plano que beneficiasse Davi, dando-lhe tempo para escapar, revigorar e reagrupar".[7] Nessa mesma linha de pensamento, Joyce Baldwin diz:

> A retórica de Husai conquistou o conselho de guerra; Absalão se viu no comando de um exército imenso e vitorioso, e a

> demora provocada pelo recrutamento de ainda mais reforços deu a Davi oportunidade de organizar suas tropas, recuperar as forças e decidir qual o terreno que lhe seria vantajoso no combate que se avizinhava.[8]

Destacamos, aqui, três pontos importantes:

Em primeiro lugar, *Husai apela para a vaidade de Absalão* (17:11). Diferentemente de Aitofel que se propôs a liderar os doze mil homens na missão de matar o rei, Husai diz a Absalão que ele deve a toda a pressa reunir a si todo o Israel, de norte a sul, de Dã a Berseba, uma multidão sem conta, e que o rei deve ser o grande líder desse numeroso e poderoso exército. Warren Wiersbe diz, corretamente, que a resposta de Husai não é uma série de declarações em primeira pessoa, girando em torno dele mesmo, mas sim uma série de afirmações sobre o novo rei, o que, sem dúvida, estimulou a imaginação e a vaidade de Absalão. Husai usou suas palavras para montar a armadilha na qual Absalão caiu.[9] Robert Chisholm destaca que em três ocasiões anteriores um exército é descrito dessa forma (Js 11:4; Jz 7:12; 1Sm 13:5). Em todos esses casos, a expressão é usada para um exército estrangeiro que, em seguida, é completamente derrotado pelo líder escolhido pelo Senhor (Josué, Gideão, Saul).[10]

Em segundo lugar, *Husai apela para a vingança* (17:12, 13). Ele, de forma sagaz, desperta em Absalão a sede de vingança, dizendo que todos devem ir e cair contra Davi e seus aliados como o orvalho que cai sobre a terra. Nem Davi nem qualquer de seus soldados devem ficar vivos. Ainda que Davi fuja para uma cidade amuralhada, eles invadirão a cidade e não ficará pedra sobre pedra.

Em terceiro lugar, *Husai tem seu parecer acolhido* (17:14). Assim como a aprovação do plano de Aitofel tivera unanimidade (17:4), o plano de Husai alcança unanimidade, em substituição ao conselho de Aitofel. O narrador deixa claro que essa reversão tinha a mão de Deus, para a ruína de Absalão. O conselho de Husai essencialmente se resumia na sentença de morte de Absalão. Apesar dessa realidade, Absalão, de forma incrível e insensata, concordou com essa tática. Warren Wiersbe diz que o discurso prático de Aitofel foi esquecido, à medida que o plano grandioso de Husai, entremeado de imagens vívidas, foi cativando o coração e a mente de Absalão e de seus líderes. Deus havia respondido a oração de Davi e confundido o conselho de Aitofel. Absalão cavalgaria diante de seu exército determinado a vencer. Porém o que estaria à sua espera seria uma derrota humilhante.[11]

A rede de espionagem funcionou (17:15-22)

A rede de espionagem entrou em operação. Husai transmitiu sabiamente tanto o conselho de Aitofel quanto o seu, e recomendou a Davi que se preparasse para o pior e cruzasse o Jordão antes do anoitecer. Absalão poderia mudar de ideia.[12] Destacamos, aqui, seis pontos:

Em primeiro lugar, *o informante* (17:15-16). A oração de Davi foi respondida. O conselho de Husai prevaleceu sobre o conselho de Aitofel. Husai, o infiltrado, sabotador dos planos de Absalão, informa aos dois sacerdotes que sobraram em Jerusalém, Zadoque e Abiatar, o conselho que dera a Absalão e as diligências que precisarão ser celeremente tomadas.

Em segundo lugar, *os informados* (17:15). Os sacerdotes Zadoque e Abiatar estão em Jerusalém a serviço do rei fugitivo. São leais a Davi. Fazem conexões para protegê-lo juntamente com seus aliados.

Em terceiro lugar, *os mensageiros* (17:17). Os sacerdotes transmitiram a mensagem para seus dois filhos, Jônatas e Aimaás, em En-Rogel, uma fonte de água na confluência do ribeiro de Hinom e o ribeiro de Giom, a principal fonte de água que abastecia Jerusalém. Esses dois jovens são os portadores da informação proveniente de Husai a Davi. Eles têm os pés ligeiros e o coração fiel ao rei. Correm riscos para entregar a mensagem.

Em quarto lugar, *os espiões* (17:18). Os dois jovens foram vistos pelos espiões de Absalão, que logo o fizeram saber. Porém, ambos partiram logo, e se esconderam na casa de um homem em Baurim, dentro de um poço no pátio da casa.

Em quinto lugar, *a protetora* (17:19,20). A mulher desse homem tomou uma coberta, estendeu sobre a boca do poço e espalhou grãos pilados de cereais sobre ela; assim os servos de Absalão não conseguiram pegar os dois jovens. Pela ação providente dessa mulher, semelhantemente ao que aconteceu com Raabe e os espias de Israel em Jericó, Davi pôde receber em tempo oportuno os alertas provindos de Husai.

Em sexto lugar, *o aviso ao rei Davi* (17:21,22). O aviso a Davi foi claro: "Levantai-vos e passai depressa as águas, porque assim e assim aconselhou Aitofel contra vós outros" (17:21). Davi acolheu imediatamente o aviso e naquela mesma noite se levantaram e passaram o Jordão; quando amanheceu, Davi e todos aqueles que estavam com ele já tinham atravessado o rio.

Aitofel cometeu suicídio (17:23)

Destacamos, aqui, três pontos:

Em primeiro lugar, *a frustração* (17:23a). Aitofel ficou frustrado ao ver o seu conselho rejeitado e substituído pelo conselho de Husai. Sabia que sua proposta era a única maneira de matar Davi e conduzir Absalão ao poder. Vendo logrado seu intento e sabendo que a vitória inevitável de Davi seria o seu fim irremediável e sua condenação inexorável, pois seria visto como o traidor da pátria e o mentor da conspiração contra o reino, deixou Jerusalém e foi para sua cidade. Warren Wiersbe, nessa mesma linha de pensamento, escreve: "O que motivou Aitofel a dar cabo de sua vida foi saber que o conselho de Husai causaria a derrota de Absalão e que, como conselheiro, ele estava a serviço do rei errado. Uma vez que havia traído o rei Davi, Aitofel seria executado ou banido para sempre do reino".[13]

Em segundo lugar, *a preparação* (17:23b). Aitofel ordenou seus negócios antes de ceifar, de forma planejada, a sua vida. Ele entrou num beco sem saída, atravessou uma porta que o conduziu à desesperança fatal. Sem perspectiva de futuro, preparou-se para suicidar-se.

Em terceiro lugar, *o suicídio* (17:23c). Em vez de Aitofel humilhar-se e arrepender-se de sua loucura, colocou seus negócios em ordem e depois se enforcou. Sendo o Judas Iscariotes do Antigo Testamento, teve também o mesmo destino de Judas. Ele se enforcou. Seu suicídio foi planejado. Concordo com Kevin Mellish quando diz que a morte de Aitofel representava o maior golpe no futuro político de Absalão. Ao seguir o conselho de Husai, Absalão começou a plantar as sementes de sua própria destruição.[14] Robert Chisholm é oportuno ao escrever:

> Há justiça retributiva aqui: aquele que, sem piedade alguma, aconselhou seu novo senhor a matar Davi (17:2,3) agora está

> morto, e as cordas que pronunciaram esse conselho perverso foram esmagadas. O Senhor respondeu a oração de Davi ao frustrar o conselho de Aitofel; agora, em sua providência, o Senhor remove completamente de cena esse inimigo potencialmente perigoso. O suicídio de Aitofel prenuncia o que está para acontecer com seu novo senhor, que também morrerá dependurado (18:9-15).[15]

Concordo com Joyce Balwin quando disse que foi um fim trágico para um homem indubitavelmente capaz, outrora conselheiro valiosíssimo para Davi (16:23), mas que se tornou traidor.[16]

Davi recebeu o cuidado dos amigos (17:24-29)

Destacamos, aqui, três pontos:

Em primeiro lugar, *Davi chega em Maanaim* (17:24). Manaaim, cidade da Transjordânia, foi o lugar onde Jacó, depois de reconciliar-se com Labão, seu sogro, viu anjos de Deus que saíram ao seu encontro. Jacó chamou aquele lugar de "acampamento de Deus" (Gn 32:1,2). Esse lugar foi, também, a sede do governo de dois anos de Isbosete, filho de Saul, sobre Israel (2:8-10). Paradoxalmente, a antiga capital de Isbosete funcionou como o quartel-general temporário de Davi durante a revolta de Absalão. Foi nesse lugar que Davi chegou e recebeu presentes de Sobi, Maquir e Barzilai (17:27).

Em segundo lugar, *Absalão constitui Amassa comandante do exército* (17:25,26). Absalão constitui Amassa comandante de seu exército. Amassa é descrito como filho de Jéter, o ismaelita, e de Abigail, irmã de Zeruia. Isso significa que era primo de Joabe e sobrinho de Davi. Concordo com Joyce Baldwin quando diz que a razão de se apresentar detalhes da família é permitir que o leitor aprecie a hostilidade entre Amasa e Joabe enquanto eles comandavam forças adversárias.[17] A rebelião estava entranhada dentro da própria família de Davi. Mais do que um golpe de Estado, era uma briga de família. Mais tarde, quando a revolta foi suprimida, Davi colocou Amassa no comando de seu exército (19:3), possivelmente para aplacar os israelitas simpatizantes de Absalão.[18]

Em terceiro lugar, *os amigos de Davi o presenteiam* (17:27-29). Em Maanaim Davi recebeu apoio de Sobi, Maquir e Barzilai. Eles presentearam Davi, oferecendo a ele e a seu povo provisão generosa. Mesmo em meio ao maior sofrimento, Deus mostra a Davi os sinais do seu favor!

Notas

1 MELLISH, Kevin J. *Novo comentário bíblico Beacon – 1 e 2Samuel.* 2015, p. 310.

2 CHISHOLM JR, Robert B. *1 e 2Samuel.* 2017, p. 268.

3 PURKISER, W. T. *Os livros de 1 e 2Samuel. In* Comentário bíblico Beacon. Vol. 2. 2015, p. 253.

4 MELLISH, Kevin J. *Novo comentário bíblico Beacon – 1 e 2Samuel.* 2015, p. 310.

5 BALDWIN, Joyce G. *I e IISamuel: introdução e comentário.* 2006, p. 299.

6 DAVIS, Dale Ralph. *2Samuel.* 2018, p. 214.

7 MELLISH, Kevin J. *Novo comentário bíblico Beacon – 1 e 2Samuel.* 2015, p. 311.

8 BALDWIN, Joyce G. *I e IISamuel: introdução e comentário.* 2006, p. 301.

9 WIERSBE, Warren W. *Comentário bíblico expositivo.* Vol. 2. 2006, p. 351.

10 CHISHOL JR, Robert B. *1 e 2Samuel.* 2017, p. 268.

11 WIERSBE, Warren W. *Comentário bíblico expositivo.* Vol. 2. 2006, p. 352.

12 BALDWIN, Joyce G. *I e IISamuel: introdução e comentário.* 2006, p. 301.

13 WIERSBE, Warren W. *Comentário bíblico expositivo.* Vol. 2. 2006, p. 353.

14 MELLISH, Kevin J. *Novo comentário bíblico Beacon – 1 e 2Samuel.* 2015, p. 311.

15 CHISHOLM JR, Robert B. *1 e 2Samuel.* 2017, p. 269.

16 BALDWIN, Joyce G. *I e IISamuel: introdução e comentário.* 2006, p. 302.

17 Idem.

18 MELLISH, Kevin J. *Novo comentário bíblico Beacon – 1 e 2Samuel.* 2015, p. 312.

Capítulo 19

Morte e choro

(2Samuel 18:1-33)

Este capítulo trata da batalha entre o exército de Davi e o exército rebelde de Israel, liderado por Absalão. Vemos aqui as grandes perdas dessa rebelião, a morte de Absalão e o choro de Davi. Nas palavras de Dale Ralph Davis, "esse foi um triste triunfo".[1] Robert Chisholm diz que nesse doloroso processo Davi paga a terceira prestação do castigo quádruplo que ele impôs a si mesmo (12:6). A profecia de Natã continua a ressoar ao longo da narrativa, à medida que a espada segue causando destruição na família de Davi (12:10).[2] No texto em tela vemos Absalão como personagem central, Joabe como personagem dominante e Davi como personagem passivo. Na verdade, desde o capítulo 13 Absalão vem ocupando o centro da narrativa. Muito embora seja a figura central, não está no controle. Ele jamais fala. Embora seja a figura central, ele está mudo. O monumento que deveria celebrar sua fama (18:18) é eclipsado por sua perpétua infâmia (18:17). Joabe, por sua vez, está no controle. Ele é a figura dominante. Joabe mata Absalão (18:14-17), envia mensagem ao rei (18:19-23) e o exorta (19:1-7). Davi dá uma ordem acerca de seu filho, que não é obedecida (18:5; 14,15). Ele recebe a notícia de que seu exército foi vitorioso, mas em virtude da morte do filho não celebra o triunfo, mas chora, e o faz amargamente.[3]

A estratégia do rei (18:1,2)

Davi foi forjado na bigorna do sofrimento. Seus anos de fuga de Saul e seus ataques aos inimigos de Israel deram-lhe experiência no campo de batalha. Como o comandante maior do exército de Israel, toma três atitudes importantes:

Em primeiro lugar, *ele avalia a força militar que tem ao seu dispor* (18:1). Davi conta o povo que tinha consigo, reúne e inspeciona as tropas, pondo sobre elas capitães de mil e capitães de cem. Cada cidadão é um soldado e cada soldado é liderado por um capitão. No seu exército há comando claro. Hierarquia e disciplina fazem parte de seu exército. Os soldados sabem o potencial que têm e sob o comando de quem devem lutar.

Em segundo lugar, *ele distribui seu exército em três forças militares* (18:2a). Davi enviou o povo, distribuindo-o em três frentes de batalha. Os capitães de campo eram os irmãos Joabe e Abisai e o heteu Itai. Um terço do povo deve estar sob o comando de Joabe; outro terço, sob o comando de Abisai; e o outro terço, sob a liderança de Itai. Não basta um exército numeroso, é preciso ter um pelotão organizado. Não basta ter um grande líder à frente, é preciso ter uma força-tarefa bem coordenada. Kevin Mellish diz, acertadamente, que o estratagema de batalha de Davi dava aos seus guerreiros flexibilidade na arte de guerrilha, utilizando o terreno e táticas não convencionais contra a milícia conscrita de Absalão.[4]

Em terceiro lugar, *ele se dispõe a ir com o exército para o campo de batalha* (18:2b). Davi, como guerreiro experiente, apesar de sua avançada idade, se propõe a ir com o povo ao campo de luta. Essa estratégia, porém, não foi aceita pelo povo. Os soldados de Israel sabiam que Davi era o alvo principal da batalha e sua morte colocaria tudo a perder. Assim, nas palavras de W. T. Purkiser, "Davi foi dissuadido com base de que sua vida e presença valeriam uma brigada de dez mil soldados comuns, e no caso de qualquer uma das corporações tivesse que recuar, ele, como o comandante central, poderia vir em seu auxílio".[5]

A estratégia do povo (18:3,4)

Três fatos devem ser aqui notados:

Em primeiro lugar, *o povo sabe o valor da vida do rei* (18:3a). Os soldados de Davi não permitiram que o rei entrasse na batalha. Davi representava um alvo de grande valor, cuja vida valia dez mil de seus homens.

Em segundo lugar, *o povo precisa da liderança de Davi na base* (18:3b). O alvo principal do exército de Israel, comandado por Absalão, era matar Davi. Esse foi o conselho de Aitofel. Os soldados do campo precisavam da liderança segura de Davi na base.

Em terceiro lugar, *Davi aquiesce à estratégia do povo* (18:4). Ele ficou na cidade para enviar ajuda quando necessário.

A ordem do rei (18:5)

Davi está travando a guerra mais sensível e amarga de sua carreira. Sua ordem não emana de um guerreiro experimentado, mas de um pai aflito. Vejamos a ordem do rei: "Deu ordem o rei a Joabe, a Abisai e a Itai, dizendo: 'Tratai com brandura o jovem Absalão, por amor de mim'. Todo o povo ouviu quando o rei dava a ordem a todos os capitães acerca de Absalão" (18:5). Davi esperava que seu exército saísse vitorioso, mas não suportava a ideia de ver seu filho morto na batalha.

Dale Ralph Davis diz que essa ordem poderia fazer sentido se Absalão estivesse numa terapia em vez de estar numa guerra. A ordem de Davi foi clara, pública e memorável, mas não sábia. Davi estava, com essa ordem, abandonando considerações militares e morais para atender seus próprios sentimentos. Ele está enviando o povo para arriscar a vida por ele e pelo seu trono, enquanto pede brandura para seu filho, que é a raiz de todo o mal, a fim de que não seja morto.[6] Como poderia os homens de Davi lidar gentilmente com seu filho quando o propósito do Senhor era destruí-lo? O propósito soberano de Deus prevaleceu sobre os sentimentos do rei.

Concordo com Kevin Mellish quando diz: "Essa ordem de Davi não só desrespeitava os homens que estavam lutando por Davi, mas também transmitia fraqueza diante de um adversário tão perigoso".[7] Robert Chisholm tem razão em dizer que "a juventude de Absalão não é desculpa para seu modo de agir. Aliás, o narrador emprega o mesmo termo (*naar*) para os filhos de Eli (1Sm 2:17)".[8] Ainda Warren Wiersbe chama a atenção para o fato de que, por certo, não era esse o tratamento que Absalão havia reservado para seu pai. Ele havia assassinado Amnom, expulsado Davi de

Jerusalém, tomado o trono, violentado suas concubinas e, agora, estava determinado a matar o pai. Absalão não era o tipo de homem que alguém gostaria de proteger, mas se Davi tinha um defeito visível, esse era o de mimar os filhos.[9]

A batalha travada (18:6-8)

O exército de Davi, liderado pelos três capitães, travou a batalha com o Israel rebelado, no bosque de Efraim. Israel aparece no papel de inimigo, o que enfatiza o amplo apoio que Absalão obteve (15:6,13; 16:15; 17:14,24,26) e a vulnerabilidade de Davi. Não obstante a superioridade numérica dos que seguiam Absalão, o exército de Davi foi vitorioso. Vejamos três pontos:

Em primeiro lugar, *o lugar da batalha* (18:6). O bosque de Efraim era denso e, por isso, um território mais favorável ao experimentado exército de Davi, liderado pelos três capitães. Concordo com Kevin Mellish quando diz que lutar contra os soldados de Absalão nessa área florestal e traiçoeira definitivamente fornecia aos homens de Davi uma ampla cobertura para lutar em um estilo de guerra não convencional. A estratégia funcionou bem, pois vinte mil homens de Israel caíram nas mãos dos servos de Davi. Os homens de Davi definitivamente usaram o terreno acidentado para sua vantagem.[10]

Em segundo lugar, *o triunfo do exército de Davi* (18:7). O povo de Israel que seguia o rebelde Absalão foi abatido diante dos servos de Davi. Grande foi a derrota dos aliados de Absalão, com a perda de vinte mil homens. Concordo com Joyce Baldwin quando escreve: "A natureza toda conspira para fazer prosperar a causa do rei e derrotar o rebelde, embora este conte com o apoio de 'todo o Israel'".[11]

Em terceiro lugar, *a estratégia do campo de batalha* (18:8). Davi levou a peleja para o bosque de Efraim, sabendo que esse lugar lhe era favorável. O narrador chega a dizer que a batalha se estendeu aí por toda aquela região, composta de gargantas e de desfiladeiros das montanhas; e o bosque, naquele dia, consumiu mais gente do que a espada.

A morte de Absalão (18:9-18)

Warren Wiersbe diz, com razão, que Deus não precisava de uma espada para deter o rebelde Absalão; simplesmente usou o galho de uma árvore.[12] Destacamos, aqui, seis pontos importantes:

Em primeiro lugar, *Absalão dependurado na árvore* (18:9). Liderando o exército rebelde, montado no seu mulo, ele encontrou-se com os homens de Davi. Na tentativa de fuga, seu mulo entrou debaixo dos ramos espessos de um carvalho. O príncipe ficou preso nele pela cabeça, pendurado entre o céu e a terra, pois o mulo que montava passou adiante. Sua cabeleira proverbial, símbolo de sua beleza e orgulho, tornou-se o laço de sua morte. Como Aitofel, seu conselheiro, também morreu pendurado numa árvore. Joyce Baldwin diz que o traidor ficou pendurado, à mercê dos soldados de Davi; assim, estes não precisaram lutar contra o filho do rei, mas também não o salvaram. A grande árvore, embora imóvel, revelou-se mais do que páreo para o orgulhoso Absalão.[13]

Em segundo lugar, *a mensageiro leva a notícia a Joabe* (18:10-13). Um homem do exército, comandado por Joabe, ao ver Absalão preso pelos cabelos, dependurado no carvalho, foi comunicar o fato ao seu capitão. Este o repreendeu por não ter matado Absalão, dizendo-lhe que seria recompensado e promovido por essa façanha. O homem, porém, corajosamente, enfrentou Joabe, dizendo que ainda que lhe pagasse alto valor não atentaria contra a vida do filho do rei, especialmente depois de ter ouvido do próprio rei a ordem para tratar com brandura seu filho Absalão. E mais, o próprio Joabe não o defenderia quando o rei soubesse que ele havia atentado contra a vida de Absalão. Hipoteco apoio ao que escreve Joyce Baldwin: "Esse homem do exército é admirável em sua resistência ao suborno. Nem mesmo mil moedas de prata e o cinto que implicava promoção o induziram a matar o filho do rei".[14]

Em terceiro lugar, *a morte de Absalão* (18:14,15). Warren Wiersbe diz que o general que havia promovido a reconciliação entre Davi e Absalão ignorou as ordens de Davi e matou o rapaz. Absalão rejeitou o plano de Aitofel de "matar somente o rei", mas Joabe comprou essa ideia.[15] Ele não deu mais ouvidos ao soldado, e imediatamente tomou três dardos e traspassou com eles o coração de Absalão, estando ele ainda vivo. Então, os dez jovens que levavam as armas de Joabe, feriram Absalão e o mataram.

Joabe tinha consciência de que Davi só estaria seguro quando Absalão estivesse morto. É digno de nota que o narrador não tece qualquer crítica à atitude de Joabe, muito embora este tenha ignorado a ordem do rei e eliminado Absalão. Dale Ralph Davis diz que o ato de Joabe foi ao mesmo tempo rebelde e racional: rebelde à luz da ordem de Davi; racional, para o bem-estar do regime.[16]

Em quarto lugar, *o fim da guerra* (18:16). Morto Absalão, Joabe tocou a trombeta, deteve o povo, cujos soldados estavam dispersos. Estava terminada a guerra. A morte de Absalão pôs fim à batalha, evitando assim mais derramamento de sangue.

Em quinto lugar, *o sepultamento de Absalão* (18:17). Levaram Absalão e o lançaram no bosque, numa grande cova e levantaram sobre ele grande quantidade de pedras. Uma pedra é tudo o que leva o nome de Absalão, e nada mais. Dale Ralph Davis, citando McCarter, escreve:

> Este é o sepultamento de um homem amaldiçoado. Compare: 1) Josué 7:26, onde Acã, tendo sido apedrejado até à morte por seu sacrilégio (Js 7:15), é sepultado sob "um montão de pedras"; 2) Josué 8:29, onde o rei de Ai, tendo sido enforcado, é lançado à porta da cidade, e sobre ele levantaram um montão de pedras; 3) Josué 10:27, onde cinco reis inimigos, tendo sido mortos e enforcados, foram lançados numa cova, e a boca da cova, coberta por grandes pedras. Absalão é amaldiçoado como um fratricida e um rebelde, e também foi pendurado numa árvore (Dt 21:23).[17]

Em sexto lugar, *o monumento de Absalão* (18:18). Ele, mesmo tendo filhos, deve tê-los perdido na infância, ou mesmo na guerra, pois, não tendo herdeiros, levantou para si uma coluna, no vale do Rei, coluna que passou a ser chamada de "o Monumento do Absalão". W. T. Purkiser faz menção de um obelisco conhecido como "túmulo de Absalão", que ainda permanece no vale de Cedrom, do lado de fora da antiga área do templo em Jerusalém.[18] Porém essa coluna é do tempo de Herodes. Fica evidente aqui que "a memória do justo é abençoada, mas o nome dos perversos cai em podridão" (Pv 10:7).

A notícia ao rei (18:19-28)

Quando o inimigo é seu filho, é difícil haver triunfo ou celebração na vitória. Destacamos cinco pontos importantes aqui:

Em primeiro lugar, *uma boa notícia com sabor amargo* (18:19,20). Era hora de comunicar a Davi, que estava em Manaaim, o fim da guerra e a retumbante vitória alcançada contra os inimigos. Aimaás se apresenta para correr e dar a notícia ao rei, porém Joabe o impediu, dizendo que as boas-novas tinham sabor amargo para Davi, uma vez que seu filho Absalão estava morto. Joabe não queria que Aimaás, filho do sacerdote, sofresse as possíveis consequências dessa notícia.

Em segundo lugar, *uma boa notícia sem recompensa* (18:21-23). Joabe ordena que o etíope seja o portador da notícia a Davi. Entretanto, Aimaás, mesmo sabendo que a notícia não lhe traria qualquer recompensa, antes, poderia lhe trazer até mesmo risco de vida, está disposto a levá-la a Davi. Nas palavras de Kevin Mellish, "o respeito e a lealdade de Aimaás por Davi ofuscava as preocupações com a sua própria segurança. Isso fica evidente pela sua resposta: 'Seja como for, deixa-me também correr' (18:18.22)".[19]

Em terceiro lugar, *os portadores de boas-novas* (18:24-27). Aimaás, célere como uma corça, ultrapassou o etíope. A sentinela de Davi viu o corredor se aproximar. Sabendo que vinha só, Davi entendeu que se tratava de boas-novas. De repente, a sentinela viu outro corredor, o etíope, chegando, e Davi entendeu que se tratava de notícias alvissareiras. A sentinela reconheceu que o corredor que chegava na frente era Aimaás, e Davi compreendeu que por ser ele homem de bem, lhe trazia boas-novas.

Em quarto lugar, *Aimaás proclama a vitória, mas oculta a morte de Absalão* (18:28-30). Aimaás, gritando, disse ao rei: "Paz! Inclinando-se ao rei, com o rosto em terra, disse: 'Bendito seja o SENHOR, teu Deus, que nos entregou os homens que levantaram a mão contra o rei, meu senhor'"

(18:28). A breve mensagem de Aimaás a Davi incluía a palavra *Shalom*, um trocadilho com o nome do próprio Absalão (*Abshalom*) e um prelúdio para a indagação de Davi concernente ao bem-estar (*Shalom*) de seu filho.[20] Davi, não satisfeito com a vitória, está mais interessado no destino do filho, e perguntou: "Vai bem o jovem Absalão?" (18:29a). Aimaás tergiversa e oculta de Davi o que havia acontecido, dizendo-lhe: "Vi um grande alvoroço, quando Joabe mandou o teu servo, ó rei, porém não sei o que era" (18:29b). Aimaás contou a Davi a verdade, mas não toda a verdade. Davi deixou-o de lado e passou a ouvir o etíope que chegava em seguida.

Em quinto lugar, *o etíope proclama a vitória, e comunica ao rei a morte de Absalão* (18:31,32). O etíope, deixando a saudação protocolar de lado, foi direto ao ponto e disse ao rei: "Boas-novas ao rei, meu senhor. Hoje, o SENHOR te vingou do poder de todos os que se levantaram contra ti" (18.31). Davi, então, lhe pergunta: "Vai bem o jovem Absalão?". O etíope respondeu: "Sejam como aquele os inimigos do rei, meu senhor, e todos os que se levantam contra ti para o mal" (18:32). O etíope transmitiu a notícia da morte de Absalão a Davi, mas de um modo indireto, amenizando assim o golpe. O abrupto anúncio do etíope, mesmo assim, mergulhou o rei em profunda tristeza. O etíope contou toda a verdade a Davi, não apenas sobre a batalha, mas, também, sobre a morte de seu filho.

O etíope trouxe boas e más novas ao rei. O livramento para Davi envolvia também o desastre para Absalão. Se o reino de Deus sob o rei escolhido estava para ser salvo, então o inimigo que havia usurpado o reino deveria ser destruído. Deus não traz pleno livramento para a Igreja até que traga decisivo julgamento aos seus inimigos. A permanência do reino (18:31) implica na destruição de seus inimigos (18:32).

O choro do rei (18:33)

Davi estava fora da realidade, caso imaginasse que poderia ter salvado tanto o trono quanto a vida do filho rebelde, diz Joyce Baldwin.[21] Destacamos, aqui, dois pontos:

Em primeiro lugar, *o choro comovido do rei* (18:33a). Ao saber da morte de Absalão, seu filho, Davi ficou profundamente comovido, subiu à sala que estava por cima da porta e, numa explosão emocionada, desatou a chorar. Ele já havia chorado quando soube da morte de Saul e de Jônatas (1:11,12), dos assassinatos de Abner (3:32) e de Amnom (13:33-36); então, por que não deveria chorar agora pela morte de seu filho amado, Absalão?

Dale Ralph Davis sugere uma mais profunda dimensão para a tristeza de Davi. Certamente as palavras do profeta Natã ainda ecoavam em seus ouvidos: "A espada não se apartará de sua casa" (12:10). É a culpa de Davi que alimenta sua tristeza.[22] Absalão, embora totalmente responsável por seus atos rebeldes, está sofrendo, de igual modo, a culpa de seu pai.

W. T. Purkiser diz que a dor do rei foi sem dúvida intensificada por seu próprio fracasso como pai para Absalão.[23] Nessa mesma linha de pensamento Kevin Mellish diz: "O amor de um pai transcendia as ações irresponsáveis de um filho rebelde, não importa o quanto as mesmas ferissem o pai individualmente. Entretanto, a reação de Davi pode apontar para suas próprias falhas como pai".[24] Joyce Baldwin complementa: "O pai que nunca havia tomado providências para corrigir o filho ambicioso e mimado está se entregando ao tormento de si mesmo, expressando o desejo de ter morrido no lugar de Absalão".[25]

Em segundo lugar, *o desejo do rei em ter morrido no lugar do filho* (18:33b). Com lágrimas copiosas, Davi chora e anda de um lado para o outro, dizendo: "Meu filho Absalão, meu filho, meu filho Absalão! Quem me dera que eu morrera por ti, Absalão, meu filho, meu filho!". Concordo com Robert Chisholm quando diz: "Davi deveria ter se dado conta de que não podia ter, ao mesmo tempo, o trono e o filho. Manter um significava, de fato, perder o outro".[26] Fica evidente que Davi se concentra na disciplina aplicada por Deus, e não no livramento concedido por Ele.

Concluo este capítulo com as palavras de Dale Ralph Davis: "Primeiro e Segundo Samuel claramente nos mostram que o ungido rei Davi é um rei sofredor. Porém, ele está derramando lágrimas por sua própria tristeza e sobre sua própria culpa. Porém, nós esperamos pelo seu Descendente, o homem de dores, que levará nossas tristezas e carregará nossas dores (Is 53:4)".[27]

Notas

1 DAVIS, Dale Ralph. *2Samuel.* 2018, p. 223.

2 CHISHOLM JR, Robert B. *1 e 2Samuel.* 2017, p. 272.

3 DAVIS, Dale Ralph. *2Samuel.* 2018, p. 225,226.

4 MELLISH, Kevin J. *Novo comentário bíblico Beacon – 1 e 2Samuel.* 2015, p. 312.

5 PURKISER, W. T. *Os livros de 1 e 2Samuel. In* Comentário bíblico Beacon. Vol. 2. 2015, p. 254.

6 DAVIS, Dale Ralph. *2Samuel.* 2018, p. 229.

7 MELLISH, Kevin J. *Novo comentário bíblico Beacon – 1 e 2Samuel.* 2015, p. 313.

8 CHISHOLM JR, Robert B. *1 e 2Samuel.* 2018, p. 273.

[9] WIERSBE, Warren W. *Comentário bíblico expositivo*. Vol. 2. 2006, p. 354.
[10] MELLISH, Kevin J. *Novo comentário bíblico Beacon – 1 e 2Samuel*. 2015, p. 313.
[11] BALDWIN, Joyce G. *I e IISamuel: introdução e comentário*. 2006, p. 304.
[12] WIERSBE, Warren W. *Comentário bíblico expositivo*. Vol. 2. 2006, p. 354.
[13] BALDWIN, Joyce G. *I e II Samuel: introdução e comentário*. 2006: p. 304.
[14] Idem.
[15] WIERSBE, Warren W. *Comentário bíblico expositivo*. Vol. 2. 2006, p. 354.
[16] DAVIS, Dale Ralph. *2Samuel*. 2018, p. 229.
[17] Idem, p. 227.
[18] PURKISER, W. T. *Os livros de 1 e 2Samuel*. *In* Comentário bíblico Beacon. Vol. 2. 2015, p. 255.
[19] MELLISH, Kevin J. *Novo comentário bíblico Beacon – 1 e 2Samuel*. 2015, p. 314.
[20] Idem, p. 315.
[21] BALDWIN, Joyce G. *I e IISamuel: introdução e comentário*. 2006, p. 307.
[22] DAVIS, Dale Ralph. *2Samuel*. 2018, p. 235.
[23] PURKISER, W. T. *Os livros de 1 e 2Samuel*. *In* Comentário bíblico Beacon. Vol. 2. 2015, p. 255.
[24] MELLISH, Kevin J. *Novo comentário bíblico Beacon – 1 e 2Samuel*. 2015, p. 316.
[25] BALDWIN, Joyce G. *I e IISamuel: introdução e comentário*. 2006, p. 307.
[26] CHISHOLM JR, Robert B. *1 e 2Samuel*. 2017, p. 275.
[27] DAVIS, Dale Ralph. *2Samuel*. 2018, p. 236.

Capítulo 20

A volta do rei para Jerusalém

(2Samuel 19:1-43)

A VITÓRIA DO EXÉRCITO de Davi sobre o rebelde exército de Absalão teve sabor amargo para o rei pactual. Em vez de comemorar a vitória, Davi se rende a um choro convulsivo; em vez de agradecer aos seus valentes soldados, que deram a vida para salvar o rei e o reino, envergonha-os com sua atitude; em vez de falar às suas tropas em público, se isola e se tranca dentro de casa, rendido à uma tristeza crônica.

Robert Chisholm alerta para o fato de que uma vez que o Senhor decreta a disciplina, ela é inescapável e que a disciplina aplicada pelo Senhor, mesmo quando atenuada por sua salvação, pode ser dolorosa.[1]

O rei se rende a uma tristeza crônica (19:1-4)

A tristeza de Davi é agravada pela culpa. Nas palavras de Dale Ralph Davis "temos aqui um rei salvo da morte e vitorioso, mas ao mesmo tempo, um rei triste e abatido".[2] Destacamos quatro fatos:

Em primeiro lugar, *um rei consumido pela tristeza* (19:1). O luto pelo filho rebelde fez da tristeza de Davi uma ameaça à sua vida e ao seu reino. Davi continuava chorando e lastimando a morte de Absalão, desconsiderando ou fazendo pouco caso da retumbante vitória que seu exército havia imposto aos rebeldes. Kevin Mellish diz que Davi estava tão consumido com sua própria aflição que ele nem pensou como aquilo afetava seus guerreiros que lutaram por ele. Essa angústia de Davi teve um efeito devastador sobre seus soldados. Isso tornou-se um insulto ao povo que o defendeu e arriscou a vida por ele.[3] Como diz Joyce Badwin, "para o exército vitorioso, era difícil aceitar que Davi não tivesse qualquer palavra de apreciação pela bravura deles em combate".[4]

Em segundo lugar, *uma vitória com gosto de funeral* (19:2). A vitória do exército de Davi tornou-se em luto para todo o povo. Nenhuma palavra de gratidão do rei aos seus valentes aliados. Nenhuma celebração pela vitória. Nenhum bandeira drapejada festejando o triunfo sobre os rebeldes. Parecia que aquela era uma vitória com gosto de derrota. Warren Wiersbe diz que Davi, o pai, se esqueceu de que também era Davi, o rei, que ainda possuía a coroa e não podia render-se ao abatimento.[5]

Em terceiro lugar, *uma soldadesca vitoriosa, mas envergonhada* (19:3). A atitude descontrolada de Davi fez de sua soldadesca vitoriosa um bando de homens envergonhados, entrando na cidade de Manaaim com a cara coberta de pejo, como se estivessem voltando de uma derrota humilhante. A vitória se tornou naquele dia em derrota e a alegria do triunfo, em tristeza. Os soldados de Davi entraram em Manaaim como se tivessem sido os perdedores, e não os vencedores.

Em quarto lugar, *um rei descompensado e sem liderança* (19:4). Davi perdeu completamente o controle. Ele perdeu a capacidade de liderar ao cobrir o rosto e exclamar em alta voz: "Meu filho Absalão, Absalão, meu filho, meu filho!" (19:4). Sua influência foi absolutamente negativa. Aquele foi o fracasso do triunfo. Robert Chisholm destaca que depois que Tamar foi estuprada, ela chorou em alta voz (13:19); agora, é Davi quem exclama em alta voz (19:4) por causa da morte de seu filho.[6] Cinco vezes Davi grita o nome de Absalão e oito vezes clama "meu filho" (18:13; 19:4).

O rei é duramente confrontado por Joabe (19:5-8)

Havia somente um homem capaz de entrar na casa do rei Davi para confrontá-lo. Esse homem era Joabe e ele não hesitou em fazê-lo. Ele é adequadamente rude, a fim de abalar Davi e levá-lo a reconhecer a situação. Vejamos:

Em primeiro lugar, *um duro confronto ao rei* (19:5). Joabe acusou Davi de ter envergonhado naquele dia a face dos seus servos que haviam livrado sua vida, a vida de seus filhos, de suas filhas, de suas mulheres e de suas concubinas. Os soldados voltaram da batalha vitoriosa como se tivessem sido derrotados. Nas palavras de Joyce Baldwin, "as pessoas que salvaram a vida do rei e de suas esposas e filhos foram recompensadas com desonra".[7]

Em segundo lugar, *uma clara inversão de valores do rei* (19:6). Joabe, num tom exagerado, acusa Davi de amar os que lhe aborrecem e aborrecer os que lhe amam. Ele o acusa de dar a entender que os príncipes e servos que estavam com ele não tinham qualquer valor, pois se Absalão tivesse sobrevivido, mesmo que todos os aliados de Davi tivessem morrido, o rei estaria contente. Joabe acusa o rei de priorizar as coisas erradas, ou seja, amar os que o odiavam e odiar os que o amavam. Ele usa os termos "amar" e "odiar" com a conotação pactual de lealdade e deslealdade. Davi estava sendo mais leal ao desleal Absalão que a seus soldados fiéis.

Em terceiro lugar, *uma solene ameaça ao rei* (19:7). Joabe mexe com os brios do rei e ordena-lhe que se levante e saia para falar ao coração do povo, engatando em seguida uma solene ameaça: "Juro pelo Senhor que, se não saíres, nem um só homem ficará contigo esta noite; e maior mal te será isto do que todo o mal que tem vindo sobre ti desde a tua mocidade até agora" (19:7). A repreensão e advertência de Joabe sugerem que Davi corre o risco de perder seus partidários. Concordo com Kevin Mellish quando diz que Joabe tinha o poder de animar o exército a abandonar Davi e, assim, deixar o rei sem poder. Essa situação era pior do que todas as desgraças que já haviam lhe acontecido. As palavras de Joabe indicavam que se Davi não consertasse a situação, outra rebelião, que seria liderada pelo próprio Joabe, estaria no horizonte.[8] Em seguida, Joabe passa a apresentar a atitude que Davi deveria adotar: "Levanta-te agora, sai, e fala segundo o coração dos teus servos" (19:7). Ele mostra a Davi a necessidade de uma ação imediata. O juramento que fez, pelo Senhor, dava uma tom solene à sua urgente insistência com o rei.

Em quarto lugar, *uma reação positiva do rei* (19:8). O discurso breve, porém penetrante de Joabe, puxou o rei de volta à realidade, e Davi assumiu o seu posto, na porta da cidade.[9] Ele atendeu à advertência, levantou-se e assentou-se à porta. Sabendo-o todo o povo, veio apresentar-se perante o rei. A imagem de Davi aqui não é a de um líder grato, vitorioso, que falava entusiasticamente com seus soldados. Ao contrário, esta imagem relembra o retrato de um homem abatido até o pó, que mal consegue se levantar, e faz apenas o mínimo que lhe é devido ou que se espera dele.[10]

O rei enfrenta a altercação das tribos na volta a Jerusalém (19:9-15,41-43)

A fuga de Davi da cidade de Jerusalém foi regada por lágrimas, enquanto a volta a Jerusalém foi marcada por fortes tensões. Vejamos:

Em primeiro lugar, *o dilema das tribos de Israel* (19:9,10). Davi precisa traçar uma estratégia para reassumir o trono, uma vez que a nação estava rasgada por uma guerra civil, e agora todas as tribos estavam altercando entre si. O povo das tribos do norte discutia acerca das perspectivas de se submeterem ao governo de Davi. A história mostrava-lhes que o rei os havia tirado das mão de seus inimigos e que o rei rebelde, a quem tinham aderido, estava morto. As tribos chegaram à conclusão que o melhor a fazer era trazer Davi de volta ao trono. A abordagem deles era utilitária e pragmática.

Em segundo lugar, *a estratégia de Davi para sua volta a Jerusalém* (19:11,12). Enquanto as tribos israelitas deliberavam sobre sua decisão, Davi buscou conquistar o favor do povo de Judá. Ele compreendeu que precisava começar com a tribo de Judá, o berço da rebelião de Absalão. O rei sabia que sua reinstalação dependia de uma reaproximação desta tribo. Então, enviou seus dois leais sacerdotes

Zadoque e Abiatar, para agir como seus embaixadores e abrir o caminho para a reconciliação. Davi reforça seu apelo, dizendo que eles eram seus parentes mais chegados, como seus ossos e carne.

Em terceiro lugar, *a nomeação de Amasa em lugar de Joabe* (19:13). Davi, certamente, já tinha tomado conhecimento de que seu filho Absalão tinha sido morto pelas mãos de Joabe, mesmo tendo dado uma ordem expressa para o tratarem com brandura. O rei precisava pacificar as tribos e para livrar-se de influência cada vez maior de Joabe resolve fazer uma troca radical de comando de suas tropas, nomeando Amasa, o comandante do exército de Absalão, em seu lugar. Politicamente isso parecia simpático, pois com esse gesto Davi demonstrava que estava perdoando todos os soldados rebeldes que apoiaram a causa de Absalão.

Dale Ralph Davis diz que Davi, em sua estratégia para voltar a Jerusalém, apelou para o orgulho dos judaítas (19:11b), para seu estreito relacionamento com eles (19:12a) e para as futuras preocupações que tinham, jurando nomear Amasa, o comandante do exército de Absalão, para ocupar o lugar do comandante Joabe (19:13). Com isso Davi estava dizendo que todos os judaítas que haviam dado suporte a Absalão não precisavam ter medo de vingança do novo regime de seu reino.[11] É digno de nota que a reação de Joabe não é registrada aqui, mas o leitor pode presumir que ele não estava satisfeito com a escolha de Davi em elevar o comandante das forças opostas. Russell Norman Champlin diz que fazia muito que Davi estava desassossegado por causa da fortíssima influência de Joabe (3:30; 16:10; 19:22) e agora, desde que ele havia matado Absalão, decidira livrar-se dele. Davi, porém, subestimou Joabe. O que o rei realmente conseguiu foi provocar o assassinato de Amasa por Joabe (20:10).[12]

Em quarto lugar, *o apoio unânime da tribo de Judá para o volta do rei a Jerusalém* (19:14,15). A nomeação de Amasa agradou aos homens de Judá, a ponto de, unanimemente, recomendarem ao rei sua volta imediata a Jerusalém, com todos os seus servos. Então Davi voltou e chegou ao Jordão; os de Judá foram a Gilgal para encontrarem-se com o rei, a fim de fazê-lo passar o Jordão, rumo a Jerusalém. Kevin Mellish diz que o simbolismo disto não pode ser ignorado, considerando que Gilgal serviu como um importante ponto de parada quando os israelitas se preparavam para entrar em Canaã (Js 4—5) e quando o povo renovou o reinado nos dias de Saul (1Sm 11:14). O fato de Davi atravessar o Jordão perto de Gilgal convida o leitor a considerar seu retorno e o restabelecimento da monarquia davídica à luz desses importantes acontecimentos.[13]

Em quinto lugar, *a tensão entre a tribo de Judá e as dez tribos no norte* (19:41-43). Davi ainda não tinha voltado para Jerusalém quando sinais de disputas entre as tribos pareciam estar fervilhando. Todos os homens de Israel vieram a Davi com uma reclamação.[14] Mesmo depois da vitória sobre o exército rebelde, não houve sossego para Davi. Warren Wiersbe citando Shakespeare escreve: "Inquieta deita-se a cabeça que usa a coroa".[15] A liderança da tribo de Judá na reentronização de Davi não agradou as dez tribos do norte. Todos os homens de Israel vieram a Davi e acusaram a tribo de Judá de tê-lo sequestrado na sua passagem pelo Jordão, privando-os também desse privilégio. Os homens de Judá retrucaram, dizendo que fizeram isso por causa do parentesco com o rei, uma vez que Davi era da tribo de Judá. Os homens de Israel responderam que o rei lhes pertencia dez vezes mais, declarando, ainda, que Davi lhes pertencia mais do que pertencia à tribo de Judá. Os homens de Israel acusaram a tribo de Judá de ter feito pouco caso deles, uma vez que foram os primeiros a sugerirem a volta do rei a Jerusalém (19:9,10).

A união das tribos pretendida por Davi corre sério perigo, apesar dos esforços dele para promover a reconciliação. Essa tensão entre as tribos não se extinguiu. Pelo contrário, cinquenta anos depois, essas tribos se separaram definitivamente: as dez tribos do norte formaram o reino do norte, sob a liderança cismática de Jeroboão I (1Rs 12:16). W. T. Purkiser reforça essa ideia, assim: "Embora ambos os grupos professassem lealdade a Davi, uma profunda mágoa persistiu entre os homens de Judá e o povo das outras tribos de Israel, como é visto em sua rivalidade em prestar homenagens ao rei. O ciúme tribal ao longo dessas mesmas linhas de divisão mais tarde levou à divisão do reino".[16] Joyce Baldwin lança luz sobre essa tensão crescente entre as tribos:

> As tribos do norte ressentiram-se profundamente do fato de ter sido excluídas da cerimônia em que o rei foi escoltado na travessia do Jordão, em sua viagem para Jerusalém. Embora tenham vindo ter com o rei, o diálogo ocorre entre os dois principais grupos tribais, e o rei, cuja responsabilidade era convocar a todos, fica fora. Aqueles que foram acusados, os da tribo de Judá, defenderam sua ação, desse modo admitindo que haviam "furtado deles o rei". À medida que o clima foi ficando tenso, eles repudiaram a ideia de que houvera qualquer favoritismo ou vantagem material nisso. A contra-argumentação de Israel era sua força numérica maior e o fato de que a primeira sugestão de trazer o rei de volta partira deles (19:10). A discriminação de Davi em favor de sua própria tribo pôs um abismo entre Judá e os demais, o que voltou a colocar o país em guerra.[17]

Dale Ralph Davis é enfático em dizer que embora o rei legítimo tenha retornado, não havia paz no reino. A animosidade e a inveja entre as tribos ameaçava a estabilidade. Esta situação negativa, contudo, trazia um testemunho positivo: este reino deve ser verdadeiramente o reino de Deus ou ele será destruído ao longo de sua jornada.[18]

O rei anistia a Simei (19:16-23)

O resto do capítulo 19 é concernente a diversos indivíduos que se encontraram com Davi, quando ele atravessa a terra de Israel. Vejamos:

Em primeiro lugar, *um pedido de perdão* (19:16-20). Simei, filho de Gera, o homem que lançara pedra sobre Davi e o amaldiçoara, quando este fugia de Absalão (16:5-14), vendo o triunfo das tropas reais sobre o exército rebelde de Absalão, com medo de que o rei exercesse vingança, reuniu mil homens de Benjamim e desceu com os homens de Judá para encontrar Davi no Jordão e o ajudarem na travessia do rio. Simei, o apedrejador, agora, se prostra diante do rei, humildemente, quando este ia passar o Jordão e lhe diz:

> Não me imputes, senhor, a minha culpa e não te lembres do que tão perversamente fez teu servo, no dia em que o rei, meu senhor, saiu de Jerusalém; não o conserves, ó rei, em teu coração. Porque eu, teu servo, deveras confesso que pequei; por isso, sou o primeiro que, de toda a casa de José, desci a encontrar-me com o rei, meu senhor (19:19,20).

Não há dúvida de que a postura de Simei é apenas uma estratégica política para livrar-se de retaliação. Ele continua sendo uma serpente, mas uma serpente que deseja viver. Davi deixa-o viver, sabendo que não era hora de fazer qualquer enfrentamento com outros benjamitas. Ele trata Simei com clemência!

Em segundo lugar, *um pedido de vingança* (19:21). O mesmo Abisai que pedira a Davi para matar Simei, quando este amaldiçoava e apedrejava o rei ao fugir de Jerusalém, agora pede novamente para vingar-se de Simei. O plano de Davi, porém, não incluía retaliação. Era hora de juntar os cacos em vez de derramar mais sangue. Concordo com Kevin Mellish: "A reação de Davi a Simei não era só misericordiosa, mas também politicamente sagaz e pragmática. Seria difícil para ele garantir a lealdade dos benjamitas se tivesse mandado matar Simei logo ali".[19] É bem verdade, que mais tarde, Davi relembrou Salomão de como Simei o tratara naquele dia fatídico em que ele fugira de Jerusalém e o instruiu a não tê-lo como inocente (1Rs 2:9).

Em terceiro lugar, *um perdão concedido* (19:22,23). Davi repreende Abisai, reafirma sua autoridade como rei de Israel e dá anistia a Simei, jurando preservar-lhe a vida. Ele age cautelosamente, dizendo que não era hora de vingança e nem de mais derramamento de sangue, mas era um momento oportuno para pacificar os ânimos e unificar o povo.

O rei corrige um erro cometido contra Mefibosete (19:24-30)

Mefibosete, o filho aleijado de Jônatas que morava no palácio do rei em Jerusalém, também vai ao encontro de Davi em seu retorno à capital. Desde que o rei tinha saído de Jerusalém até sua volta, Mefibosete não tinha tratado dos pés, nem espontado a barba, nem lavado as vestes, num gesto de profundo abatimento. Ele vem a Davi com uma aparência desgrenhada, mas com sinceridade no coração. Destacamos aqui quatro pontos:

Em primeiro lugar, *uma pergunta intrigante* (19:24,25). Mefibosete, filho de Jônatas, neto do rei Saul, alvo do amor e cuidado de Davi, com aspecto de profundo abatimento, vai ao encontro do rei, que lhe pergunta: "Por que não foste comigo, Mefibosete?". Essa pergunta tinha o propósito de checar a veracidade da acusação feita por Ziba, o administrador das terras de Mefibosete. Era Mefibosete um traidor, como acusara Ziba, ou um homem leal ao rei?

Em segundo lugar, *uma resposta convincente* (19:26-28). A resposta de Mefibosete desmascara a mentira de Ziba e aponta para a traição do acusador. A lealdade de Mefibosete revela, além disso, a decisão precipitada de Davi em transferir para o acusador os bens que administrava. Mefibosete deixa clara sua inocência diante do rei. Sua resposta é eloquente:

> Ó rei, meu senhor, o meu servo me enganou; porque eu, teu servo, dizia: 'Albardarei um jumento e montarei para ir com o rei; pois o teu servo é coxo'. Demais disto, ele falsamente me acusou a mim, teu servo, diante do rei, meu senhor; porém, o rei, meu senhor, é como um anjo de Deus; faze, pois, o que melhor te parecer. Porque toda a casa de meu pai não era senão homens dignos de morte diante do rei, meu senhor; contudo, puseste teu servo entre os que comem à tua mesa; que direito, pois, tenho eu de clamar ao rei? (19:26-28).

Em terceiro lugar, *uma réplica não condizente* (19:29). Davi transferiu os bens de Mefibosete para seu servo Ziba, ouvindo apenas um lado, sem averiguar a veracidade das acusações. Agora, evitando novas tensões no retorno ao trono, responde a Mefibosete: "Por que ainda falas dos teus negócios? Resolvo que repartas com Ziba as terras". Davi alterou sua decisão inicial (16:4) e permitiu que ambos tivessem direito à propriedade que Davi havia concedido a Ziba anteriormente. Se Ziba era culpado, por que repartir com ele as terras que pertenciam a Mefibosete? Davi resolve o problema não o enfrentando com justiça. Na verdade, Davi não quer altercações. Está evitando todo tipo de conflito. Nas palavras de Warren Wiersbe, "ao dividir as terras entre Ziba e Mefibosete, Davi estava resolvendo a questão do jeito mais fácil".[20] Dale Ralph Davis diz que ele toma essa decisão porque necessitava ganhar todo tipo de suporte para restaurar o regime.[21]

Em quarto lugar, *uma tréplica desconcertante* (19:30). Longe de Mefibosete demonstrar insatisfação com a resolução do rei, dá uma resposta desconcertante: "Fique ele, muito embora, com tudo, pois já voltou o rei, meu senhor, em paz à sua casa" (19:30). Mefibosete está satisfeito em estar na casa do rei, assentado à sua mesa. Ele ama mais o rei do que as terras, por isso abriu mão de sua parte do campo, mostrando, assim, sua lealdade e sua gratidão pelo retorno do rei. Concordo com Joyce Baldwin quando diz que quem sai incólume do incidente é o aleijado Mefibosete, que se coloca acima das questões financeiras e sente um prazer sincero no retorno, em segurança, do rei, seu senhor.[22]

O rei recompensa Barzilai (19:31-40)

Depois de lidar com Simei, Ziba e Mefibosete, Davi agora se despede de Barzilai, o próspero gileadita que o sustentou no tempo de seu exílio em Manaaim. Esse ancião demonstrou sua fidelidade ao rei pactual, apontado pelo Senhor. Destacamos, aqui, três pontos importantes:

Em primeiro lugar, *a bondade demonstrada* (19:31,32). Barzilai, sendo um homem rico, de oitenta anos, passou com o rei o Jordão para o acompanhar até à outra banda. Este próspero homem usou sua riqueza para sustentar Davi e seus servos nos dias tenebrosos em que esteve aquartelado em Manaaim.

Em segundo lugar, *a gratidão revelada* (19:33-37). Davi não se esqueceu da bondade de Barzilai. Como gesto de sua gratidão, convidou-o a mudar-se para Jerusalém, com o compromisso de sustentá-lo na casa real. Barzilai agradeceu a generosa oferta, justificando que já era um homem muito velho para desfrutar das alegrias e venturas da vida palaciana e que, nessa idade, poderia ser até mesmo um peso para o rei. Barzilai quer retornar à sua cidade e, ao morrer, ser sepultado junto aos seus pais. Porém pede ao rei para levar consigo Quimã, provavelmente seu filho.

Em terceiro lugar, *promessa empenhada* (19:38-40). Davi promete a Barzilai, seu benfeitor, levar Quimã consigo para Jerusalém. Promete, ainda, atender a qualquer necessidade do amigo hospitaleiro. Nas palavras de Joyce Baldwin, "Davi oferece a Barzilai um cheque em branco".[23] Ele beijou e abençoou Barzilai às margens do Jordão e este voltou para sua casa.

Quando Davi atravessou o Jordão, Quimã e todo o povo de Judá foram com ele. O texto faz questão de apontar que somente "metade do povo de Israel estava presente" (19:40). Esta última observação insinua que nem todo o povo de Israel apoiava o rei nem queria vê-lo retornar como rei. O texto já está levantando a questão que haveria problema adiante para a casa de Davi.[24]

Concluo este capítulo com quatro aplicações práticas, sugeridas por Kevin Mellish:

1) Davi teve boa parte da culpa pela rebelião de Absalão, no sentido de que falhou em tratar adequadamente com a situação de Amnom.
2) Apesar de a rebelião ter tirado Davi do poder, Deus permaneceu fiel à promessa da aliança que tinha feito com ele.
3) Na história da rebelião de Absalão nós aprendemos também o valor da amizade e da lealdade. Embora Davi tivesse seus caluniadores, também teve um círculo de pessoas que permaneceram fiéis a ele. 4) Nós também aprendemos que Davi estendeu sua misericórdia e perdão aos seus inimigos, em vez de vingança.[25]

Notas

[1] CHISHOLM JR, Robert B. *1 e 2Samuel.* 2017, p. 276.

[2] DAVIS, Dale Ralph. *2Samuel.* 2018, p. 236.

[3] MELLISH, Kevin J. *Novo comentário bíblico Beacon – 1 e 2Samuel.* 2015, p. 316,317.

[4] BALDWIN, Joyce G. *I e IISamuel: introdução e comentário.* 2006, p. 308.

[5] WIERSBE, Warren W. *Comentário bíblico expositivo.* Vol. 2. 2006, p. 357.

[6] CHISHOLM JR, Robert B. *1 e 2 Samuel.* 2017, p. 276.

[7] BALDWIN, Joyce G. *I e IISamuel: introdução e comentário.* 2006, p. 308.

[8] MELLISH, Kevin J. *Novo comentário bíblico Beacon – 1 e 2Samuel.* 2017, p. 317.

[9] WIERSBE, Warren W. *Comentário bíblico expositivo.* Vol. 2. 2006, p. 357.

[10] MELLISH, Kevin J. *Novo comentário bíblico Beacon – 1 e 2Samuel.* 2017, p. 317.

[11] DAVIS, Dale Ralph. *2Samuel.* 2018, p. 240.

[12] CHAMPLIN, Russell Norman. *Antigo Testamento interpretado versículo por versículo.* Vol. 2. São Paulo, SP: Editora Hagnos. 2018, p. 676.

[13] MELLISH, Kevin J. *Novo comentário bíblico Beacon – 1 e 2Samuel.* 2017, p. 319.

[14] Idem, p. 321.

[15] WIERSBE, Warren W. *Comentário bíblico expositivo.* Vol. 2. 2006, p. 361.

[16] PURKISER, W. T. *Comentário bíblico Beacon – Os livros de 1 e 2Samuel.* Vol. 2. 2015, p. 256.

[17] BALDWIN, Joyce G. *I e IISamuel: introdução e comentário.* 2006, p. 313.

[18] DAVIS, Dale Ralph. *2Samuel.* 2018, p. 242.

[19] MELLISH, Kevin J. *Novo comentário bíblico Beacon – 1 e 2Samuel.* 2017, p. 320.

[20] WIERSBE, Warren W. *Comentário bíblico expositivo.* Vol. 2. 2006, p. 360.

[21] DAVIS, Dale Ralph. *2Samuel.* 2018, p. 245.

[22] BALDWIN, Joyce G. *I e IISamuel: introdução e comentário.* 2006, p. 312.

[23] BALDWIN, Joyce G. *I e IISamuel: introdução e comentário.* 2006, p. 313.

[24] MELLISH, Kevin J. *Novo comentário bíblico Beacon – 1 e 2Samuel.* 2015, p. 321.

[25] Idem, p. 322,323.

Capítulo 21

Uma nova rebelião à vista

(2Samuel 20:1-26)

ANTES DE DAVI COLOCAR os pés em Jerusalém e reassumir o trono, explode mais uma revolta. Não há nenhuma surpresa. Apenas mais rebelião, mais tragédia, mais problemas.[1] As rivalidades entre as tribos e as dissensões que fomentaram a rebelião de Absalão não estavam completamente erradicadas. Russell Norman Champlin diz que a "revolução" de Seba desenvolveu-se das querelas entre Israel (o norte) e Judá (o sul).[2] Seba, aproveitando-se da crise instalada entre as dez tribos do norte e o povo de Judá, lidera uma insurreição, induzindo as tribos do norte a abandonarem Davi. Fica patente, entretanto, que inobstante Seba tenha recebido apoio para o movimento separatista, ele não desfrutava do respaldo político de todas as tribos do norte.[3] Dale Ralph Davis destaca que quase todo este capítulo é sobre Seba, mencionado oito vezes na passagem — ele é introduzido (20:1,2), ele persegue (20:4-13), ele é eliminado (20:14-22).[4] Vale destacar que os anos finais do reinado de Davi foram assaz turbulentos e ele não teve unanimidade em seu governo. Ele teve de lidar com líderes rebeldes como Seba, a fim de reunificar o seu reino. Concordo com Robert Chisholm quando diz que esse incidente prefigura a divisão do reino depois da morte de Salomão. Aliás, as palavras de Seba foram repetidas pelos israelitas, posteriormente, quando se declaram independentes da dinastia davídica (1Rs 12:16).[5]

Uma insurreição (20:1,2)

O reino de Davi estava assegurado, mas não contava mais com o apoio de todas as tribos. A rebelião de Absalão tinha sido efetivamente reprimida e debelada, porém uma nova revolta estava em desenvolvimento.[6] O reino estava internamente dividido. Davi, mesmo antes de assentar-se no trono, já havia precisado lidar com outra rebelião, agora liderada por um benjamita chamado Seba, filho de Bicri, do mesmo território de Saul. Vejamos:

Em primeiro lugar, *o caráter do conspirador* (20:1a). Seba, o rebelde, é chamado de "filho de Belial". Era um homem maligno, imprestável, sedicioso. Kevin Mellish enfatiza que Seba não apoiava o reino davídico, e, portanto, instigou uma revolta entre as tribos de Israel com sua convocação à rebelião.[7]

Em segundo lugar, *a proposta do conspirador* (20.1b). Aproveitando-se do estremecimento entre as tribos do norte e as tribos do sul, autointitulou-se líder de uma nova rebelião e liderou as dez tribos do norte a desertarem das fileiras de Davi, tocando a trombeta, dizendo que não tinham herança com Davi, o filho de Jessé, e que cada um deveria ir para sua tenda.

Em terceiro lugar, *o resultado da conspiração* (20:2). O resultado dessa insurreição é que todos os homens de Israel se separaram de Davi e seguiram Seba, enquanto os homens de Judá se apegaram ao seu rei, conduzindo-o desde o Jordão até Jerusalém.

Uma humilhação (20:3)

Tristemente, o primeiro ato de Davi ao chegar no palácio foi lidar com as dez concubinas que haviam ficado em Jerusalém e haviam sido abusadas sexualmente por Absalão, seu filho, em plena luz do dia. Destacamos, aqui, três pontos:

Em primeiro lugar, *uma desonra pública* (20:3). Em cumprimento à profecia de Natã, Absalão coabitou com as concubinas de seu pai, publicamente, num ato de desrespeito e humilhação ao rei (12:11,12; 16:21,22).

Em segundo lugar, *um cuidado permanente* (20:3). Davi, ao voltar, tomou a decisão de não coabitar mais com essas concubinas, mas assumiu o compromisso de cuidar delas até o final da vida. Davi as colocou em uma casa sob proteção e as sustentou.

Em terceiro lugar, *um futuro sem perspectiva* (20:3). Essas concubinas foram impedidas de casar-se novamente e viveram como viúvas até a morte. Robert Chisholm tem razão em dizer que ao incluir esse detalhe, o narrador nos lembra do crime de Absalão contra seu pai, pronunciado por Natã. Na providência de Deus, esse é um castigo apropriado para o adultério de Davi (12:11,12), cujas consequências continuam a persegui-lo.[8] Dale Ralph Davis é enfático: "A miséria dessas mulheres foi ocasionada pelo pecado de Davi com Bate-Seba. Essas mulheres embora tenham recebido provisão, foram confinadas para viverem sozinhas. Elas viveram a vida toda como viúvas".[9] Russell Norman Champlin, citando Adam Clarke, esclarece essa situação, assim:

> Davi não podia divorciar-se delas; ele não podia puni-las, visto que não tinham transgredido; ele não podia mais ser familiar com elas, uma vez que haviam sido contaminadas por seu filho; ele não podia casá-las com outros homens, visto que isso poderia ser considerado perigoso para o Estado. Portanto, ele as encerrou, alimentando-as e deu-lhes conforto, e elas continuaram a viver como viúvas.[10]

Um conflito pessoal (20:4-13)

Joyce Baldwin diz que a primeira incumbência que Amasa recebeu como comandante do exército (19:13) revelou seu despreparo.[11] Warren Wiersbe diz que a explicação mais lógica para sua demora era que os homens não confiavam nele e não queriam segui-lo, arriscando a vida para lutar sob seu comando.[12] Destacamos aqui três pontos:

Em primeiro lugar, *o despreparo de Amasa* (20:4-6). Davi, como um estrategista militar, sabendo que a rebelião liderada por Seba poderia tornar-se mais perigosa do que a rebelião promovida por Absalão, tem pressa para estancar e esmagar a nova insurreição, cortando-a pela raiz, não dando ao revoltoso a chance de tomar cidades fortificadas e resistir ao seu exército. Então, ordena a Amasa que reúna as tropas num prazo de três dias para um ataque concentrado e veloz ao insurgente. Amasa partiu para convocar os homens de Judá, porém, por motivos não revelados, demorou além do tempo aprazado. Vendo Davi que o novo comandante não tinha a destreza e o preparo para aquela grande empreitada, e sabendo do potencial do perigo à vista, convoca o leal guerreiro Abisai, irmão de Joabe, para reunir os seus servos, a fim de perseguir Seba antes que ele se aquartelasse nas cidades fortificadas. A decisão de convocar Abisai deixa claro que Joabe havia sido rebaixado.

Em segundo lugar, *a morte de Amasa* (20:7-10). Embora Davi tenha deposto Joabe e nomeado Abisai para perseguir Seba, o exército que avança é liderado por Joabe, que comanda a guarda real e todos os valentes de Davi (20:7). Concordo com Joyce Baldwin quando diz que Joabe não podia ser posto fora de ação tão facilmente, e tinha seus motivos pessoais para querer eliminar Amasa, o primo promovido em seu lugar.[13] Warren Wiersbe diz ainda que Joabe não queria ver líder algum de Absalão ainda vivo e criando problemas para Davi.[14] Sob o comando desses irmãos guerreiros, os homens de Judá saíram de Jerusalém para perseguirem Seba. Chegando eles à pedra grande, junto a Gibeom, Amasa veio perante eles. De forma traiçoeira, sob o pretexto de amizade, Joabe feriu o seu rival Amasa à espada e o matou. Dale Ralph Davis diz que Joabe se aproximou de Amasa com palavras ternas (20:9a) e com gestos ternos (20:9b). Seu gesto, ao ter a mão direita livre, a destra da batalha, que manuseava a espada, não indicava qualquer ameaça. Isso pegou Amasa de espírito desarmado, o que possibilitou Joabe lhe aplicar um golpe fatal.[15]

Tendo matado Amasa, Joabe e Abisai se uniram e prosseguiram em sua perseguição a Seba. Kevin Mellish diz que, do ponto de vista da narrativa, Joabe matou três homens importantes associados a Davi: Abner (3:27), Absalão (18:14), e Amasa (20:10). Joabe pode ter cometido esses três assassinatos com impunidade já que só ele sabia da verdade acerca de Urias. Ele conseguia manter esta informação contra Davi e não temer qualquer recriminação por parte do rei.[16] Russell Norman Champlin diz que Davi tomara uma decisão precipitada ao nomear Amasa, o principal general de Absalão, como o comandante de suas tropas, esperando livrar-se do selvagem Joabe, que havia matado seu filho. Isso condenou Amasa à morte e possibilitou a volta de Joabe ao poder como comandante do exército.[17] Robert Chisholm destaca a profecia de Natã, afirmando que a espada nunca se afastaria da família de Davi (12:10). Em cumprimento a essa profecia, Absalão, filho de Davi, assassinou seu irmão Amnom; posteriormente, Joabe, sobrinho de Davi, assassinou Absalão. Agora, o narrador registra outro incidente sangrento: o assassinato de Amasa, sobrinho de Davi, pelas mãos de Joabe.[18]

Em terceiro lugar, *a liderança de Joabe* (20:11-13). Um dos moços de Joabe parou junto ao ferido de morte, Amasa, e disse: "Quem está do lado de Joabe e é por Davi, siga Joabe" (20:11). Amasa, com as entranhas derramadas por terra, revolvia-se em sangue. Isso retardou a marcha do povo que parava para ver o que tinha lhe acontecido. Então, um dos moços de Joabe removeu Amasa para fora do caminho e cobriu seu corpo com um manto e assim todos os homens seguiram Joabe, para perseguirem Seba.

Um cerco militar (20:14,15)

Seba viajou pela região norte e chegou à cidade de Abel-Bete-Maaca (20:14). Essa era uma cidade bem fortificada no extremo norte, ligeiramente a oeste de Dã, no território de Natfali.[19] Ela ficava junto a uma das nascentes do

Jordão, situada vinte quilômetros ao norte do lago Hulé. A cidade tinha uma honrosa reputação em Israel como centro ao qual as pessoas se dirigiam em busca de conselhos sábios (20:18).

Destacamos dois pontos aqui:

Em primeiro lugar, *uma insurreição fracassada* (20:14). A rebelião de Seba não logrou êxito. Muito embora ele tenha passado por toda as tribos de Israel, apenas os beritas o seguiram. Entre todo o povo israelita, apenas o próprio clã de Seba apoiou o movimento. Os rebelados entraram na cidade fortificada de Abel-Bete-Maaca e ali ficaram.

Em segundo lugar, *uma invasão iminente* (20:15). As forças de Joabe chegaram à cidade e a cercaram. As táticas de cerco aqui descritas são típicas. Primeiro, eles armaram uma rampa para o cerco, depois começaram a derrubar o muro. A invasão à cidade seria iminente e inevitável.

Uma mulher sábia (20:16-22a)

O episódio aqui narrado ressalta o papel diplomático desempenhado pelas mulheres no período inicial da monarquia. Vejamos:

Em primeiro lugar, *um apelo* (20:16,17). Com a cidade sob coação, uma mulher sábia gritou a Joabe e questionou sobre a eficácia de se destruir uma cidade israelita. A destruição da cidade provavelmente inflamaria os ânimos contra Davi por "devorar a herança do SENHOR" (20:19).[20] Esta é a terceira mulher que exerce um papel importante no reinado de Davi. A primeira foi Abigail: ela foi o instrumento nas mãos de Deus para evitar que Davi derramasse sangue e se vingasse de Nabal e sua casa (1Sm 25:18-35). A segunda foi a mulher de Tecoa, enviada por Joabe para constranger Davi e trazer de volta do exílio o filho Absalão (14:1-24).

Esta é a terceira mulher, que com seu sábio conselho evitou que Joabe arrasasse toda uma cidade (20:16-22).

Em segundo lugar, *um conselho* (20:.18-22a). No seu conselho, a mulher fez duas acusações diretas a Joabe. Acusou-o de estar pronto a destruir uma cidade e também uma mãe em Israel, devorando assim a herança do Senhor. Joabe respondeu à mulher que não era seu propósito massacrar a cidade nem mesmo matá-la, mas apenas matar o rebelde. Então Joabe propôs uma negociação com ela: "Entregai-me só este, e retirar-me-ei da cidade" (20:21). A mulher que, certamente, tinha uma liderança no local, prometeu a Joabe lançar a cabeça do rebelde por sobre o muro. Ela convenceu os homens da cidade a decapitar Seba para poupar a cidade da invasão militar. Assim foi feito. O povo cortou a cabeça de Seba, o hóspede indesejado, e a lançou a Joabe por sobre o muro. Então, Joabe suspendeu o ataque e tocou a trombeta pondo fim à iminente invasão, voltando para Jerusalém. Joabe e seu exército retiraram-se da cidade, e cada um foi para sua casa. Kevin Mellish tem razão em dizer que a mulher, com sua sabedoria, ajudou a salvar a cidade e impediu Joabe de cometer uma violência desnecessária contra seus companheiros israelitas.[21]

Um retorno a Jerusalém (20:22b)

Davi havia nomeado Abisai para estancar a rebelião e matar Seba, mas é Joabe quem volta a Jerusalém a ter com o rei. Ele é um líder forte demais para ser deposto. A despeito de ter sido deposto pelo rei, reassume a função de comandante por contra própria. Ao mesmo tempo que ele é fiel a Davi, é desobediente às suas ordens. Nas palavras de Dale Ralph Davis, "Joabe é tanto intensamente leal quanto completamente descontrolado. Ele não tenta se tonar rei, mas age como seu próprio rei. Ele é extremamente fiel a Davi, mas essencialmente insubmisso a Davi".[22] Ele matou Abner, Absalão e Amasa e Davi não conseguiu livrar-se dele. Nas palavras de Warren Wiersbe, "Joabe tomou de volta seu antigo cargo e se recusou a entregá-lo (20:23). Mais uma vez, Davi teve de ceder aos jogos de poder de Joabe".[23] Joyce Baldwin é oportuna quando trata desse retorno de Joabe a Jerusalém:

> Joabe voltou a Jerusalém a ter com o rei, agindo descaradamente em face do assassinato de Amasa e de sua autonomeação para comandar o exército no lugar de Abisai, a quem o rei tinha recém nomeado. Esperava ficar impune a tudo isso, por ter conseguido acabar com a insurreição contra o rei Davi. A esta altura, omitem-se as reações de Davi, mas em seu leito de morte elas são reveladas a Salomão, que foi advertido a não permitir "que suas cãs [de Joabe] desçam à sepultura em paz" (1Rs 2:6). Embora a rebelião de Seba tivesse sido dominada e Davi só pudesse estar agradecido por ter sido vencida a segunda tentativa de lhe tomar o trono, ele estava levando nas costas o peso de um general que insistia em matar homens que o rei tinha posto em posição de autoridade e em tomar para si o comando do exército. O problema era que Joabe era capaz e autoconfiante, e voltou vitorioso, mas, do ponto de vista do rei, era um assassino que Davi não conseguia levar às barras da justiça. Joabe tinha matado Abner, Absalão e, agora, Amasa. Dificilmente Davi deve tê-lo recebido de braços abertos, e, contudo, ele salvara o reino.[24]

Um gabinete de governo (20:23-26)

Com a ordem restaurada, o texto inclui uma breve notícia sobre os funcionários administrativos de Davi. Assim, o capítulo é encerrado com uma lista revisada dos principais auxiliares do rei. Esta lista contém os nomes dos componentes do gabinete de governo de Davi. Ela diverge em alguns aspectos da primeira lista mencionada anteriormente (8:15-18). Há quem pense que o registro é simplesmente uma variante da lista encontrada no capítulo 8, numa época inicial do reinado de Davi; e há aqueles que defendem que se trata de uma nova lista derivada de um estágio posterior de seu governo.[25] Parece-nos que a última opinião tem mais plausibilidade.

Robert Chisholm diz que duas características desta lista chamam a atenção quando a comparamos com a primeira relação de nomes:

1. Apesar dos atos sanguinários de Joabe e de seu rebaixamento temporário, no fim das contas ele continua no comando do exército de Davi, um sinal claro de que o rei não consegue aplicar a justiça, especialmente quando se trata de familiares mais próximos.
2. No final do reinado de Davi há alguém encarregado de supervisionar os trabalhos forçados, um cargo que não é mencionado na lista anterior.[26]

Nessa nova lista, Adorão é citado como o oficial encarregado do "trabalho forçado". No reinado de Davi, e depois de Salomão, tanto os estrangeiros (1Rs 9:13-21) como os israelitas (1Rs 5:13-17) eram igualmente recrutados para os projetos de serviço ao rei. Ser submetido ao serviço do rei se tornou muito impopular e foi uma das maiores causas da cisão da monarquia unida (1Rs 12:16). Adorão, mais tarde, seria morto pelo próprio povo que ele supervisionava (1Rs 12:18). Ira é citado como ministro de Davi, assistente-chefe, e parece ter substituído os filhos do rei (8:18).[27]

Notas

1 DAVIS, Dale Ralph. *2Samuel.* 2018, p. 249.

2 CHAMPLIN, Russell Norman. *O Antigo Testamento interpretado versículo por versículo.* Vol. 2. 2018, p. 681.

3 MELLISH, Kevin J. *Novo comentário bíblico Beacon – 1 e 2Samuel.* 2015, p. 323.

4 DAVIS, Dale Ralph. *2Samuel.* 2018, p. 250.

5 CHISHOLM JR, Robert B. *1 e 2 Samuel.* 2017, p. 279.

6 MELLISH, Kevin J. *Novo comentário bíblico Beacon – 1 e 2Samuel.* 2015, p. 324.

7 MELLISH, Kevin J. *Novo comentário bíblico Beacon – 1 e 2Samuel.* 2015, p. 324.

8 CHISHOLM JR, Robert B. *1 e 2Samuel.* 2017, p. 279.

9 DAVIS, Dale Ralph. *2Samuel.* 2018, p. 252.

10 CHAMPLIN, Russell Norman. *O Antigo Testamento interpretado versículo por versículo.* Vol. 2. 2018, p. 6.82.

11 BALDWIN, Joyce G. *I e IISamuel: introdução e comentário.* 2006, p. 314.

12 WIERSBE, Warren W. *Comentário bíblico expositivo.* Vol. 2. 2006, p. 363.

13 BALDWIN, Joyce G. *I e IISamuel: introdução e comentário.* 2006, p. 314.

14 WIERSBE, Warren W. *Comentário bíblico expositivo.* Vol. 2. 2006, p. 364.

15 DAVIS, Dale Ralph. *2Samuel.* 2018, p. 254.

16 MELLISH, Kevin J. *Novo comentário bíblico Beacon – 1 e 2Samuel.* 2015, p. 325.

17 CHAMPLIN, Russell Norman. *O Antigo testamento interpretado versículo por versículo.* Vol. 2. 2018, p. 682.

18 CHISHOLM JR, Robert B. *1 e 2Samuel.* 2017, p. 279.

19 PURKISER, W. T. *Os livros de 1 e 2Samuel. In* Comentário bíblico Beacon. Vol. 2. 2015, p. 256.

20 MELLISH, Kevin J. *Novo comentário bíblico Beacon – 1 e 2Samuel.* 2015, p. 325.

21 MELLISH, Kevin J. *Novo comentário bíblico Beacon – 1 e 2Samuel.* 2015, p. 326.

22 DAVIS, Dale Ralph. *2Samuel.* 2018, p. 255.

23 WIERSBE, Warren W. *Comentário bíblico expositivo.* Vol. 2. 2006, p. 364.

24 BALDWIN, Joyce G. *I e IISamuel: introdução e comentário.* 2006, p. 316.

25 MELLISH, Kevin J. *Novo comentário bíblico Beacon – 1 e 2Samuel.* 2015, p. 324.

26 CHISHOLM JR, Robert B. *1 e 2Samuel.* 2017, p. 280,281.

27 MELLISH, Kevin J. *Novo comentário bíblico Beacon – 1 e 2Samuel.* 2015, p. 326.

Capítulo 22

Entre sofrimentos e triunfos

(2Samuel 21:1-22)

A MAIORIA DOS ESTUDIOSOS acredita que os episódios narrados neste capítulo e nos seguintes não sucedem cronologicamente aos descritos no capítulo 20. São fatos ocorridos anteriormente e aqui colocados aleatoriamente. Kevin Mellish diz que os capítulos 21—24 ficam em uma posição exclusiva dentro da estrutura geral de Samuel. Por um lado, eles representam o fechamento formal do livro, no entanto, por outro lado, eles formam sua própria unidade literária distinta.[1] Já W. T. Purkiser diz que os últimos quatro capítulos de 2Samuel estão em uma espécie de apêndice. A continuidade histórica é interrompida em 20:26 e é retomada em 1Reis 1:1.[2] Nessa mesma toada Joyce Baldwin diz que outra seleção de textos que representam diferentes períodos da vida de Davi leva nosso livro a uma conclusão.[3] Robert Chisholm destaca que na estrutura concêntrica do epílogo há duas unidades análogas (21:15-22 e 23:8-39) que tratam dos guerreiros de Davi. O epílogo reflete e sintetiza a carreira de Davi, delineada em 1 e 2Samuel. Esses textos correspondem a 2Samuel 5—10, que descreve as vitórias militares de Davi. Também formam um círculo ao redor dos textos poéticos centrais do epílogo (22:1-51 e 23:1-7). No primeiro poema, Davi reflete sobre sua carreira como rei guerreiro de Israel e reconhece que o Senhor é seu protetor (22:2,3,31,47). Repetidamente, o Senhor o livra da morte (22:4-20) e o vindica diante de seus inimigos (22:21-29). O Senhor fortalece Davi para a batalha, capacitando-o a derrotar seus inimigos e a ampliar seu império de modo que Israel viva em segurança (22:30-51). No entanto, Davi não luta sozinho; ele tem vários guerreiros leais e competentes que o servem com dedicação, por meio dos quais o Senhor protege o rei e derrota os inimigos de Israel. O empenho desses guerreiros é celebrado nos relatos de suas proezas no epílogo.[4] Estou de acordo com o que diz Dale Ralph Davis: "Muito embora esses capítulos finais são, algumas vezes, vistos como uma coleção de fragmentos, é inegável que eles são, sim, uma coleção cuidadosamente organizada de fragmentos".[5] Feita essa análise, à guisa de introdução, vamos agora à exposição do texto em tela.

O alto custo de uma aliança quebrada (21:1-14)

Não há registro no primeiro livro de Samuel sobre quando ou por que Saul matou os gibeonitas, rompendo, assim, a aliança que Israel havia feito com esse povo amorreu no tempo de Josué (Js 9:1-27). Em virtude da aliança firmada, os israelitas ficaram obrigados diante de Deus a proteger os gibeonitas (Js 10:6-11). Destacamos aqui alguns pontos importantes:

Em primeiro lugar, *a quebra da aliança, a causa do juízo divino* (21:1). A fome de três anos que assolou Israel no reinado de Davi tinha uma causa. Depois de mais de trezentos anos, Saul quebrou uma aliança firmada nos dias de Josué, cometendo um massacre contra os gibeonitas (Js 9:20). O crime de Saul foi uma espécie de extermínio étnico, por errado zelo nacionalista. A culpa de sangue caiu sobre Saul e sua família. Robert Chisholm diz que em contraste com Davi, a quem Deus impediu de derramar o sangue de Nabal e de sua família (1Sm 25:22,26,33), a família de Saul é culpada de derramar o sangue dos gibeonitas.[6] Saul cometeu muitas atrocidades e não hesitou em matar inocentes, como foi o caso dos sacerdotes de Nobe (1Sm 22:17,18) e dos gibeonitas (21:1). Dale Ralph Davis diz que ao violar a aliança de Israel com os gibeonitas, Saul estava desacreditando a reputação do Senhor e dizendo que seu nome não garantia nada e que o Senhor não é avalista de sua palavra.[7]

É digno de destaque que o tempo não anula uma aliança. Mesmo os gibeonitas tendo enganado Josué, este firmou uma aliança com eles, e por isso estava obrigado a protegê-los. Saul, porém, não respeitou esse pacto, e, como um genocida, matou os gibeonitas. Fazia mais de trinta anos que Saul havia morrido, e o Senhor esperou pacientemente para tratar do pecado dele. A fome era uma maldição à quebra do pacto. E agora toda a nação de Israel está sofrendo as consequências dessa quebra de aliança.

Em segundo lugar, *as vítimas da quebra da aliança* (21:2). Os gibeonitas não eram israelitas, mas do resto dos amorreus, a quem os filhos de Israel tinham jurado poupá-los. Saul, três séculos depois dessa aliança, procurou destruí-los, num zelo sem entendimento, numa espécie de faxina étnica.

Em terceiro lugar, *uma reparação insuficiente* (21:3,4). Davi perguntou aos gibeonitas o que poderia ser feito para reparar esse crime de Saul. Quanto eles queriam para que abençoassem a herança do Senhor. Os gibeonitas responderam a Davi que o crime de sangue cometido por Saul ao seu povo não poderia ser reparado com pagamento de prata ou ouro (Nm 35:31-33). A intenção deles, também, não era matar israelitas num gesto de vingança. A exigência dos gibeonitas era de uma vida pela outra. Assim, segundo Joyce Baldwin, "a respota dos gibeonitas ilustra o significado da palavra hebraica *kipper,* 'fazer expiação'".[8] Está escrito: "[...] nenhuma expiação se fará pela terra [...] senão com o sangue daquele que o derramou" (Nm 35:33). O derramamento de sangue trará a reconciliação entre os gibeonitas e Israel, "para que abençoes a herança do Senhor".[9]

Em quarto lugar, *uma retribuição exigida* (21:5,6). Os gibeonitas exigiram que lhes fossem dados sete homens da família de Saul pelo homem desta família que os assolou, a fim de que fossem eliminados do território de Israel, para serem enforcados ao Senhor, em Gibeá, a cidade de Saul. Seria necessário derramar sangue a fim de expiar o sangue gibeonita derramado (Êx 21:24; Lv 24:19-21; Dt 19:21). Warren Wiersbe tem razão em dizer que os pecados de um homem podem causar tristeza e morte para sua família, mesmo depois de morto e sepultado.[10] Davi, como responsável por supervisionar e manter a justiça na sociedade, e revestido de poder para tal, promete atendê-los em seu pleito.

Em quinto lugar, *a proteção do pacto* (21:7). No meio dessa grande tragédia que desabou sobre a família de Saul, causando uma fome que assolou a nação por três anos, Davi poupa a vida de Mefibosete, em cumprimento ao pacto firmado com Jônatas (20:15). Fica evidente, aqui, conforme diz Dale Ralph Davis, que esse episódio ocorreu depois que o rei já tinha trazido Mefibosete, filho de Jônatas, para Jerusalém (9:1-13).[11] Saul não cumpriu a aliança feita no passado com os gibeonitas, mas Davi honra o pacto feito com Jônatas sob juramento ao Senhor. Robert Chisholm escreve: "Davi poupa Mefibosete por lealdade a Jônatas e a Saul (1Sm 20:15,16,42; 24:21,22). Portanto, mesmo num relato em que Davi, para o bem de seu povo e em conformidade com a justiça divina, é obrigado a entregar sete descendentes de Saul aos gibeonitas, ele se esforça ao máximo para ser fiel a suas promessas".[12]

Em sexto lugar, *a retribuição concedida* (21:8,9). Davi entrega aos gibeonitas Armoni e Mefibosete, filhos de Saul com a concubina Rispa, bem como os cinco netos de Saul, filhos de Merabe, sua filha, casada com Adriel. Esses sete homens da família de Saul foram enforcados no monte, perante o Senhor, nos dias da ceifa. Robert Chisholm esclarece que o foco desse episódio é claro: foram os crimes de Saul, e não alguma ação condenável de Davi, que levaram à morte de seus descendentes.[13] Se Simei tinha esse episódio em mente quando acusou Davi de derramar sangue inocente da família de Saul, o narrador deixa claro que sua acusação é infundada (16:18). Concordo, entretanto, com Warren Wiersbe, quando escreve: "A morte dos sete homens serviu de retribuição legal".[14] Dale Ralph Davis questiona se a execução desses sete homens havia violado o princípio de justiça estabelecido em Deuteronômio 24:16: "Os pais não serão mortos em lugar dos filhos, nem os filhos, em lugar dos pais; cada qual será morto pelo seu pecado". O mencionado escritor entende que não, pois a lei está regulando casos de crimes individuais. Aqui o contexto vai mais além. Saul não violou o pacto com os gibeonitas apenas de forma individual. Ele era o rei de Israel. Em seu ofício como rei suas obras tinham um caráter oficial. Como rei, o povo foi representado por ele. Portanto sua ofensa era representativa em oposição a uma ofensa de caráter pessoal. Assim, ele envolveu todo o Israel na culpa. Sua ofensa era nacional em oposição a uma ofensa meramente individual. Todo o Israel estava obrigado a manter os termos do pacto com os gibeonitas (Js 9:1-27).[15]

Concordo com W. T. Purkiser: "Este episódio é um testemunho eloquente para a universal convicção humana acerca da necessidade de uma expiação satisfatória pelo pecado, uma expiação que somente Deus poderia prover, e somente pela morte de seu Filho, que não teve pecado (Rm 5:8-11)".[16] Permaneçamos, então, no Gólgota, onde Jesus foi traspassado pelas nossas iniquidades, suportando a ira de Deus, morrendo morte vicária, em nosso lugar, em nosso favor, como propiciação pelos nossos pecados (1Jo 4:10).

Em sétimo lugar, *o amor sacrificial* (21:10). Rispa sofre a dor de ver seus filhos sendo enforcados por um pecado cometido por Saul. Seu amor a seus filhos, mesmo depois de mortos, leva-a a proteger seus corpos insepultos e expostos ao relento, numa vigília que durou meses, para que nem as bestas do campo à noite nem as aves dos céus ao dia devorassem seus corpos em decomposição. Os corpos ficaram expostos até que as chuvas chegaram. Pendurar um corpo era uma forma de amaldiçoar a pessoa (Dt 21:22,23). A atitude de Rispa de proteger os corpos de seus filhos e de seus sobrinhos é um apurado ato de amor maternal e de coragem. Concordo com Robert Chisholm quando diz que, provavelmente, o propósito do narrador em registrar esse fato é honrar essa mulher pelo seu exemplo radical de devoção materna.[17] Purkiser ainda destaca: "O amor materno de Rispa é a única nota brilhante nesta amarga saga de vingança".[18]

Em oitavo lugar, *a honra póstuma* (21:11-14a). Davi, ao tomar conhecimento desse gesto sacrificial e heroico de Rispa, ficou tão comovido que decide transportar os ossos de Saul e de Jônatas, bem como os ossos dos sete que foram enforcados, para o túmulo de Quis, pai de Saul, dando-lhes um sepultamento digno. Ele ordenou que os ossos fossem recolhidos, e que, juntamente com os ossos de Saul e de seus filhos, fossem adequadamente sepultados na sepultura do progenitor da família, Quis, em Benjamim.

Em nono lugar, *a suspensão do juízo divino* (21:14b). Expiada a culpa de Saul, o juízo divino foi suspenso e as chuvas benfazejas trouxeram novamente tempos de fartura: "[...] depois disto, Deus se tornou favorável para com a terra" (21:14b). Esse doloroso episódio deixa-nos lições solenes. O pecado é malignissimo. Sempre tem efeitos colaterais. Atinge não apenas o transgressor, mas também sua família até três ou quatro gerações (Êx 20:5; 34:7; Nm 14:18). Os filhos inocentes de Datã, Abirão e Acã morreram junto com seus pais transgressores. A vida de quatro filhos de Davi também foi ceifada em decorrência de seu pecado.

O triunfo do exército de Davi sobre os gigantes filisteus (21:15-22)

Dale Ralph Davis diz que essa narrativa bíblica nos confere quatro poderosas lições: 1) O que é essencial: a preservação do rei constituído por Deus (21:15-17); 2) O que é próprio: honrar os servos de Deus (21:17,18,19,21); 3) O que é realizado: o cumprimento da promessa de Deus (21:16,18,20,22); 4) O que é claro: a derrota dos inimigos de Deus (21:20,21).[19] Esses quatro conflitos devem ter ocorrido no começo do reinado de Davi, antes mesmo que transformasse Jerusalém em sua capital e antes que os filisteus se opusessem a sua ascensão ao poder. Os quatro episódios envolveram "descendentes dos gigantes" da Filístia, sendo um deles irmão de Golias (21:19).[20] Corrobora com esse pensamento Kevin Mellish: "Os eventos do capítulo 21 ajustam-se melhor ao início do reinado de Davi, e não ao final".[21]

Os quatro curtos episódios registrados aqui ocorreram durante as guerras filisteias. Em cada um desses relatos o oponente é um homem de tamanho incomum. Joyce Baldwin diz que o estilo conciso de redação é próprio de uma lista oficial de honrarias.[22] Vejamos:

Em primeiro lugar, *o primeiro conflito* (21:15-17). Nesse conflito travado contra os filisteus, as atenções dos inimigos voltaram-se para Davi e Isbi-Benoni queria matá-lo. Abisai, sobrinho de Davi, socorreu o rei e matou o gigante. Então os líderes militares decidiram que o rei Davi não deveria mais sair com eles ao campo de guerra. Davi, a essa altura, era vulnerável demais e ao mesmo tempo precioso demais para ser sacrificado no campo de batalha. O rei era visto como a "lâmpada de Israel" e deveria ser protegido (1Rs 11:36; 15:4; 2Rs 8:19; 2Cr 21:7).

Em segundo lugar, *o segundo conflito* (21:18). O segundo combate com os filisteus ocorreu em Gobe, um local impossível de ser identificado com precisão (1Cr 20:4). Israel venceu a batalha porque um dos valentes de Davi matou o gigante, guerreiro afamado na Filístia (1Cr 11:29).

Em terceiro lugar, *o terceiro conflito* (21:19). O terceiro conflito com os filisteus foi, novamente, em Gobe e, dessa vez, o gigante que foi abatido pelas mãos de Etã, um dos valentes de Davi (23:24), foi o irmão de Golias (1Cr 20:5).

Em quarto lugar, *o quarto conflito* (21:20-22). A quarta batalha ocorreu em território inimigo, na cidade de Gate (1Cr 20:6-8), quando Jônatas, sobrinho de Davi, matou o gigante que, assim como Golias, havia desafiado Israel e o seu Deus (1Sm 17:10).

Notas

[1] MELLISH, Kevin J. *Novo comentário bíblico Beacon – 1 e 2Samuel.* 2015, p. 329.

[2] PURKISER, W. T. *Os livros de 1 e 2Samuel. In* Comentário bíblico Beacon. Vol. 2. 2015, p. 258.

[3] BALDWIN, Joyce G. *I e IISamuel: introdução e comentário.* 2006, p. 318.

[4] CHISHOLM JR, Robert B. *1 e 2Samuel.* 2017, p. 292.

[5] DAVIS, Dale Ralph. *2Samuel.* 2018, p. 262.

[6] CHISHOLM JR, Robert B. *1 e 2 Samuel.* 2017, p. 287.

[7] DAVIS, Dale Ralph. *2Samuel.* 2018, p. 264.

[8] BALDWIN, Joyce G. *I e II Samuel: Introdução e Comentário.* 2006: p. 319.

[9] Idem.

[10] WIERSBE, Warren W. *Comentário bíblico expositivo.* Vol. 2. 2006, p. 365.

[11] DAVIS, Dale Ralph. *2Samuel.* 2018, p. 263.

[12] CHISHOLM JR, Robert B. *1 e 2Samuel.* 2017, p. 287.

[13] Idem, p. 286.

[14] WIERSBE, Warren W. *Comentário bíblico expositivo.* Vol. 2. 2006, p. 365.

[15] DAVIS, Dale Ralph. *2Samuel.* 2018, p. 268.

[16] PURKISER, W. T. *Os livros de 1 e 2Samuel. In* Comentário bíblico Beacon. Vol. 2. 2015, p. 258.

[17] CHISHOLM JR, Robert B. *1 e 2Samuel.* 2017, p. 288.

[18] PURKISER, W. T. *Os livros de 1 e 2Samuel. In* Comentário bíblico Beacon. Vol. 2. 2015, p. 259.

[19] DAVIS, Dale Ralph. *2Samuel.* 2018, p. 275-281.

[20] WIERSBE, Warren W. *Comentário bíblico expositivo.* Vol. 2. 2006, p. 366.

[21] MELLISH, Kevin J. *Novo comentário bíblico Beacon – 1 e 2Samuel.* 2015, p. 331.

[22] BALDWIN, Joyce G. *I e IISamuel: introdução e comentário.* 2006, p. 320.

Capítulo 23

Olhando para o retrovisor com gratidão

(2Samuel 22:1-51)

O TEXTO EM TELA é uma repetição quase sem mudança do Salmo 18, o mais longo salmo do primeiro livro do Saltério (Salmos 1—41). Joyce Baldwin diz que este poema cheio de vida e espontâneo leva até o fim seu sentimento de exultação diante de tudo que o Senhor fez. Aqui vemos Davi em seu auge, antes que sua queda em adultério diminuísse sua acuidade espiritual (22:18-25). Pode-se dividir o salmo de modo que mostre a seguinte estrutura: proclamação (22:2-4); sumário (22:5-7); retrospecto (22:8-31); relato (22:32-46); voto (22:47-50); louvor (22:51).[1] Dale Ralph Davis vê nesse poema três divisões básicas:

1) A intensidade do nosso louvor (22:2-20).
2) A importância da nossa justiça (22:21-31).
3) A invencibilidade do nosso reino (22:32-51).[2]

2Samuel 22:1 é o título do Salmo 18. Ele indica que esta canção foi uma resposta ao livramento que Davi teve de seus inimigos, inclusive das mãos de Saul.[3] W. T. Purkiser diz que em toda a sua extensão este poema está repleto de referências às experiências de Davi na fuga de Saul e nas suas batalhas com os filisteus.[4]

Este é um poema de Davi no qual ele faz uma retrospectiva dos vários livramentos divinos. Nesse Salmo o autor engrandece a Deus por seus feitos gloriosos e declara seu acendrado amor a ele. Este poema começa e termina com uma doxologia. O cântico mistura louvor e testemunho. Este Salmo é tão importante que ele está registrado quase na íntegra no Salmo 18:1-50. C. H. Spurgeon diz que o Salmo 18 é a canção de um coração grato e impressionado com o retrospecto das múltiplas e maravilhosas misericórdias de Deus.[5]

O especialiasta em Bíblia Derek Kidner entende que o Salmo 18 marca o período na parte anterior do reinado de Davi, quando seu poder estava no auge (2Sm 8:14b), antes de seu pecado deixar sua marca sobre si (18:20-23) e sobre seu reino (2Sm 12).[6]

Concordo com Warren Wiersbe quando diz que à luz dos versículos 20 a 27 podemos concluir que Davi escreveu o salmo antes de cometer os pecados gravíssimos relacionados a Bate-Seba e a Urias, pois jamais poderia ter escrito esses versículos depois desse triste episódio.[7] Resta claro afirmar, também, que à luz do versículo 51 Davi escreveu este poema depois que Deus firmou com ele a aliança acerca de sua dinastia (7:1-17) e lhe deu as vitórias registradas em 2Samuel 8 a 10.

Gratidão por tão grande salvação (22:1-4)

O cântico começa com uma resposta cheia de gratidão aos livramentos de Deus (22:1). Depois Davi exalta a Deus como seu libertador (22:2,3) e invoca-o como aquele que é digno de ser louvado (22:4).

Davi faz três coisas no prefácio deste cântico. Declara a Deus sua gratidão, exalta a Deus como seu libertador e invoca-o como aquele digno de ser louvado. Ele expressa a Deus sua gratidão (22:1), sua fé (22:2,4), e sua esperança (22:4). Vejamos:

Em primeiro lugar, *uma gratidão cheia de reconhecimento* (22:1). Este versículo corresponde ao título do Salmo 18.[8] Davi olha pelas lentes do retrovisor e narra com vívida gratidão os muitos e variados livramentos que o Senhor lhe dera tanto das mãos de Saul como de outros inimigos. Robert Chisholm diz que Saul é mencionado separadamente dos inimigos de Davi, pois embora o houvesse tratado como seu inimigo (1Sm 18:29) e o considerado como tal (1Sm 19:17; 24:19), Davi não pensava da mesma forma (4:8-12).[9] Concordo com Warren Wiersbe quando diz que a palavra-chave desse cântico é "livrar" (22:1,2,18,20,44,49), tendo como significados "tirar do perigo", "agarrar", "levar embora", "permitir escapar".[10]

Em segundo lugar, *uma confissão cheia de fé* (22:2,3). Davi usa este jorro de sete metáforas impressionantes para descrever o significado de Deus em sua vida — Deus é sua rocha, cidadela, libertador, refúgio, escudo, força e baluarte. Todas essas metáforas apontavam para o pleno livramento de Deus diante do ataque de seus inimigos.

Em terceiro lugar, *uma resolução cheia de esperança* (22:4). Davi busca a Deus em oração, invoca o Senhor, digno de ser louvado, e tem plena confiança de que será salvo de seus inimigos. O conhecimento que tem de Deus é o alicerce de sua fé.

Oração urgente no meio dos perigos (22:5-7)

Davi passa a descrever com cores vívidas os perigos que o encurralaram e as armadilhas dos inimigos que o cercaram. Ele reflete acerca do passado e o extremo perigo do qual o Senhor o libertou. Duas coisas nos chamam a atenção.

Em primeiro lugar, *as armas perigosas usadas contra ele* (22:5,6). Ondas de morte, torrentes de impiedade, cadeias infernais e tramas de morte foram os estratagemas usados contra ele pelos seus inimigos. Davi personifica a morte como um caçador que usa armadilha para pegar suas vítimas. Ele era como uma caça cercada por cães violentos. Seus inimigos eram como caçadores que haviam armado suas redes para apanhá-lo. Davi pisava em terreno minado. C. H. Spurgeon diz que, de todos os lados, os cães do inferno latiram furiosamente. Um cordão de demônios cercou o caçado homem de Deus. Toda rota de escape estava fechada.[11]

Em segundo lugar, *o pedido urgente de socorro a quem podia livrá-lo* (22:7). Quando Davi se viu entrincheirado pelo inimigo, num lugar apertado, ele não buscou livramento em suas estratégias de guerra nem confiou em suas próprias armas carnais. Ele buscou ao Senhor, gritou por socorro e o Senhor prontamente o ouviu, pois seu clamor lhe penetrou nos ouvidos. C. H. Spurgeon diz que a oração é a portinhola oculta que fica aberta mesmo quando a cidade está rigorosamente sitiada pelo inimigo. É o caminho de saída da cova do desespero.[12]

Poderoso livramento pelo poder sobrenatural do Senhor (22:8-20)

Não houve grande espaço entre o clamor e a resposta. Davi passa a descrever a forma majestática como Deus saiu em sua defesa para libertá-lo das mãos de seus inimigos. Nas palavras de W. T. Purkiser, "a intervenção do Senhor para ajudar o salmista é descrita em termos de terremoto e tempestade, os aspectos severos e horrendos da natureza simbolizando a ira de Deus".[13] Destacamos aqui cinco fatos:

Em primeiro lugar, *o poder extraordinário do libertador* (22:8,9). Quando Deus se manifesta, a terra treme e os fundamentos dos montes estremecem. Na sua ira contra os inimigos, de suas narinas saem fumaça e de sua boca fogo consumidor. Do próprio Deus procedem brasas ardentes. Nenhum poder é capaz de resistir Deus quando Ele se levanta para defender o seu povo. C. H. Spurgeon diz que não há nada que deixe o Senhor tão irado quanto o dano causado aos seus filhos.[14] Derek Kidner diz que a teofania, isto é, a manifestação de Deus, relembra o livramento no mar Vermelho, através do fogo, da nuvem e da separação das águas, bem como os fenômenos do monte Sinai, que "tremia grandemente", "fumegava", quando Deus descera sobre ele em fogo (Êx 19:18).[15]

Em segundo lugar, *a rapidez incomparável do libertador* (22:10,11). Ele baixa os céus e desce. Debaixo de seus pés há densa escuridão. A escuridão não é impedimento para Deus agir. Ele cavalga um querubim e voa nas asas do vento. É com essa rapidez que vem para livrar aqueles que nele se refugiam. C. H. Spurgeon destaca que as coisas estavam ruins para Davi antes de ele orar, mas ficaram muito piores para os inimigos tão logo sua petição subiu aos céus.[16]

Em terceiro lugar, *o método misterioso usado pelo libertador* (22:12,13). Deus faz das trevas o seu manto para ocultar-se. Faz da escuridão das águas e das espessas nuvens do céu o seu pavilhão. Quando o libertador se levanta ninguém pode resistir ao seu poder nem mesmo compreender os seus métodos. Quando Ele se manifesta, as densas nuvens se desfazem em granizo e em brasas chamejantes.

Em quarto lugar, *a eficácia da ajuda do libertador* (22:14-20a). Quem pode resistir àquele que troveja nos céus? Quem pode prevalecer contra o Altíssimo quando Ele levanta a sua voz? Quem pode proteger-se quando Ele despede suas flechas? Quem pode enfrentá-lo quando Ele dispersa seus inimigos? Ao espalhar os seus raios, Ele desbarata os seus adversários. Quando Ele se manifesta em sua ira, até os rios se secam e os fundamentos do mundo são descobertos.

Davi sentia-se como um náufrago, quando desde o alto Deus lhe estendeu a mão. Davi reconhece que seus inimigos eram mais fortes do que ele, quando Deus o livrou. Os inimigos de Davi o assaltaram no dia da sua calamidade, mas o Senhor saiu em sua defesa e foi o seu amparo. Davi estava num beco sem saída, mas Deus o levou para um lugar espaçoso. Nas palavras de W. T. Purkiser, "da experiência de estar cercado pelo perigo, Davi é trazido para um lugar espaçoso".[17]

C. H. Spurgeon, analisando este versículo, diz que depois de anelar por libertação na prisão por certo tempo, José alcançou o palácio. Davi, da caverna de Adulão, subiu ao trono. É doce o prazer depois da dor. O espaço amplo é mais delicioso depois de tempos de pobreza apertada e prisão estreita. Almas sitiadas se deleitam nos campos amplos da promessa, quando Deus expulsa o inimigo e escancara as portas da cidade cercada.[18]

Em quinto lugar, *a razão do socorro do libertador* (22:20b). "[...] livrou-me, porque ele se agradou de mim". Davi reconhece que Deus trata com graça os que o amam e exerce seu juízo sobre aqueles que zombam de sua graça e oprimem os seus escolhidos. Nossa vitória não procede dos nossos esforços, mas de Deus se agradar de nós. Derek Kidner corrobora, dizendo que Davi é abençoado porque Deus se agradou dele e não só porque representa seu povo. Seus súditos serão abençoados por amor a Davi, assim como a Igreja é abençoada por amor a Cristo.[19]

Declaração de integridade diante de Deus e dos homens (22:21-28)

Por que Deus se agradou de Davi? A resposta está nos versículos em apreço. Vejamos:

Em primeiro lugar, *integridade diante de Deus* (22:21-25). Davi não está pleiteando aqui sua impecabilidade, mas acentuando sua integridade. Ele vive de forma justa. Há pureza em suas mãos. Ele tem guardado os caminhos do Senhor e não tem se apartado perversamente deles. Ele guarda os juízos e não se afasta dos preceitos divinos. Ele foi integro com Deus, guardando-se da iniquidade. Por isso reconhece que o Senhor lhe retribuiu segundo a sua justiça e conforme a pureza de suas mãos. Concordo com Purkiser quando diz que isso não é uma espécie de evangelho da salvação por obras, pois neste mesmo Salmo a misericórdia do Senhor, a causa da salvação, é descrita.[20]

Em segundo lugar, *integridade diante dos homens* (22:26-28). Deus lida conosco como lidamos com Ele e também com os outros. Aqueles que são benignos com o próximo recebem de Deus benignidade (Mt 5:7; 6:14,15; 18:23-25). Aqueles que são íntegros em suas relações horizontais recebem de Deus o mesmo tratamento. Ele se mostra puro com os puros, mas é inflexível com o perverso. Ele salva os humildes, mas abate os de olhos altivos. Warren Wiersbe tem razão em dizer: "Davi prostrou-se em submissão, e o Senhor o exaltou em honra. Saul exaltou a si mesmo e acabou caindo com o rosto em terra em humilhação".[21]

Perfeita libertação (22:29-46)

Davi volta ao tema de sua libertação e ensina-nos algumas preciosas lições:

Em primeiro lugar, *Deus nos liberta quando lança luz nas nossas trevas* (22:29). Há momentos tenebrosos na vida. A escuridão vem como um manto sobre nós. Nessas horas o inimigo parece prevalecer, porém Deus faz resplandecer nossa lâmpada e lança luz em nossas trevas.

Em segundo lugar, *Deus nos liberta quando nos dá destreza para a batalha* (22:30). Quando Deus é por nós, ninguém pode nos deter nem nos resistir. Com Deus, Davi desbarata exércitos e salta muralhas. Você e Deus são maioria. Quando Deus luta as nossas guerras somos imbatíveis.

Em terceiro lugar, *Deus nos liberta quando Ele mesmo é o nosso escudo* (22:31). O caminho do Senhor é perfeito e sua palavra é provada. Quando andamos com Deus, Ele anda conosco. Quando nos refugiamos em Deus, Ele é nosso escudo. Sendo Ele o nosso escudo, nenhuma seta do inimigo pode nos atingir.

Em quarto lugar, *Deus nos liberta por causa de sua singularidade* (22:32). Davi confessa que o seu Deus é o único Senhor. Ele professa um monoteísmo confiante. Só Deus é rochedo. Só Ele socorre e ampara. Só dele vem a vitória. Os povos têm muitos deuses, muitos ídolos, mas todos são vãos. Eles não podem ouvir nem salvar.

Em quinto lugar, *Deus nos liberta ao dar-nos capacitação especial* (22:33-35). É Deus quem nos reveste de forças. É ele quem aperfeiçoa os nossos caminhos. É ele quem faz nossos pés velozes como de uma corça e nos firma em lugares altos. É Deus quem adestra nossas mãos para o combate a ponto de envergarmos até arcos de bronze.

Em sexto lugar, *Deus nos liberta quando nos oferece sua graciosa salvação* (22:36,37). Davi recebe de Deus o escudo da salvação. Confessa que Deus o susteve. Foi a clemência dele que o engrandeceu. O próprio Deus o alargou o caminho para que seus pés não vacilassem. Foi a bondade de Deus que moldou o caráter de Davi. Deus achou por bem olhar para Davi e chamá-lo (1Sm 16), voltar-se para ele e moldá-lo (22:36), estender sua mão e salvá-lo (22:27); e, a seu tempo, exaltá-lo e colocá-lo no trono (22:40-46). Estou de pleno acordo com Allan Harman, quando diz que todos os misericordiosos atos de Deus para com seus filhos e expressões de sua condescendência alcançaram sua mais plena expressão na vinda de Jesus em carne humana.[22]

Em sétimo lugar, *Deus nos liberta quando nos faz triunfar sobre os inimigos* (22:38-43). Davi descreve sua vitória retumbante sobre os inimigos. Ele os persegue e os alcança, dando cabo deles, esmagando-os a tal ponto de não poderem se levantar. Eles caíram aos seus pés. Isso porque Deus o fortaleceu para o combate. Os que se levantaram contra ele precisaram se render e se submeter a ele. Davi, entretanto, reconhece que essa façanha não procede dele mesmo, uma vez que foi Deus quem pôs em fuga seus inimigos (22:41). Porque esses inimigos viveram na contramão da vontade divina, quando clamaram, não foram ouvidos (Pv 1:24-33; Is 65:12-14; 66:4). Porque faltou-lhes o socorro divino, Davi os reduziu a pó e lançou-os fora como lama das ruas.

Em oitavo lugar, *Deus nos liberta quando Ele mesmo nos exalta sobre as nações* (22:44-46). Deus livrou Davi das contendas do povo e o fez cabeça das nações. Ao poder de sua poderosa voz, essas nações passaram a servi-lo e a lhe obedecer. Nenhuma nação ousou mais resisti-lo. W. T. Purkiser diz com razão que a reputação de Davi era tão grande que os inimigos em potencial foram intimidados a se submeterem.[23] Este texto é claramente messiânico, pois aponta para o Messias, o Filho de Davi. Essa é uma clara descrição do reino messiânico, que abarcará todas as nações.

Doxologia ao Deus vivo (22:47-51)

Na última estrofe do poema, Davi volta sua atenção para o Deus vivo, numa expressão doxológica. Kevin Mellish diz que à luz de tudo isso que Deus tinha feito por Davi, a última parte da canção culmina com adoração e louvor.[24]

Destacamos aqui alguns pontos importantes:

Em primeiro lugar, *ele exalta o Deus da sua salvação* (22:47). O Senhor vive e Ele é a nossa rocha. O Deus da nossa salvação é digno de ser exaltado. Esta verdade foi vista como sendo um grande contraste entre o Senhor, que "tudo faz como lhe agrada", e os ídolos que "têm boca, e não falam" (Sl 115:3,5).[25]

Em segundo lugar, *ele exalta o Deus da sua libertação* (22:48,49). Davi não exerceu vingança com as suas próprias mãos. Ele entregou seus inimigos nas mãos de Deus e este tomou vingança por ele e fez de seus inimigos seus súditos. Deus livrou Davi de seus inimigos e do homem violento e o exaltou diante deles.

Em terceiro lugar, *ele glorifica a Deus entre os povos* (22:50). Davi exalta a Deus entre os gentios e canta louvores ao seu nome. Este texto é usado pelo apóstolo Paulo para mostrar que os gentios se unem aos judeus para glorificarem a Deus. Paulo cita o versículo 50 em Romanos 15:9 e aplica essas palavras aos judeus louvando a Deus no meio dos gentios. Em Romanos 15:10,11, judeus e gentios regozijam-se juntos — como resultado do ministério de Paulo aos gentios —, e Romanos 15:12 anuncia o reinado de Jesus Cristo sobre judeus e gentios (Is 11:10).[26]

Em quarto lugar, *ele exalta a Deus por sua benignidade com ele e com sua descendência para sempre* (22:51). Este poema chega ao seu auge quando Davi exalta o Senhor por sua aliança com ele e com seus descendentes (7:1-17). Ele usa as palavras "para sempre", de modo que devia ter consciência de que as promessas do reino se cumpririam por intermédio do Messias. "E ele reinará pelos séculos dos séculos" (Ap 11:15).[27] Allan Harman corrobora, dizendo: "Davi era o rei ungido a quem grandes promessas foram feitas concernentes à sua semente (Lc 1:30-33; Rm 1:2-4). Davi, em suas variadas experiências expressas neste cântico de ação de graças, é um indicador de Jesus que exibe o título 'Cristo', 'o Ungido'".[28] Concluo com as palavras de Joyce Baldwin:

> O clímax do poema celebra o vínculo entre o Senhor Deus vivo, em cujas mãos está toda autoridade e poder, e seu rei (7:16). Davi recebera, por intermédio de Natã, a promessa de uma dinastia duradoura, mas, uma vez que não viveria para sempre, ela passaria para sua *posteridade* — um substantivo coletivo singular (Gl 3:16) — e aponta para a frente, para o Cristo que viria. As bênçãos de que Davi tomara conhecimento em sua experiência se tornariam ainda mais específicas e inconfundíveis em Cristo (22:29 – Jo 8:12; 22:30 – Fp 4:13; 22:31 – Jo 16:23,24).[29]

Notas

[1] BALDWIN, Joyce G. *I e IISamuel: introdução e comentário.* 2006, p. 322.
[2] DAVIS, Dale Ralph. *2Samuel.* 2018, p. 284-294.
[3] MELLISH, Kevin J. *Novo comentário bíblico Beacon* – 1 e 2Samuel. 2015, p. 337.
[4] PURKISER, W. T. *Os livros de 1 e 2Samuel. In* Comentário bíblico Beacon. Vol. 2. 2015, p. 259.
[5] SPURGEON, Charles H. *Os tesouros de Davi.* Vol. 1. Rio de Janeiro, RJ: CPAD. 2017, p. 315.
[6] KIDNER, Derek. *Salmos 1—72: introdução e comentário.* 2006, p. 108.
[7] WIERSBE, Warren W. *Comentário bíblico expositivo.* Vol. 2. 2006, p. 367.
[8] BALDWIN, Joyce G. *I e IISamuel: introdução e comentário.* 2006, p. 323.
[9] CHISHOLM JR, Robert B. *1 e 2Samuel.* 2017, p. 296,297.
[10] WIERSBE, Warren W. *Comentário bíblico expositivo.* Vol. 2. 2006, p. 367.
[11] SPURGEON, Charles H. *Os tesouros de Davi.* Vol. 1. 2017, p. 318.
[12] Idem, p. 319.
[13] PURKISER, W. T. *O livro de Salmos. In* Comentário bíblico Beacon. Vol. 3. Rio de Janeiro, RJ: CPAD. 2015, p. 141.
[14] SPURGEON, Charles H. *Os tesouros de Davi.* Vol. 1. 2017, p. 319.
[15] KIDNER, Derek. *Salmos 1—72: introdução e comentário.* Vida Nova. São Paulo, SP. 2006, p. 109.
[16] SPURGEON, Charles H. *Os tesouros de Davi.* Vol. 1. 2017, p. 321.
[17] PURKISER, W. T. *O livro de Salmos. In* Comentário bíblico Beacon. Vol. 3. 2015, p. 142.
[18] SPURGEON, Charles H. *Os tesouros de Davi.* Vol. 1. 2017, p. 322.
[19] KIDNER, Derek. *Salmos 1—72: introdução e comentário.* 2006, p. 109.
[20] PURKISER, W. T. *O Livro de salmos. In* Comentário bíblico Beacon. Vol. 3. 2015, p. 142.
[21] WIERSBE, Warren W. *Comentário bíblico expositivo.* Vol. 2. 2006, p. 369.
[22] HARMAN, Allan. *Salmos.* São Paulo, SP: Cultura Cristã. 2011, p. 119.
[23] PURKISER, W. T. *O Livro de salmos. In* Comentário bíblico Beacon. Vol.3. 2015, p. 143.
[24] MELLISH, Kevin J. *Novo comentário bíblico Beacon – 1 e 2Samuel.* 2015, p. 339.
[25] KIDNER, Derek. *Salmos 1—72: introdução e comentário.* 2006, p. 114.
[26] WIERSBE, Warren W. *Comentário bíblico expositivo.* Vol. 3. 2006, p. 123.
[27] Idem.
[28] HARMAN, Allan. *Salmos.* 2011, p. 121.
[29] BALDWIN, Joyce G. *I e IISamuel: introdução e comentário.* 2006, p. 326.

Capítulo 24

O reino de Davi e seus valentes

(2Samuel 23:1-39)

O PENÚLTIMO CAPÍTULO DE 2Samuel trata do reino de Davi que aponta para o reino messiânico. Trata, de igual modo, dos valentes de Davi, homens experimentados na guerra. A passagem constitui-se nas últimas palavras do rei e na justa homenagem aos heróis do reino. Aqui, como diz Joyce Baldwin, "Davi está falando como profeta e pronunciando uma palavra divina".[1] Kevin Mellish diz que as últimas palavras de Davi são apresentadas como um oráculo, cujo tema é o governo do rei justo e a aliança do Senhor com ele. Assim, ao expressar seu último desejo e testamento, Davi se assemelha aos grandes heróis do passado de Israel, que também fizeram importantes discursos antes de sua morte — Jacó (Gn 49), Moisés (Dt 32—34), e Josué (Js 23—24). As palavras de Davi assinalam a conclusão formal de uma importante era na história de Israel, mas elas também apontam para o futuro, no sentido de que pressupõem a aliança eterna que Deus fez com a família de Davi (23:5).[2] Concordo com Joyce Baldwin quando diz que quando Jesus saiu pregando a mensagem, dizendo que "o reino de Deus está próximo" (Mc 1:15), as aspirações de Davi estavam finalmente para se cumprir; o próprio nome "Jesus" fala da salvação de Deus (Mc 1:21).[3] Davi foi o homem exaltado, como o ungido do Deus de Jacó, o mavioso salmista de Israel (23:1). Aqui o rei Davi é apresentado como um profeta e também como um poeta. Warren Wiersbe diz que pelo menos setenta e três salmos do Saltério são atribuídos a Davi, mas seu último salmo encontra-se somente aqui em 2Samuel 23. O tema da composição é a liderança piedosa. É provável que Davi o tenha escrito no final de sua vida, especialmente para Salomão, seu filho e sucessor.[4] Deus tirou Davi de detrás da manada de ovelhas e o colocou no trono, para o qual ele era um candidato improvável. Era o caçula de uma família belemita. Não procedia de uma família aristocrática nem estava acostumado à vida palaciana. Era um destemido pastor de ovelhas, que defendia seu rebanho das bestas-feras e nas horas de folga compunha suas canções e tangia sua harpa. Não olhando para a aparência, mas para o coração, Deus o escolheu e o ungiu por intermédio de Samuel para ser o rei de Israel, em lugar de Saul, e para suscitar através de sua descendência o próprio Messias. Davi transformou suas alegrias em salmos de louvor; suas dores em salmos de lamento; as injustiças sofridas em salmos imprecatórios e as expectativas do povo de Deus em salmos messiânicos. Foi, certamente, o mais prolífico salmista. Suas canções foram cantadas por gerações e ainda são fonte de enlevo e conforto espiritual para a igreja contemporânea.

O reino perpétuo a ser celebrado (23:1-7)

Vemos no versículo 1 o narrador apresentando Davi. Porém, a partir do versículo 2 até ao versículo 7, o próprio Davi passa a falar do reino. Dale Ralph Davis destaca três aspectos do reino davídico:

Em primeiro lugar, *o reino é certo* (23:1-3a,5). O reino davídico é um tipo do reino messiânico. Esse reino é certo. As turbulências da história jamais conseguiram destruí-lo. Os inimigos que se insurgiram contra Davi e seu reino foram, por divina providência, derrotados. Destacamos alguns pontos importantes acerca desse reino que é certo:

Primeiro, Davi, *o rei pactual, é um homem inspirado por Deus* (23:2,3a). "O Espírito do SENHOR fala por meu intermédio, e a sua palavra está na minha língua. Disse o Deus de Israel, a Rocha de Israel a mim me falou[...]". As palavras proferidas por Davi acerca do reino foram inspiradas pelo Espírito Santo. A própria palavra de Deus estava nos lábios de Davi. Suas palavras são oráculos divinos. Corrobora com esse pensamento Dale Ralph Davis: "A mensagem que Davi pronuncia é uma mensagem divina, um oráculo. O que Davi transmite é o que Deus, a rocha de Israel, declarou".[5]

Segundo, *o Deus pactual firmou uma aliança eterna e segura com Davi* (23:5a). "Não está assim com Deus a minha casa? Pois ele estabeleceu comigo uma aliança eterna, em tudo bem definida e segura [...]". Nessa aliança Deus prometeu firmar a casa de Davi para sempre e dar-lhe uma linhagem permanente no trono. Da linhagem de Davi deveria nascer o Messias, aquele cujo trono é eterno e cujo reino jamais passará. Concordo com Dale Ralph Davis quando diz que Davi deseja que compreendamos indubitavelmente que aquilo que ele anuncia não é um mero pensamento seu, mas um dogma do Senhor, não uma peça de *insight* humano, mas uma revelação do decreto divino.[6]

Terceiro, *Davi tem garantia quanto ao futuro* (23:5b). "[...] não me fará ele prosperar toda a minha salvação e toda a minha esperança?". Deus escreve a história antes de ela acontecer. O futuro já está escrito e determinado por Deus. Toda a salvação de Davi e toda a sua esperança haveriam de prosperar porque o Deus que prometeu é fiel para cumprir sua aliança.

Em segundo lugar, *o reino é atrativo* (23:3b,4). "[...] aquele que domina com justiça sobre os homens, que domina no temor de Deus é como a luz da manhã, quando sai o sol, como manhã sem nuvens, cujo esplendor, depois da chuva, faz brotar da terra a erva". Warren Wiersbe diz que sem a justiça e sem o temor do Senhor, um líder torna-se um ditador e abusa do povo de Deus, tocando-o feito gado em vez de conduzi-lo como ovelhas.[7] Davi usou uma bela metáfora para retratar o trabalho de um líder: a chuva e o sol, que juntos produzem frutos proveitosos em vez de espinhos dolorosos (23:4,6).[8] Eu concordo com Dale Ralph Davis quando diz que o texto em apreço constitui o coração da revelação profética de Davi, que vê um rei universal, que governa sobre toda a humanidade e não apenas sobre Israel. Este rei é justo e legítimo. O temor de Deus está impregnado em seu governo (23:3b). O versículo 4 descreve este reino usando as figura da luz, do sol, da chuva e da erva brotando da terra, revivendo e florescendo. Renovo e vitalidade transbordam desse reino. O rei que virá governará com justiça e renovará tudo onde chegar e sobre quem governar. Fica evidente que Davi está falando do Messias, o último rei que procederá de sua dinastia e de sua casa. O reino do Messias é atrativo porque o Messias rei é atrativo.[9] Os reis da terra, nos mais diversos sistemas de governo, sejam eleitos pelo povo sejam autoimpostos como ditadores são, via de regra, imorais, corruptos e opressores. Eles afligem o povo em vez de trazer esperança. Eles sugam as riquezas da nação em vez de trazer renovo.

Em terceiro lugar, *o reino é exclusivo* (23:6,7). "Porém os filhos de Belial serão todos lançados fora como os espinhos, pois não podem ser tocados com as mãos, mas qualquer, para os tocar, se armará de ferro e da haste de uma lança; e a fogo serão totalmente queimados no seu lugar". A imagem do líder piedoso é contrastada com a do ímpio. Fica patente à luz do texto em tela que nem todos desejam o reino do Messias. Alguns não desejam fazer parte do reino justo governado pelo Rei justo. Esse reino não os atrai nem por eles é desejado. Os filhos de Belial, portanto, não fazem parte do reino do Messias, pois este reino é luz, enquanto os filhos de Belial são como espinho (23:6). O reino do Messias traz renovo (23:4), mas os ímpios infligem dor e sofrimento (23:6,7a). Consequentemente, os ímpios serão excluídos do regime que eles desprezam; serão lançados fora e jogados ao fogo como palha.[10] Dale Ralph Davis tem razão em dizer que o reino messiânico envolve tanto restauração como destruição; tanto a salvação como o julgamento.[11] Está escrito: "Mandará o Filho do homem os seus anjos, que ajuntarão do seu reino todos os escândalos e os que praticam a iniquidade e os lançarão na fornalha acesa; ali haverá choro e ranger de dentes" (Mt 13:41,42). João Batista foi categórico: "A sua pá, ele a tem na mão e limpará completetamente a sua eira; recolherá o seu trigo no celeiro, mas queimará a palha em fogo inextinguível" (Mt 3:12). No livro de Apocalipse, essa verdade é expressa, também, com máxima solenidade: "Quanto, porém, aos covardes, aos incrédulos, aos abomináveis, aos assassinos, aos impuros, aos feiticeiros, aos idólatras e a todos os mentirosos, a parte que lhes cabe será no lago que arde com fogo e enxofre, a saber, a segunda morte" (Ap 21:8). Ainda esclarece: "Nela, nunca jamais penetrará coisa alguma contaminada, nem o que pratica abominação e mentira, mas somente os inscritos no livro da vida do Cordeiro" (Ap 21:27). Enfim, está escrito: "Fora ficam os cães, os feiticeiros, os impuros, os assassinos, os idólatras e todo aquele que ama e pratica a mentira" (Ap 22:15).

Para uma sociedade regida pela ditadura do relativismo, essa mensagem não está em voga. Para uma igreja que se torna cada vez mais inclusiva, esta mensagem não é palatável nem politicamente correta. Porém, essa é a verdade indubitável, irrefutável e insubstituível da palavra de Deus!

Os valentes nacionais a serem honrados (23:8-39)

O texto em apreço nos apresenta quatro listas de valentes. Vejamos:

Em primeiro lugar, *o trio nominado* (23:8-12). Três valentes do exército de Davi são aqui nominados: Josebe-Bassebete ou Jabesão, Eleazar e Samá. Josebe-Bassebete ocupa o topo da lista, pois, sozinho, feriu numa única ocasião oitocentos homens. Eleazar, por sua vez, numa ocasião de conflagração, quando os israelitas já tinham se retirado da batalha, permaneceu lutando e feriu os filisteus, até lhe cansar a mão e ficar apegada à espada. Nesse dia, o Senhor efetuou grande livramento e o povo voltou para onde estava Eleazar apenas para tomar os despojos. Já Samá protegeu uma plantação de lentilhas dos israelitas invadida pelos filisteus e defendeu a propriedade, a safra e feriu os filisteus. Nesse dia, o Senhor efetuou grande livramento. É digno de destaque que embora os guerreiros mencionados tenham demonstrado inegável coragem, o livramento das mãos do inimigo só foi possível por causa do grande livramento do Senhor. A força por trás da vitória não procedia do braço da carne, mas do braço do onipotente Deus!

Em segundo lugar, *o trio anônimo* (23:13-17). O narrador passa a falar sobre os próximos três valentes de Davi, porém não lhes menciona os nomes, apenas descreve suas façanhas. Davi estava na caverna de Adulão, assolado por severa sede, quando expressou seu desejo de tomar água do poço, que está junto à porta de Belém. Era uma espécie de saudosismo ou mesmo o desejo de voltar para casa e desfrutar de um tempo de paz. Percebendo o desejo de Davi, esses três valentes romperam pelo acampamento dos filisteus e chegaram a Belém e tiraram água do poço junto à porta da cidade, e a levaram a Davi. Vendo esse gesto sacrificial de seus valentes, Davi não quis beber a água, mas derramou-a como oferta de libação ao Senhor, dizendo: "Longe de mim, ó SENHOR, fazer tal coisa; beberia eu o sangue dos homens que lá foram com perigo de sua vida? De maneira que não a quis beber. São estas as coisas que fizeram os três valentes" (23:17). Nas palavras de Warren Wiersbe, "Davi transformou a caverna num templo e derramou a água como libação ao Senhor".[12] Davi revela-se aqui como um líder humilde o bastante para admitir que só o Senhor era digno de um sacrifício desses.

Dale Ralph Davis destaca que a atitude de Davi não irritou esses três valentes, mas produziu neles admiração, pois o ato de Davi não foi de desperdício da água, mas um ato de adoração. Para Davi aquela água representava o sangue de seus valentes. Assim, Davi não viu a água de Belém, mas o sangue de seus homens. O sangue pertence ao Senhor. Ele derramou a água não porque era descartável, mas porque era um tesouro. Aquela água pertencia ao Senhor.[13]

Em terceiro lugar, *dois valentes especiais* (23:18-23). A terceira lista é destinada a destacar dois valentes especiais de Davi: Abisai e Benaia. O primeiro, Abisai, era irmão de Joabe e Asael, filho de Zeruia e sobrinho de Davi. Esse leal guerreiro sempre esteve ao lado do rei. Certa feita, ele quis matar Saul, mas Davi rejeitou a ideia (1Sm 26). Noutra ocasião, ofereceu-se para decapitar Simei por ter amaldiçoado Davi (16:9-11; 19:21). Comandou o exército no cerco de Rabá (10:10-14) e salvou a vida do rei durante uma luta com um gigante (21:15-17). Ficou no comando de um terço do exército real (18:2,12). O narrador relata uma façanha de Abisai. Ele alçou a sua lança contra trezentos e os feriu. Abisai foi um soldado valente, corajoso e vitorioso na batalha.

Benaia, filho de Joiada, era homem valente e grande em obras. Era de família sacerdotal (1Cr 27:5), mas se tornou soldado e comandante da guarda pessoal de Davi (8:18; 20:23). Ele feriu dois heróis de Moabe e matou um leão numa cova, no tempo da neve. Warren Wiersbe destaca que Benaia deparou-se com o pior dos inimigos (um leão), no pior dos lugares (uma cova), na pior das circunstâncias (um dia de neve) e venceu.[14] Além disso, matou um gigante egípcio com um cajado. Kevin Mellish destaca que Benaia foi colocado a cargo da guarda pessoal de Davi, que consistia dos queretitas e peletitas, guerreiros que originalmente vieram da região do Egeu. A guarda pessoal desempenhou um papel importante no reinado de Davi, especialmente no final de sua vida, quando chegou a hora de coroar Salomão como seu sucessor (1Rs 1:32-40).[15]

Em quarto lugar, *os trinta valentes honrados* (23:24-39). Nesta lista não encontramos o detalhamento das façanhas realizadas por esses valentes. Nas palavras de Dale Ralph Davis: "Trata-se de uma lista de honra da elite do exército de Davi".[16] Eles transcenderam em sua luta em defesa do reino e seu trabalho não ficou esquecido. Eles lutaram em fidelidade ao rei. Uma vez que Davi era o rei pactual do Senhor, esses valentes lutaram pelo reino de Deus no mundo. Através de suas armas Deus deu descanso a Davi e a Israel (7:1,10,11). Encontramos nos versículos em tela a lista dos trinta valentes de Davi: Asael, Elanã, Samá, Elica, Helez, Ira, Abiezer, Mebunai, Zalmom, Maarai, Helebe, Itai, Benaia, Hidai, Abi-Albom, Azmavete, Eliaba, Bené-Jásen, Jônatas, Sama, Aião, Elifelete, Eliã, Hezrai, Paarai, Jigeal, Bani, Zeleque, Naarai, Ira, Garebe e Urias.

Dale Ralph Davis diz, corretamente, que vemos essa mesma homenagem pessoal nas saudações das epístolas neotestamentárias (Rm 16:3-16; Cl 4:12,13; Fp 2:19-30; Cl 4:2; 2Tm 1:16-18; Fm 23,24).[17] Concluo com duas aplicações práticas sugeridas por Warren Wiersbe: 1) Davi não realizou suas conquistas sozinho; teve a ajuda de muitos seguidores dedicados; 2) Deus lembrou-se de cada um dos homens, providenciou para que a maioria deles fosse anotada na sua Palavra, e um dia recompensará cada um deles pelo ministério que realizaram. O nome de Davi é citado mais de mil vezes na Bíblia, enquanto a maioria desses homens é mencionada apenas uma ou duas vezes. Porém, quando se encontrarem com o Senhor, "cada um receberá o seu louvor da parte de Deus" (1Co 4:5).[18]

NOTAS

[1] BALDWIN, Joyce G. *I e IISamuel: introdução e comentário.* 2006, p. 326.
[2] MELLISH, Kevin J. *Novo comentário bíblico Beacon – 1 e 2Samuel.* 2015, p. 339.
[3] BALDWIN, Joyce G. *I e IISamuel: introdução e comentário.* 2006, p. 328.
[4] WIERSBE, Warren W. *Comentário bíblico expositivo.* Vol. 2. 2006, p. 373.
[5] DAVIS, Dale Ralph. *2 Samuel.* 2018: p. 297.
[6] Idem, p. 298,299.
[7] WIERSBE, Warren W. *Comentário bíblico expositivo.* Vol. 2. 2006, p. 374.
[8] Idem.
[9] DAVIS, Dale Ralph. *2Samuel.* 2018, p. 298,299.
[10] Idem, p. 300.
[11] DAVIS, Dale Ralph. *2Samuel.* 2018, p. 300.
[12] WIERSBE, Warren W. *Comentário bíblico expositivo.* Vol. 2. 2006, p. 376.
[13] DAVIS, Dale Ralph. *2Samuel.* 2018, p. 306.
[14] WIERSBE, Warren W. *Comentário bíblico expositivo.* Vol. 2. 2006, p. 377.
[15] MELLISH, Kevin J. *Novo comentário bíblico Beacon – 1 e 2Samuel.* 2015, p. 342.
[16] DAVIS, Dale Ralph. *2Samuel.* 2018, p. 308.
[17] Idem, p. 309.
[18] WIERSBE, Warren W. *Comentário bíblico expositivo.* Vol. 2. 2006, p. 378.

Capítulo 25

Juízo e graça

(2Samuel 24:1-25)

ROBERT CHISHOLM DIZ, COM razão, que este capítulo é um dos mais inquietantes da Bíblia, pois mostra Deus furioso, incitando Davi a fazer um censo, e inobstante Davi ter se arrependido e confessado seu erro, Deus não deixa de aplicar o juízo, resultando na morte de setenta mil homens.[1] Este episódio final mostra o rei num momento de fraqueza e Israel em necessidade de castigo.[2] Este capítulo trata, portanto, do grande enigma da ira de Deus sobre Israel. O narrador não especifica o motivo da ira. Pode ser que Deus tenha ficado irado ao ver o povo abandonando Davi, o rei pactual, para seguir Absalão, o rei impostor.

Dale Ralph Davis sintetiza o texto assim: 1) Davi e Joabe (24:1-9); 2) Davi e Gade (24:10-19); 3) Davi e Araúna (24:20-25).[3] Mas seguirei a sugestão homilética de Warren Wiersbe, mostrando Davi como um rei orgulhoso, culpado e arrependido.[4] É triste constatar que depois do pecado de Davi com Bate-Seba nada corre bem para ele.[5] Sua história é uma corrida ladeira abaixo.

Um rei orgulhoso (24:1-9)

O texto em apreço trata da ordem de Davi para fazer o censo (24:2), da objeção de Joabe (24:3), do prevalecimento da vontade de Davi (24:4), e da peregrinação de Joabe e seus capitães pela nação para realizar o censo (24:5-9). Cinco fatos são destacados aqui:

Em primeiro lugar, *Deus incita Davi contra o povo* (24:1). O versículo em pauta diz que Deus incitou Davi a contar o povo enquanto 1Crônicas 21:1 declara que Satanás incitou Davi a fazer o senso. Os dois textos estão certos: Deus permitiu que Satanás tentasse Davi, a fim de realizar seu soberano propósito, qual seja, demonstrar sua ira ao povo de Israel. O mesmo Satanás que atacou Jó (Jó 1—2) e acusou o sumo sacerdote Josué (Zc 3) também incita Davi (24:1). Robert Chisholm corrobora, dizendo: "A melhor maneira de harmonizar os dois textos é reconhecer o papel ativo que tanto o Senhor quanto seu instrumento de engano desempenharam no acontecimento".[6] John Goldingay diz que falar que Deus incitou Davi a fazer o censo não significa que o rei foi, de algum modo, forçado por Deus. A linguagem traça um paralelo com outras passagens nas quais Deus endurece o coração das pessoas ou aumenta a determinação delas.[7] Dale Ralph Davis acrescenta: "Eu concordo que ambos os textos são verdadeiros, mas apelar para a vontade permissiva de Deus não resolve de todo o problema. Isso soa melhor, mas de qualquer modo Deus decidiu permitir. Não podemos, portanto, usar Satanás para evitar Deus".[8] Walter Kaiser Jr ainda lança luz sobre o assunto quando escreve: "De acordo com o pensamento hebreu, aquilo que Deus permite, ele comete. Ao permitir a realização desse censo, Deus é visto como a agente do ato. Os hebreus não aceitam uma determinação de causas secundárias. Sob a providência divina, todas as coisas em última instância são atribuídas a Ele. Sendo assim, foi o próprio Deus quem fez isso, em primeiro lugar".[9] Concordo com Dale Ralph Davis quando diz que há, aqui, um grande mistério acerca da ira de Deus acesa contra Israel. Deus incita Davi contra a nação usando o pecado de seu servo como o veículo de sua ira sobre eles. Mas porque Deus está irado contra Israel? Nós não sabemos. O narrador não nos informa.[10] O texto fica em silêncio. Apenas nos informa o fato da ira de Deus, mas não a causa dela. Como dissemos na introdução deste capítulo, a razão mais recente teria sido a rebelião contra Davi e seu reino.

Obviamente não havia nada de errado em fazer um censo, desde que fosse feito de acordo com as regras estabelecidas em Êxodo 30:11-16 e Números 3:40-51. O meio siclo recebido no censo era usado para pagar as contas do santuário de Deus (Êx 38:25-28). Jesus pagou esse imposto (Mt 17:24-27). É digno de nota que Deus determinou um recenseamento após os israelitas saírem do Egito e ainda outro quando eles estavam prestes a entrar em Canaã (Nm 1 e 26).

Em segundo lugar, *Davi ordena o censo* (24:2). O censo que Davi ordenou não estava relacionado com esses preceitos da lei divina. Era, antes, para demonstrar a força militar de Israel e o tamanho de seu exército (24:9). John Goldingay corrobora, dizendo: "O recenseamento é realizado pelos militares, e a contagem de seus resultados refere-se à quantidade de homens empunhando uma espada em Efraim e em Judá. Na realidade, Davi está avaliando o tamanho de seu poderio militar".[11]

Davi estava encerrando o seu governo. Passaria em breve o bastão para seu filho Salomão. Seu propósito era mostrar quão poderoso exército Salomão, o rei sucessor, tinha à sua disposição. Kevin Mellish diz que, quando Davi mandou que o censo dos israelitas fosse realizado, seu desejo de exaltar o poder, tanto do rei como do Estado, tornou-se patente. Ele essencialmente colocou sua fé nos recursos que estavam à sua disposição, e não em Deus. Ao fazer o censo, esqueceu-se do importante princípio de que o seu poder de governar derivava de Deus, não do exército que ele seria capaz de convocar. Quando Davi tentou garantir sua autoridade como rei, independentemente de Deus, ilustrou a tentação na qual os líderes caem quando recebem uma grande responsabilidade e são investidos de poder.[12] Concordo com Warren Wiersbe quando diz que, por vezes, o maior julgamento de Deus é simplesmente permitir que façamos as coisas à nossa maneira.[13]

Em terceiro lugar, *a objeção de Joabe ao censo e a insistência de Davi* (24:3,4). A reação de Joabe às ordens de Davi implica uma relutância em realizar o censo. Por causa disso, o comandante Joabe, por desaprovar a ideia, exorta o rei acerca da insensatez desse projeto. Relembra-o que as vitórias do passado não estavam relacionadas à grandeza do exército de Israel, mas às intervenções de Deus. Davi não deveria transferir sua confiança do Deus de Israel para o exército de Israel. Warren Wiersbe destaca que o discurso de Joabe indica que a ordem de Davi foi motivada pelo orgulho. O rei quis engrandecer as próprias realizações em vez elevar o nome do Senhor.[14] Dale Ralph Davis destaca que o censo parecia sem sentido pelo menos para Joabe (24:3), e não meramente sem sentido, mas, também, pecaminoso, como o próprio Davi confessou (24:10) e como o Senhor demonstrou (24:15).[15] Através desse censo Davi está colocando os planos humanos no lugar da promessa divina.

Em quarto lugar, *a jornada do censo* (24:5-8). Joabe e seus capitães passaram nove meses e vinte dias contando os israelitas aptos para o serviço militar. Os recenseadores partiram de Jerusalém e voltaram a ela, percorrendo as regiões leste, norte, oeste e sul. W. T. Purkiser destaca que os recenseadores começaram no leste, do outro lado do Jordão, Aroer e Gileade (24:5,6), e trabalharam até o extremo norte, Sidom (24.6), desceram a costa, até Tiro (24:7), e terminaram no sul, em Berseba (24:5-8).[16]

Em quinto lugar, *o relatório do censo* (24:9). Joabe deu ao rei Davi o recenseamento do povo: havia em Israel oitocentos mil homens de guerra, que puxavam da espada; e em Judá eram quinhentos mil.

Um rei culpado (24:10-17)

Davi reconhece seu pecado independentemente de qualquer intervenção profética. Gade só veio a Davi para dar-lhe direção após sua confissão e pedido de perdão (24:10) e não para levá-lo ao arrependimento. Gade fala a Davi sobre as três opções que Deus lhe deu e que deveria escolher uma (24:11,12): sete anos de fome, três meses de fuga do inimigo, ou três dias de peste sobre a terra. Ao escolher cair nas mãos de Deus e não nas mãos dos homens (24:14), Davi estava eliminando as duas opções anteriores.[17] Destacaremos seis pontos importantes:

Em primeiro lugar, *a confissão de Davi* (24:10). Logo após a conclusão do censo, o coração de Davi foi tomado de arrependimento e ele disse ao Senhor: "Muito pequei no que fiz; porém, agora, ó SENHOR, peço-te que perdoes a iniquidade do teu servo; porque procedi mui loucamente" (24:10). Davi tinha uma consciência sensível. Ele orou imediatamente confessando seu pecado, pedindo a remoção da culpa e de suas consequências. Mas, volto a perguntar: qual era o problema desse recenseamento militar? Qual era o pecado em fazer um levantamento da força militar de Israel, mormente quando o governo estava prestes a transicionar? O problema é que as vitórias de Israel nunca foram atribuídas à sua força militar, mas sempre às intervenções divinas. Desviar a confiança do braço onipotente de Deus para a força dos soldados israelitas era uma espécie de apostasia da fé.

Warren Wiersbe diz que o pecado de Davi com Bate-Seba foi um pecado da carne, de ceder à lascívia numa tarde de ócio, mas o censo foi um pecado do espírito, um ato deliberado de rebelião contra Deus. Foi motivado pelo orgulho, e o orgulho encontra-se no topo da lista de pecados que Deus abomina (Pv 6:16,17). O orgulho é o solo em que crescem todos os outros pecados. O censo foi uma rebelião intencional, e Davi pecou deliberada e conscientemente. Além disso, Deus lhe deu mais de nove meses para se arrepender, mas o rei recusou-se a ceder.[18]

Em segundo lugar, *a direção de Deus* (24:11-13). Deus não falou diretamente a Davi, mas por meio do profeta Gade, uma espécie de capelão do rei que, recebendo a palavra de Deus, a comunicou.

Em terceiro lugar, *a escolha de Davi* (24:14). "Então, disse Davi a Gade: 'Estou em grande angústia; porém caiamos nas mãos do SENHOR, porque muitas são as suas misericórdias; mas, nas mãos dos homens, não caia eu"". Joyce Baldwin diz que Davi, em seu dilema, decidiu de acordo com um princípio: sua dependência na misericórdia do Senhor, em quem ele havia aprendido a confiar, em contraste com a desumanidade do homem, de quem ele tinha motivo para desconfiar.[19] Davi está enfrentando a ira de Deus, mas está convencido da sua misericórdia. O caráter de Deus foi seu refúgio nos momentos mais escuros de sua vida. É inegável que o pecado de Davi trouxe angústia para sua alma e morte para seus súditos. O pecado sempre traz amargas consequências. É digno de destaque que mais uma vez seu pecado leva a terríveis implicações para outras pessoas, que pagam o preço por seu erro.

Em quarto lugar, *o castigo divino* (24:15). "Então, enviou o SENHOR a peste a Israel, desde a manhã até ao tempo que determinou; e, de Dã até Berseba, morreram setenta mil homens do povo". Assim como o pecado de Davi com Bate-Seba trouxe morte na família de Davi e no exército de Israel, este pecado de orgulho trouxe a baixa de setenta mil homens do povo, procedentes das tribos de Israel, desde o norte até ao sul. Kevin Mellish diz que existe uma correlação direta entre as ações do líder e os efeitos sobre o povo daquele grupo ou comunidade. As pessoas da comunidade são aquelas que inconscientemente ou inocentemente sofrem o impacto das escolhas e das ações equivocadas do líder. O povo de Israel, por exemplo, sofreu uma terrível pestilência por causa das ações de Davi e de sua arrogância.[20]

Em quinto lugar, *a misericórdia demonstrada* (24:16). O Anjo do Senhor, o executor da morte, depois de visitar as tribos de norte a sul, chegou em Jerusalém, a capital da nação. Estendendo ele a mão sobre Jerusalém, para a destruir, o Senhor arrependeu-se do mal e disse ao Anjo que fazia a destruição entre o povo: "Basta, retira a mão". Nesse momento o Anjo estava junto à eira de Araúna, o jebuseu. Concordo com Dale Ralph Davis quando diz que a tônica de todo este capítulo é a ira de Deus sendo varrida pela sua misericórdia, confirmando a declaração de Davi no versículo 14.[21] Joyce Baldwin diz que a cidade de Davi havia de ser poupada, como tornou a acontecer nos dias de Ezequias (2Rs 19:34,35), dando origem assim à crença popular de que o templo e a cidade eram invioláveis (Jr 7:4-15).[22]

Em sexto lugar, *o apelo de Davi* (24:17). "Vendo Davi ao Anjo que feria o povo, falou ao SENHOR e disse: 'Eu é que pequei, eu é que procedi perversamente; porém estas ovelhas que fizeram? Seja, pois, a tua mão contra mim e contra a casa de meu pai'". Concordo com Robert Chisholm, quando diz que a sugestão de Davi de que os israelitas são somente "ovelhas" inocentes talvez seja míope, pois o versículo 1 indica que o Senhor está irado contra Israel, o que significa que os israelitas pecaram.[23]

Um rei arrependido (24:18-25)

O profeta Gade direcionou Davi a erigir um altar ao Senhor na eira de Araúna (24:18). Davi obedeceu à ordem profética, que também era a ordem do próprio Senhor (24:19). Destacaremos cinco pontos importantes aqui:

Em primeiro lugar, *uma ordem profética* (24:18). No mesmo dia que cessou a peste na terra, o profeta Gade veio a Davi, dando-lhe uma ordem para levantar um altar ao Senhor na eira de Araúna, o jebuseu, onde o templo foi mais tarde edificado. O Davi transgressor deveria ser agora o Davi adorador. É digno de destaque que o ato pecaminoso de Davi resultou no terrível julgamento que levou o rei a edificar um altar em torno do qual Salomão construiu o templo. A edificação desse altar será de suma importância para todas as gerações futuras dos israelitas. Concordo com Dale Ralph Davis quando diz que a situação da devastação da peste não foi resolvida ao final do versículo 16. A ira precisava ser propiciada pela expiação.[24]

Em segundo lugar, *uma pronta obediência* (24:19-21). Davi não questiona nem posterga a ordem divina. Ele subiu segundo a palavra de Gade, como o Senhor havia ordenado. Araúna viu Davi e seus homens subindo à sua eira e saiu ao seu encontro, inclinando-se diante do rei, com o rosto em terra, perguntando-lhe sobre o motivo de sua visita. Davi o informa que o motivo de sua visita era para comprar dele aquela eira, com o propósito de edificar nela um altar ao Senhor, para que a praga fosse cessada de sobre o povo.

Em terceiro lugar, *uma oferta generosa* (24:22,23). Araúna, de forma solícita e generosa, ofereceu ao rei Davi não somente a eira, mas também os bois para o holocausto, desejando que o Senhor, seu Deus, lhe fosse propício.

Em quarto lugar, *uma expiação necessária* (24:24). Davi recusa a oferta generosa de Araúna e reafirma seu propósito de comprá-la por preço justo, uma vez que não queria oferecer ao Senhor, seu Deus, holocaustos que nada lhe custassem. Assim, Davi comprou a eira e os bois para o sacrifício. Concordo com W. T. Purkiser: "A adoração que não tem custo, também não tem valor. A adoração que envolve a disposição para sacrificar é recompensada com resultados (24:25)".[25] Warren Wiersbe destaca que a terra que Davi havia comprado não era uma propriedade qualquer, pois naquele local Abraão havia colocado Isaque, seu filho, sobre o altar, e nele Salomão construiu o templo.[26]

Em quinto lugar, *um favor divino demonstrado* (24:25). Na eira de Araúna Davi edificou ao Senhor um altar e apresentou holocaustos e ofertas pacíficas. Assim, o Senhor se tornou favorável para com a terra, e a praga cessou de sobre Israel. Deus, em misericórdia, restringiu sua ira, e Deus em misericórdia providenciou o caminho para remover sua ira, através do sacrifício expiatório (24:21,25). Nas palavras de Dale Ralph Dales, "Deus orientou Davi a erigir um altar e Deus mesmo providenciou a expiação".[27]

A eira de Araúna aponta para a cruz de Cristo, onde Deus propiciou sua ira contra nós e nos deu eterna redenção. Kevin Mellish diz que o segundo livro de Samuel termina com uma observação de que Deus aceitou os holocaustos e as ofertas pacíficas e respondeu a oração de Davi pela terra. O fim da praga assinalava a restauração de Davi, o pecador penitente, à graça e à comunhão com Deus.[28]

John Goldingay é oportuno ao escrever:

> Com a resposta divina à oração de Davi e o término da epidemia, o livro de 2Samuel é concluído. Não é o fim da história. A derradeira cena na vida de Davi aparece em 1Reis. Como de costume, esses livros narrativos param em vez de terminar. Assim, seremos obrigados a continuar lendo.[29]

Joyce Baldwin diz que Davi nos é apresentado nos livros de Samuel como "um homem segundo o coração do Senhor" (1Sm 13:14). Ele, porém, era inteiramente humano, limitado por fraquezas que contrabalançavam suas qualidades. Davi era indulgente com seus filhos e, às vezes, consigo mesmo. Entrementes, ao contrário de Saul, Davi recebia a repreensão e admitia humildemente seus erros; quando Natã ou Gade entregavam uma mensagem de juízo, a condenação do profeta era aceita como palavra de Deus; ou seja, o Senhor era o rei e Davi era apenas o vice-regente do Senhor, exercendo um poder delegado. A seus sucessores, que em sua maioria deixaram de se ajustar a esse papel, foi apontada a pessoa de Davi, por amor de quem se permitiu que a dinastia prosseguisse, até o reino ser devastado pelos babilônios. Mesmo então, as esperanças se mantiveram acesas na promessa de Natã a Davi: "A tua casa e teu reino subsistirão para sempre diante de mim, e o teu trono se estabelecerá para sempre" (7:16). O Novo Testamento retoma o tema quando Jesus é apresentado como descendente de Davi.[30]

Concluo com as palavras de William MacDonald:

> As Escrituras são completamente honestas quando tratam dos heróis da fé. Davi tinha suas faltas e elas são mencionadas ao longo de sua jornada. Temos seguido Davi desde os rebanhos, através do exílio, até à exaltação com rei de Israel. Poucos homens andaram tão perto de Deus como Davi; poucos homens caíram tão profundamente em pecado como Davi. Mas em todas essas circunstâncias, Davi foi sustentado por Deus. Nós temos toda sorte de benefícios pelas experiências pelas quais Davi passou, pois elas são descritas em seus Salmos para o nosso enlevo.[31]

Notas

1 CHISHOLM JR, Robert B. *1 e 2Samuel.* 2017, p. 309.
2 BALDWIN, Joyce G. *I e IISamuel: introdução e comentário.* 2006, p. 331.
3 DAVIS, Dale Ralph. *2Samuel.* 2018, p. 315.
4 WIERSBE, Warren W. *Comentário bíblico expositivo.* Vol. 2. 2006, p. 378-380.

[5] GOLDINGAY, John. *Históricos para todos – 1 e 2Samuel.* 2022, p. 252.
[6] CHISHOLM JR, Robert B. *1 e 2Samuel.* 2017, p. 309.
[7] GOLDINGAY, John. *Históricos para todos – 1 e 2Samuel.* 2022, p. 252.
[8] DAVIS, Dale Ralph. *2Samuel.* 2018, p. 316.
[9] KAISER JR, Walter C. *Hard Sayings of the Old Testament.* Downers Grove: InterVarsaty. 1988, p. 131.
[10] DAVIS, Dale Ralph. *2Samuel.* 2018, p. 317,318.
[11] GOLDINGAY, John. *Históricos para todos – 1 e 2Samuel.* 2022, p. 251.
[12] MELLISH, Kevin J. *Novo comentário bíblico Beacon – 1 e 2Samuel.* 2015, p. 349.
[13] WIERSBE, Warren W. *Comentário bíblico expositivo.* Vol. 2. 2006, p. 378.
[14] Idem.
[15] DAVIS, Dale Ralph. *2Samuel.* 2018, p. 313.
[16] PURKISER, W. T. *Os livros de Samuel. In* Comentário bíblico Beacon. Vol. 2. 2015: p. 262.
[17] DAVIS, Dale Ralph. *2Samuel.* 2018, p. 318,319.
[18] WIERSBE, Warren W. *Comentário bíblico expositivo.* Vol. 2. 2006, p. 379.
[19] BALDWIN, Joyce G. *I e IISamuel: introdução e comentário.* 2006, p. 333.
[20] MELLISH, Kevin J. *Novo comentário bíblico Beacon – 1 e 2Samuel.* 2015, p. 349.
[21] DAVIS, Dale Ralph. *2Samuel.* 2018, p. 320.
[22] BALDWIN, Joyce G. *I e IISamuel: introdução e comentário.* 2006, p. 333.
[23] CHISHOLM JR, Robert B. *1 e 2Samuel.* 2017, p. 309.
[24] DAVIS, Dale Ralph. *2Samuel.* 2018, p. 321.
[25] PURKISER, W. T. *Os livros de Samuel. In* Comentário bíblico Beacon. Vol. 2. 2015, p. 263.
[26] WIERSBE, Warren W. *Comentário bíblico expositivo.* Vol. 2. 2006, p. 380.
[27] DAVIS, Dale Ralph. *2Samuel.* 2018, p. 322.
[28] MELLISH, Kevin J. *Novo comentário bíblico Beacon – 1 e 2Samuel.* 2015, p. 347.
[29] GOLDINGAY, John. *Históricos para todos – 1 e 2Samuel.* 2022, p. 256.
[30] BALDWIN, Joyce G. *I e IISamuel: introdução e comentário.* 2006, p. 336.
[31] MACDONALD, William. *Believer's Bible Commentary.* 1995, p. 349,350.